PAR LA PAROLE

Les Défenseurs de la Foi

OUVRAGES DE LA MÊME SÉRIE

Grand in-8° jésus, de 320 pages

PAR LA PAROLE, — Les Défenseurs de la Foi, — par Emile Valsayre.

PAR LA PLUME, — Les Défenseurs de la Foi, — par Jean Laur.

LES BIENFAITEURS DU PEUPLE AU XIXe SIÈCLE, par Arthur Bonnot.

LA BRAVOURE FRANÇAISE AU XIXe SIECLE, par Arthur Bonnot.

Emile VALSAYRE

Par la Parole

LES DÉFENSEURS DE LA FOI

ABBEVILLE

C. PAILLART, IMPRIMEUR-ÉDITEUR

PAR LA PAROLE

Jeunes gens, vous ne l'ignorez pas, il est plus d'une manière glorieuse de servir la Patrie.

L'un lui donne les énergies de sa vigueur physique, les ardeurs de sa robuste jeunesse, son courage viril, son sang jusqu'à sa vie;... il tombe sur le champ de bataille, héros glorieux ou victime inconnue : n'importe, son devoir est rempli et son sort digne d'envie. Honneur au vaillant guerrier !...

L'autre, au lieu des efforts de ses muscles vigoureux, offre les labeurs et les flammes de son intelligence : pionnier de la science, chevalier de la plume, il marche à la conquête de la vérité faisant reculer les noirs bataillons de l'erreur. Pour lui aussi la lutte est meurtrière et le champ de bataille sanglant ; il voit s'évanouir sa jeunesse, sa santé se flétrit, il se consume avant l'âge, il s'affaisse soudain sur une tombe prématurément creusée... Mais son œuvre n'a pas été stérile : Honneur à l'écrivain chrétien !...

Un troisième s'avance au-devant de l'ennemi ; mais je ne vois dans sa main ni l'épée qui tue, ni la plume qui stigmatise : il marche le front levé, les cheveux au vent et de mâles accents s'échappent de sa poitrine... Celui-là c'est l'orateur, et sa seule arme c'est la parole.

Ah ! la parole, jeunes hommes, en savez-vous la puissance ?... Sur les lèvres de Dieu, elle a créé les mondes et, — par une permission divine, — sur les lèvres de l'homme, elle garde encore quelque chose de ce prodigieux effet. Elle élève les courages, elle suscite le dévouement, elle enfante l'héroïsme, elle électrise les masses, elle sauve les peuples. Pour ne pas remonter trop loin dans l'histoire, demandez à la catholique Irlande qui lui a reconquis sa place au soleil de la liberté...

Aussi l'humanité célèbre ses orateurs à l'égal des grands conquérants et des plus fameux capitaines. Le nom de Démosthène vaut celui d'Alexandre, la gloire de Jules César n'éclipse pas celle de Cicéron, et tous les grands hommes du siècle de Louis XIV ne font pas oublier Bossuet.

Aussi, jeunes gens chrétiens, nous venons aujourd'hui exposer sous vos yeux les noms de ces hommes qui, par le prestige de leur magnifique parole, ont servi au XIXe siècle la cause catholique en France, et se sont acquis des droits à notre éternelle admiration.

BERRYER, LACORDAIRE, MONTALEMBERT, DE RAVIGNAN, OZANAM, FREPPEL, D'HULST, DE MUN... *noms magiques qui évoquent les plus beaux souvenirs de notre passé, et rappellent les plus belles pages de notre histoire.*

Puissent les accents enflammés, tombés des lèvres de ces hommes illustres, susciter dans vos jeunes âmes l'enthousiasme fécond qui élève les cœurs et les rend capables des plus grands dévouements.

E. M.

BERRYER

Sa Jeunesse. — L'Avocat. — L'Orateur politique. — Le Défenseur des Libertés religieuses.

(1790-1868)

A la première page d'un livre consacré à célébrer les triomphes de l'éloquence, c'est une bonne fortune d'avoir à rencontrer le premier sous sa plume le nom de Berryer.

Considérée dans sa plus large influence, la puissance de la parole peut-elle trouver au XIXe siècle un plus noble représentant que le « Prince des orateurs français ? »

Grâce à son merveilleux talent aussi bien qu'à la dignité de sa longue et belle existence, on a pu dire de lui qu'il « fut un de ces hommes privilégiés qui semblent offerts par Dieu à l'humanité, pour qu'elle garde une haute opinion d'elle-même. »

Cet éloge n'est pas exagéré, puisqu'aussi bien Léon XIII, s'entretenant un jour avec un cardinal français des besoins de notre infortunée patrie, s'écriait : « Il vous faudrait un orateur, une grande voix qui parlât à la France ! » et soudain le Pontife levant les bras au ciel ajoutait : « Où est Berryer ?... Où est Berryer ?... »

Ces paroles suffisent pour donner une idée juste de l'influence que le grand orateur dut à l'éloquence de sa parole.

I

Pierre-Antoine Berryer naquit à Paris, le 4 janvier 1790, d'un père qui jouissait au barreau d'une juste réputation d'honneur et de talent.

Cet homme intègre avait commencé à la gagner aux jours de la Terreur, en défendant les accusés au péril de sa vie et en donnant asile aux émigrés dans sa propre habitation. La compagne de son existence, Mademoiselle Gorneau, était digne de son époux; cette femme généreuse ne craignit pas, elle aussi, d'exposer ses jours, pour aller solliciter de Fouquier-Tinville la grâce d'une personne qui lui était chère.

« Elle se présenta, dit son historien, tenant par la main son fils aîné; elle était très belle avec ses épais cheveux bruns, l'éclat de son teint, ses yeux noirs pleins de flamme, sa grâce intelligente et fière. Fouquier-Tinville la considéra avec une sorte de convoitise féroce :

« — Sais-tu, lui dit-il, que ta tête serait charmante à voir rouler sur l'échafaud?... »

Si Madame Berryer et son mari échappèrent à la mort, leur famille ne manqua pas de payer le tribut à la guillotine : une fin tragique enleva au futur orateur deux de ses oncles, et c'est sans doute ce souvenir qui, à l'âge de la raison, éveilla dans l'enfant une haine intense contre toute tyrannie et tout despotisme.

Quand, avec la chute de Robespierre, une paix relative succéda à l'effusion du sang français, le jeune Pierre fut envoyé commencer ses études au collège de Juilly, qui venait de rouvrir ses portes à l'élite de la jeunesse.

« Situé en pleine campagne, à huit lieues de Paris, au milieu des fertiles et riants coteaux de la Brie, l'établissement de Juilly était bien fait pour arracher le jeune Berryer à l'impression des scènes de la Révolution. La nature, avec ses vastes espaces, ses ormes séculaires, ses salles de verdure, ses eaux majestueuses, ses grands silences, soudain interrompus par la joyeuse rumeur des récréations, semblait conspirer pour effacer du cœur des écoliers les souvenirs des hommes, et leur rendre, dans la tranquillité sereine de ses horizons, le sentiment de la sécurité et de la paix...

« En même temps, au sortir d'une époque et d'un monde où tant de ruines avaient été faites, tant de croyances détruites, tant de gloires nationales méconnues et outragées, les élèves de Juilly rencontraient partout, dans les traditions de l'école, dans l'histoire attachée à ses murs, dans les noms que gardaient ses annales, des enseignements de foi, de patriotisme et d'honneur. Les plus grandes figures des deux derniers siècles avaient paru à Juilly, et leur empreinte y était comme visible. C'était à Juilly que s'étaient formés ces enfants qui devaient un jour s'appeler le maréchal de Berwick et le maréchal de Villars. C'était vers Juilly que Turenne, méditant de se retirer à l'Oratoire après sa dernière campagne, avait tourné ses regards ; au moment de prendre le commandement de l'armée d'Allemagne, il avait appelé à lui le supérieur de Juilly, le P. de Saint-Denys, et lorsqu'à Salzbach un boulet ennemi frappa le héros, ce fut ce religieux qui célébra au camp, au milieu de la douleur universelle, le premier service pour le repos de son âme. Sous les ombrages de Juilly, Malebranche avait promené sa candeur et ses profondes pensées. Dans la chapelle du collège avait prêché Bossuet. La maison faisait partie de son diocèse. Le grand évêque aimait à la visiter; il y trouvait, comme il l'écrivait lui-même, *la fleur de l'Oratoire*, l'élite de cette communauté qu'il avait en prédilection (1). »

Quand le jeune Berryer arriva à Juilly, à la fin de 1797, ces jours de gloire n'étaient qu'un souvenir, il est vrai ; mais sous la direction du P. Prioleau, homme actif et énergique, Pierre ne tarda pas à se trouver à l'aise.

Sa belle figure d'enfant, expressive et pleine de franchise, son humeur enjouée lui attirèrent bien vite les sympathies de ses

(1) Ch. de Lacombe, *La Jeunesse de Berryer*, p. 22.

maîtres et de ses condisciples ; et le don de gagner les cœurs, qui le distingua toute sa vie, se montra dès ces premières années de collège.

Berryer ne fut pourtant à Juilly, il faut l'avouer, ni un modèle de travail, ni un modèle de sagesse. Vif et pétillant d'esprit, on était sûr de le voir mêlé à tous les tours d'écolier ; certains couplets malins témoignent qu'il se permit un jour de chansonner ses maîtres. Il est vrai que le bon P. de Rochas, qui avait excité la verve de Pierre, fut le premier à trouver la plaisanterie fine et à demander la grâce du coupable, en disant : « Qu'il a d'esprit ! Quel dommage qu'il ne travaille pas ! »

En effet, Berryer, sans se refuser entièrement au travail, ne s'y livrait qu'à ses heures : il ne pouvait venir à bout des devoirs que lui imposaient ses maîtres. L'un d'eux, lassé de cette apathie devant laquelle tous ses efforts étaient restés inutiles s'en plaignit un jour amèrement au P. Supérieur, lui disant qu'il désespérait de Pierre Berryer.

« Le Supérieur, qui était un homme de sens, augurait autrement du jeune insouciant. Il le fit venir et lui dit :

— Le travail vous ennuie, mon enfant, et vous pensez que le bonheur consiste à ne rien faire. Eh bien, venez dans mon cabinet, vous me regarderez travailler; cela ne vous fatiguera pas, et vous ne ferez rien, mais entendons-nous bien, rien au monde, ce qui s'appelle rien !

Qui fut ravi, ce fut l'enfant. Le voilà établi dans le cabinet de l'oratorien, qui travaille sans plus s'occuper de lui que s'il était un meuble de l'appartement.

La première heure s'écoula au gré de l'écolier : il écoutait les idées mutines qui gazouillaient dans sa tête d'enfant, il narguait de loin son régent de classe et se félicitait de n'avoir ni à ouvrir son dictionnaire ni à apprendre par cœur son rudiment. Au bout d'une heure et demie, il avait suffisamment savouré les délices de la fainéantise. Il allongea son petit bras pour prendre un livre ; l'oratorien le retira aussitôt :

— Mon enfant, lui dit-il, vous oubliez nos conventions, vous ne devez rien faire ; lire, c'est faire quelque chose. Jouissez de la permission que je vous ai donnée, ne faites rien.

L'enfant commençait à trouver que le plaisir de ne rien faire devient rapidement monotone. Il hasarda quelques questions, l'oratorien ne répondit pas. Puis, quand il fut arrivé au bas de la page qu'il écrivait :

— Mon enfant, lui dit-il, chacun a son goût. Vous avez celui de ne rien faire, moi j'ai celui de travailler; je ne vous trouble point dans votre repos, ne me troublez pas dans mon travail.

Le jeune Berryer ne put s'empêcher de se dire intérieurement qu'il lui serait difficile de prendre longtemps son bonheur en patience. Au bout de trois heures, l'oratorien se leva et alla dire son bréviaire sous les beaux ombrages du parc de Juilly.

— Bon! dit l'enfant en lui-même, me voilà relevé de ma faction, je vais m'amuser maintenant.

Dès qu'il fut dans le jardin, il voulut quitter l'oratorien et aller se mêler à ses camarades, qui faisaient une joyeuse partie. Le Supérieur le retient par le bras :

— Mon enfant, vous ne songez pas à nos conventions ; jouer, c'est faire quelque chose. Restez à côté de moi, nous irons et reviendrons d'un bout à l'autre de cette allée ; seulement vous pourrez vous asseoir si vous êtes fatigué (1). »

La nature ardente de Berryer n'y tint plus ; les larmes aux yeux, il dit au P. Prioleau qu'il comprenait la leçon et promit de se corriger.

L'enfant tint parole et révéla bientôt les riches qualités intellectuelles dont la nature l'avait doué. Mais ce qui, dès cette époque, attira surtout l'attention de ses maîtres, fut son talent pour la déclamation. « Lorsqu'il récitait de sa voix si douce, si claire et si pénétrante à la fois, tous les auditeurs l'écoutaient ravis, comme s'ils pressentaient que cet enfant deviendrait un jour le premier orateur de son temps et de son pays (2). »

Avec les dons de l'esprit, Pierre Berryer avait reçu les qualités du cœur qui déjà attiraient autour de lui un cercle d'amis. C'était Joseph de la Roche-Joubert, brillant officier qui devait verser son sang sur les champs de bataille de l'Empire et y trouver une mort glorieuse mais prématurée ; c'était Christian

(1) A. Nettement, *Berryer au Barreau et à la Tribune.*
(2) E. Lecanuet, *Berryer, sa vie et ses œuvres.*

de Chateaubriand, neveu de l'auteur du *Génie du Christianisme*, qui rêvait la gloire non dans les lettres, mais au service de Dieu et des âmes ; c'était enfin l'un des frères du Premier Consul, Jérôme Bonaparte, qui devint roi de Westphalie.

La présence de ce dernier à Juilly valut à l'établissement plusieurs visites de Napoléon, que Berryer a rappelées plus tard en ces termes à la tribune parlementaire :

« — Il m'en souvient, disait-il, avec émotion ; je vous demande pardon, je ne pensais pas m'abandonner ici. C'est un des touchants, des nobles souvenirs de mes premières années... Le vainqueur d'Italie vint à nos portes, à Dammartin, à une lieue de Juilly. Deux cent cinquante enfants, rassemblés par douze ou quinze Pères de l'Oratoire, furent au-devant du Premier Consul. Je vois encore la belle figure du P. Lombois, ses longs cheveux blancs, sa longue robe noire, quand, s'approchant de Bonaparte, il lui dit :

« — Général, les maîtres qui ont formé Desaix, Casabianca et Muiron, ont l'honneur de vous présenter leurs élèves.

« — Ils sont en bonnes mains, répondit le vainqueur d'Italie. Et, en disant cela, il nous regardait comme pour nous recommander de respecter les religieux qui nous avaient amenés auprès de lui. »

Les deux condisciples se retrouvèrent plus tard ; Berryer prêta le secours de sa parole à son camarade de collège, mais celui-ci ne lui en garda guère de reconnaissance.

Ces souvenirs rendirent chère à Berryer son école de Juilly ; quand il dut la quitter, ce ne fut pas sans faire la promesse de la revoir souvent. En effet, les réunions d'anciens élèves, les distributions de prix, le ramenèrent fréquemment dans ces murs témoins des jeux et des travaux de ses premières années.

Un jour qu'il était appelé à l'honneur de présider la distribution des récompenses, il apporta aux élèves enthousiasmés, les prix qu'il avait obtenus lui-même autrefois et il les distribua aux lauréats en leur disant :

« Heureux collège de Juilly !... J'ai connu ces derniers hommes de la libre et sainte institution de l'Oratoire. Comment oublier les soins qu'ils donnaient à la jeunesse, l'effusion avec laquelle ils prodiguaient leur vigilance et leur tendresse pour éclairer l'esprit et guider le cœur! Tendresse, vigilance, qui pouvaient défier et la sagesse d'un père et le cœur d'une mère!

« Aussi, croyez-moi, Messieurs, bien souvent, au milieu d'une carrière orageuse, dans ces jours malheureux où il est encore plus difficile de bien connaître son devoir que de l'accomplir, à travers ces graves peines de la vie qui troublent le cœur, qui peuvent l'irriter et peut-être susciter en lui des révolutions mauvaises, souvent je me suis recueilli, souvent je me suis rappelé les enseignements de mes maîtres, et que de fois j'ai trouvé, dans ces précieux souvenirs, les plus salutaires conseils! »

Berryer quitta Juilly, trop jeune encore, pour savoir de quel côté il allait définitivement orienter son existence : il sentait seulement au fond de son âme le désir secret d'utiliser le talent de parole qu'il sentait germer en lui.

A Paris, sa principale distraction était d'aller écouter les orateurs en vue, dont les principaux s'appelaient alors Frayssinous, Mac-Carthy, etc... La parole de ces prédicateurs éloquents suggéra à leur jeune auditeur la pensée d'entrer dans l'Eglise : il fit même des démarches à ce sujet et alla frapper à la porte du séminaire d'Issy.

Le Supérieur était un prêtre éclairé autant que prudent, à qui une longue expérience avait donné le don du discernement des vocations. L'illustre M. Emery accueillit le jeune homme avec son sourire aimable, le fit causer, admira ses talents, le félicita de sa résolution, et au bout d'une heure le congédia, en lui disant de mettre au service de la société des qualités qu'il ne croyait pas faites pour la vie ecclésiastique.

Berryer dut donc renoncer à son rêve, mais ce ne fut pas sans un secret chagrin ; il avouera plus tard qu'il garda pour la chaire une passion dont il n'était pas maître de se défendre. « Je ne vois jamais sans émotion un prêtre monter en chaire, disait-il en 1835, après avoir déjà savouré tous les triomphes de la tribune et du barreau. S'il parle bien, je suis en larmes. Souvent je voudrais être à sa place. Il me semble encore aujourd'hui que c'était là ma vocation... »

Voyant se fermer devant lui les portes du séminaire, Berryer n'avait plus qu'à frapper à celles de l'Ecole de droit : son père était avocat, il serait avocat lui aussi.

Il se mit donc à ses nouvelles études, mais avec une certaine hésitation. Etait-ce le regret d'une illusion perdue, était-ce le milieu amollissant qui paralysait son énergie? L'étudiant se laissa aller à la vie facile et agréable qu'on menait chez M. Berryer père, où fréquentaient les artistes et les hommes de lettres de l'époque ; les soirées mondaines et les théâtres le trouvèrent plus régulier que les cours de droit. Ajoutons cependant que cet entraînement fut de courte durée.

Un soir que le jeune ami des plaisirs sortait seul du théâtre, il aperçut marchant devant lui deux vieillards, deux avocats, qu'il reconnut pour être des amis de son père. Ils causaient d'un ton animé, et leurs paroles purent arriver à l'oreille du jeune homme :

« — Tout s'en va, disaient-ils tristement, le barreau lui aussi ; nous vieillissons et il n'y a personne pour nous succéder. Berryer père commence à prendre de l'âge et ce n'est pas son fils qui le remplacera... Un étourdi qui dissipe sa vie et ne s'occupe que de vaudevilles et de chansons !... »

Ces paroles firent sur Berryer une impression étrange ; ce fut une lumière qui projeta soudain ses rayons sur les replis les plus cachés de son âme en lui découvrant des horizons nouveaux sur l'avenir. A partir de ce jour il s'engagea dans la voie d'un labeur constant qui ne devait cesser qu'avec la vie.

Quelques semaines après (3 septembre 1811), il passait avec succès l'examen de la licence en droit, et se faisait inscrire comme avocat à la Cour de Paris.

II

L'année 1812 vit les débuts de Berryer au Palais. Avant de s'initier aux triomphes de la parole, il dut en subir les terribles exigences.

Il connaissait la cause à fond et avait écrit tout son plaidoyer. Quand vint le moment de prendre la parole, dit M. de Lacombe, le jeune avocat se sentit tellement paralysé « qu'il récita sa plaidoirie, l'esprit confus et comme ébloui ; une sorte de mirage s'était formé devant ses yeux. Il ne distinguait à travers ce brouillard que la figure du président qui lui faisait des signes d'approbation. Cette vue soutint son courage. S'il s'était trouvé en face d'un magistrat brusque et malveillant, il était perdu : le désespoir eût brisé sa carrière. « Avis aux présidents, » disait Berryer en souriant, lorsqu'il racontait cette entrée en scène. De là vint plus tard la bonté qu'il montrait aux jeunes gens. Il se plaisait à encourager leurs essais, à découvrir et à signaler en eux les dispositions qui leur présageaient un avenir. Il les attirait par l'affabilité paternelle et simple de son accueil. L'assurance de quelques-uns, tranchant sur toutes choses et pressés de se mettre en avant dans les assemblées, l'étonnait toujours : « On n'était pas ainsi de mon temps, disait-il. »

Quelques mois après, Berryer donnait une plus juste idée de sa valeur dans une cause célèbre, l'affaire Saint-Clair. Louis Serres de Saint-Clair, officier, d'une famille honorable, était accusé d'avoir assassiné une jeune fille dans le but de s'emparer de sa fortune. Défendu par un avocat maladroit, Saint-Clair avait été condamné dans un premier jugement ; il eut la pensée de s'adresser à Berryer pour faire annuler la sentence.

Celui-ci y réussit après une habile plaidoirie qui attira sur lui l'attention du public ; le jugement fut cassé pour vice de forme, mais l'affaire revint de nouveau devant le conseil de guerre, et les charges étaient tellement accablantes que l'officier fut condamné aux travaux forcés à perpétuité et dégradé. Quand vint le moment où, en pleine audience, on voulut lui enlever sa croix, Saint-Clair s'écria :

« — Que personne ne me l'ôte ; je n'ai jamais manqué à l'honneur ! »

Et il se frappa au cœur d'un coup de poignard.

Cette affaire, retentissante par son issue, mit en lumière l'avocat Berryer, dont la défense annonçait les qualités les plus remarquables. On avait admiré l'art avec lequel il avait fait valoir les témoignages favorables à son client, l'habileté avec laquelle il avait écarté l'accusation de préméditation et avait réussi à faire commuer la peine de mort en celle des travaux forcés, mais ce qui frappa surtout l'auditoire, ce fut l'accent convaincu et la chaleur d'âme avec lesquels il implorait les juges.

Des procès plus célèbres encore et surtout plus dignes du talent de Berryer attendaient le jeune avocat et allaient le révéler à la France entière.

Le premier fut celui du général Debelle. Disgracié à la fin de l'Empire et mis en disponibilité, Debelle avait demandé du service dans l'armée, après le retour des Bourbons ; mais Napoléon était déjà revenu de l'île d'Elbe, que le général n'avait pas encore eu le temps de prêter serment au Roi. Aussi lorsque l'Empereur lui demanda de prendre le commandement militaire du département de la Drôme, Debelle n'eut pas le courage de refuser. Il réclama même des renforts contre les royalistes qu'il appelait « les insurgés. » Mais ce fut la seule faute qu'il commit, car jamais il ne se départit de ses principes de modération, et s'opposa toujours à l'effusion du sang, en dépit des ordres qu'il recevait.

Le 22 mars 1816, il comparaissait devant le conseil de guerre de la Seine ; Berryer prit sa défense et écarta de la tête de son client la peine de mort qui était réclamée. L'avocat fit ressortir les difficultés, particulièrement pénibles pour un soldat, de cette époque troublée où Debelle était traîné en justice et accusé d'avoir défendu, au prix de son sang, le régime de Bonaparte qui longtemps l'avait persécuté.

Dans une habile péroraison, l'avocat rappelait la modération de son client et les services signalés qu'il avait rendus à de nombreux amis du gouvernement. Douze de ceux-ci accompagnaient le général à son banc d'accusé, et Berryer les montrait en disant :

« — Voyez ces loyaux citoyens dont il a conservé les jours si précieux pour le roi. C'est environné de ce cortège que le général Debelle se présente à ses juges. Ah ! je n'en doute pas, au milieu de cette glorieuse cohorte, il est invulnérable. Non, ce vertueux et malheureux général, dont la famille fournit depuis plus de cinq cents ans, de fidèles appuis au trône, ne sera point condamné sous le règne de notre bon roi... Le cri de l'honneur ne s'élève pas contre lui dans sa conscience; il doit s'élever dans les vôtres en sa faveur. »

En entendant ce langage, la salle éclate en applaudissements; mais, malgré tout, la discipline militaire gardant toujours sa sévérité, la peine capitale fut portée. Berryer alors n'abandonna pas son client et crut qu'il était de son devoir d'avocat de poursuivre sa tâche.

Le duc d'Angoulême s'était particulièrement trouvé visé par les troupes que commandait Debelle; Berryer pensa que tout d'abord il fallait s'adresser à la générosité de ce prince pour obtenir la grâce de son client. Il le fit, et avec un succès qui fait honneur à l'avocat et au prince.

Le procès Debelle était à peine terminé que le général Cambronne avait à répondre, devant le même tribunal, des mêmes accusations; le même avocat se leva pour le défendre, avec plus d'éclat encore, et aussi avec plus de bonheur.

« Le nom de Cambronne a été immortalisé par la bataille de Waterloo. On lui a, tour à tour, attribué un mot grossier et une réponse sublime; il ne prononça ni l'un ni l'autre et se contenta d'agir en héros. Mais il a mérité que cette parole : « *La garde meurt et ne se rend pas,* » fût inséparable de son souvenir et demeurât historique, comme le cri de François Ier, après Pavie. Fils d'un négociant de Nantes, élevé dans le collège des Oratoriens de cette ville, ayant eu lui-même plusieurs parents dans la maison du roi, Cambronne était un vrai soldat, ne connaissant que la consigne, sans calculs politiques, bronzé au péril, sachant disputer sa vie dans les replis d'une procédure comme sur le champ de bataille, mais envisageant tout danger avec le sang-froid d'un vétéran. Il avait sauvé des royalistes sous la Révolution, et nombreux étaient les certificats des émigrés, des Vendéens, qui déclaraient avoir dû, en 93, leur salut à son courage (1). »

(1) De Lacombe, *Jeunesse de Berryer*, p. 143.

Cambronne avait suivi Napoléon à l'île d'Elbe, était revenu avec lui et avait combattu à ses côtés jusqu'à Waterloo. Dans cette suprême et dernière lutte, il était tombé les armes à la main : l'ennemi l'avait ramassé sur le champ de bataille avec les prisonniers et emmené en Angleterre. C'est de cette plage étrangère que, quelques mois plus tard, il écrivait à Louis XVIII pour lui demander du service dans l'armée française. Sa requête était à peine formulée qu'il apprenait les poursuites intentées contre lui pour avoir servi la cause de Napoléon.

Sans retard, le hardi général réclame du ministre de la guerre une feuille de route et arrive à Paris ; le 26 avril 1816, il est traduit devant le conseil de guerre sous la triple accusation : d'avoir trahi le roi, d'avoir attaqué à main armée le gouvernement français et enfin de s'être emparé du pouvoir par violence.

Se redressant de toute sa haute taille, Cambronne rappela à ses juges qu'il était vrai qu'il avait suivi l'Empereur à l'île d'Elbe, mais qu'un traité permettait à Napoléon d'emmener dans son exil une escorte de quatre cents hommes.

« — Alors, dit le soldat fidèle, j'ai cru que les liens qui m'attachaient à la France étaient rompus ; j'ai cru que je devais obéissance aveugle au souverain que je servais depuis si longtemps, et qu'il ne m'était pas permis de l'abandonner, par cela même qu'il était malheureux. »

En disant ces mots, le visage du général, défiguré par une affreuse blessure reçue à Waterloo, prenait une expression d'intrépidité qui impressionnait l'auditoire. Se sentant fort, Cambronne avait la réponse juste à toutes les accusations. On lui objecta qu'en arrivant en France, Bonaparte avait pris le titre de souverain.

« — Je ne me suis jamais mêlé de cela, répondit-il. C'était l'Empereur. J'allais à l'ordre, je demandais s'il y avait quelque chose de nouveau ; quand on m'avait répondu que non, je m'en allais... Je n'aime pas la cour. »

Le président insistait et rappelait toujours l'usurpation de Bonaparte, mais il recevait la même réponse indifférente et avisée :

« — Cela ne me regardait pas ; je ne réponds que de ce que j'ai fait et non de ce qu'a fait Napoléon. »

Avec un tel accusé, Berryer avait la partie belle : il avait de plus reçu du général ces deux mots qui suffisaient pour animer sa valeur : « Ma conscience me dit que je n'ai rien à redouter, lorsque je serai défendu par un homme tel que vous. »

Aussi l'avocat n'eut pas un instant la pensée de présenter son client comme coupable; dès son exorde, il le montre comme digne de louange :

« En ces temps où l'insubordination et le mépris de la foi jurée, où l'oubli des devoirs et la violation des serments les plus sacrés ont enfanté de si grands maux et fait connaître tant de coupables, n'est-ce point un spectacle étrange que de voir un homme généreux, conduit par son attachement à ses chefs, par son respect pour les serments, sur ce siège honteux où de justes vengeances appellent les parjures et les conspirateurs ? N'êtes-vous pas encore plus étonnés que nous, vous, Messieurs, qui avez vécu dans nos camps ? Vous le connaissez cet homme qu'on vient de tirer d'une obscure prison pour le faire asseoir devant vous sur le banc des accusés !

« Toutes les fois qu'une ardeur française vous emporta au fort du péril, au foyer des combats, vous avez rencontré, vous avez admiré le général Cambronne, soit que dans les rues de Zurich, à la tête d'une seule compagnie de grenadiers, il emporte à l'ennemi plusieurs pièces de canon et douze cents prisonniers ; soit qu'à Paradis, avec quatre-vingts hommes, il parvienne à culbuter trois mille Russes; soit enfin que dans les plaines d'Iéna, voulant raffermir contre le danger ses gens qui chancelaient, il s'élance seul sur le plateau, sous un feu effroyable d'artillerie et de mousqueterie, et rallie la troupe par ce froid courage ; partout éclatent à la fois et sa bravoure, et sa volonté ferme de remplir les ordres de ses chefs.

« Le voici pourtant traduit devant vous comme traître et rebelle !

« Ah ! si jamais des magistrats ont été appelés à protéger le sort d'un homme de bien ; si jamais ils ont pu faire connaître, par une sentence solennelle, à quel degré d'estime ils savent placer la vaillance, le désintéressement et la loyauté, certes, c'est aujourd'hui que l'occasion leur en est offerte. Vous pouvez noblement venger des injustices de la fortune un capitaine intrépide qui, méprisant ses caprices et ses faveurs, exempt de reproches et de crainte, ne se détourna jamais du sentier de ses devoirs ; un guerrier qui sut allier au brillant éclat de notre âge la bonne foi de nos aïeux, qui prit sa part de toute la gloire du siècle sans en partager la corruption : esclave de sa parole, soumis à ses chefs, cher à ses compagnons d'armes, estimé de l'ennemi et redouté des âmes corrompues parce qu'il fut toujours sincère et irréprochable. »

Puis entrant dans le vif de la question, Berryer répond à l'accusation : « A la chute de l'Empire, Cambronne avait à opter entre son général, son empereur exilé et sa fortune militaire. Il a opté pour son empereur exilé. Il a quitté son pays, il a suivi Napoléon à l'île d'Elbe. A qui avait-il promis fidélité? A l'Empereur. A qui avait-il promis obéissance? A l'Empereur. Eh bien ! aujourd'hui comme toujours, le brave Cambronne a tenu ses serments. Celui auquel il avait engagé sa foi militaire lui a dit : « Suivez-moi ; » il l'a suivi. Il y avait des périls à braver, il les a bravés. » Et en disant ces mots, la voix de Berryer, semblable à un clairon, entraînait son public et les juges dans les campagnes de l'Empire ; elle réveillait tous les échos des champs de bataille à peine endormis.

« ... La charge sonne, les sifflements de la fusillade se mêlent au rugissement du canon qui gronde. On voit Cambronne passer à Hanau comme un tourbillon à travers une atmosphère de flamme et de fumée. Rien ne l'arrête, ni la difficulté du lieu, ni la supériorité du nombre et de l'artillerie ; il se couvre de gloire. »

Le conseil de guerre céda à l'éloquence de l'habile défenseur : il reconnut l'innocence du général à l'unanimité moins une voix, et bientôt, rapporte M. de Lacombe, « Berryer courut à l'Abbaye pour annoncer l'heureuse nouvelle à son client. Cambronne, préparé à tout, avait déjà rédigé une lettre au général d'Espinois, commandant la place de Paris, pour solliciter de son « humanité, » au cas où il eût été condamné à mort, une prompte exécution. La prison fut bientôt remplie de parents, d'amis, de quelques-uns des frères d'armes du général, accompagnés de leurs femmes et de leurs enfants; tous pleuraient d'allégresse en lui exprimant leurs félicitations. Cambronne recevait en silence ces effusions. Seul, il ne parlait point; mais son front rayonnait. Les juges avaient déclaré qu'il n'avait point manqué à l'honneur. C'était là, bien plus que la vie, ce qui tenait au cœur du soldat. »

La joie du général ne fut guère plus vive que celle de Berryer; il venait de remporter là son premier grand triomphe, et il savourait la joie de cette première victoire quand l'esprit de parti s'attaqua à sa gloire naissante. L'extrême droite était mécontente de voir le général sortir triomphant d'un jugement qui devait abattre sa tête ou tout au moins flétrir son honneur; ne pouvant attaquer Cambronne, on s'en prit à son défenseur et un journal osa mettre en doute son désintéressement. L'attaque était on ne peut plus maladroite; comme honoraires, Berryer n'avait accepté de Cambronne que son portrait, et dès le lendemain, le journal dut enregister une rétractation.

Mais ce ne fut pas tout; on gagna quelques membres du barreau, et l'avocat fut dénoncé au bâtonnier, comme ayant soutenu dans sa plaidoirie « des doctrines contraires au droit public et aux principes de l'ordre. » Berryer fut invité à produire quelque justification; il se contenta de répondre fièrement:

« Jamais je ne ferai ni rétractation ni déclaration de principes... Ce serait avouer que dans une affaire de cette importance j'ai parlé à la légère, sans peser mon discours et contre ma conscience, ou bien ce serait proclamer qu'après avoir dit librement ce que je pensais, j'ai assez de faiblesse d'âme pour m'effrayer de quelques menaces et désavouer mes propres pensées. »

Après un léger blâme, l'affaire fut oubliée et, à quelques jours de là, Berryer était reçu par Louis XVIII avec une affabilité charmante.

Nous n'avons pas la prétention de suivre Berryer dans toute sa carrière judiciaire; il plaida souvent, défendit les humbles comme les puissants, avec un égal dévouement et aussi un égal succès. Notre cadre ne nous permet de nous occuper que des causes les plus célèbres.

Tout le monde connaît la chevaleresque aventure de la duchesse de Berry tentant de soulever en Vendée un mouvement favorable à la cause de son fils et tombant à Nantes au pouvoir de ses ennemis, en dépit de tous les avertissements de Chateaubriand, de Berryer et des royalistes.

Les revendications de ces derniers donnèrent lieu à un procès intenté par le gouvernement de Louis-Philippe. La duchesse de Berry ne parut pas en personne devant les tribunaux, mais son nom y fut traîné avec celui de ses partisans, et c'est Berryer qui se chargea de plaider leur cause.

La captivité de la princesse internée à Blaye était trop ridicule, sa conduite trop chevaleresque, pour ne pas tenter la plume hardie des royalistes qui profitaient de toutes les fautes du nouveau régime, pour les flétrir et les jeter en pâture à l'opinion publique.

Chateaubriand, qui avec Berryer avait naguère prié Marie-Caroline d'attendre un moment plus favorable pour pénétrer en France, était cependant bien venu à dénoncer sa captivité et à célébrer son héroïsme. Dans un mémoire célèbre, il jetait à l'univers entier cette apostrophe restée fameuse :

— Illustre captive de Blaye, Madame ! Que votre héroïque présence sur une terre qui se connaît en héroïsme, amène la France à vous répéter ce que mon indépendance politique m'a acquis le droit de vous dire : *Madame, votre fils est mon Roi !...*

Accueilli avec enthousiasme, cet appel était devenu le cri de ralliement de tous les légitimistes ; la presse, la jeunesse plus ardente encore, s'en étaient emparées et le lançaient à tous les échos. Le gouvernement s'émut et déféra devant la justice du pays, l'auteur de la brochure tant acclamée ainsi que tous les journaux qui en avaient publié des extraits.

Il appartenait à Berryer de prendre en main la défense du grand écrivain, dont il partageait les convictions politiques et dont il pouvait se dire l'ami.

Les débats s'ouvrirent le 27 février 1833, dans une salle trop étroite pour contenir la foule d'élite qui s'y pressait. On y voyait des hommes célèbres, qui pour une heure endossaient la robe d'avocat afin d'y trouver place.

Berryer se livra à une de ses plus brillantes improvisations ; c'est la veille au soir seulement, qu'assistant à la représentation d'*Othello*, il avait senti son âme vibrer sous le souffle puissant de l'harmonie du maître et qu'il avait arrêté les grandes lignes de son discours.

Le procureur général, commençant par faire le procès de la Restauration, reprocha au régime disparu d'avoir enchaîné l'indépendance des idées. Berryer releva fièrement l'accusation en disant :

« La Restauration ! mais il n'y a pas une de vos libertés, pas une de vos prérogatives que vous ne lui deviez. Oui, ce sont les actes de la Restauration sans cesse calomniés par vous, qui nous soutiennent et nous protègent contre les excès de chaque jour... *(Bravo ! Bravo !)*

« Quant aux promesses, certes, nous savons les respecter. Nous savons que, si de notre côté on compte des faiblesses, de notre côté du moins on ne compte pas des crimes. *(Bravos prolongés.)* »

Après ce début, l'orateur présentait son client, et faisait de lui ce magnifique éloge :

« Cet homme qu'on accuse de méconnaître le caractère national et dont le nom a grandi, est devenu gigantesque, parce que les sympathies nationales ont vibré à tous les accents de sa voix... *(Approbation marquée dans l'auditoire)*... Cet homme a été indépendant en présence du pouvoir, objet de ses affections, comme il l'a été devant un pouvoir injuste et tyrannique ; et c'est cet homme qu'on accuse, lui qu'ont éclairé tant d'évènements divers, lui que quarante années péniblement et noblement parcourues ont enrichi de tant d'expérience et de tant de lumière. Et l'on s'étonne qu'une révolution accomplie en quelques heures, à la suite d'évènements qui peut-être ne l'appelaient pas, n'ait pas tout à coup changé ses convictions, bouleversé son expérience !

« Et parce que cette révolution s'est opérée, il se trouve que

M. de Chateaubriand n'a plus ni son esprit éclairé, ni son amour pour le bien public; il faut qu'il renonce à ses croyances; il faut qu'il cesse d'avoir confiance dans des principes et dans des opinions qui pendant tant de siècles ont fait la gloire de la France! (*Mouvement.*)

« Ne vous étonnez pas que cet homme ne cède point à votre conviction d'un jour et d'une heure. Il vous sera plus aisé de la modifier pour vous-mêmes que de la lui imposer et de le faire mentir ainsi à ce qui a été la loi de toute sa vie. »

Après avoir continué sur ce ton pendant plusieurs heures, et avoir fasciné de son regard aussi bien que de sa parole les jurés placés devant lui, il leur jette en terminant ce dernier cri de son âme:

« Messieurs, je m'en rapporte à vous, parce que vous êtes des hommes de bonne foi, libres de toute influence. Je m'en rapporte à vous, parce que vous êtes *peuple;* et cela me rappelle un fait que sans doute vous n'avez pas oublié. En juillet 1830, quand la sédition bouleversait la capitale, quand un peuple furieux hurlait dans la rue, un homme fut rencontré et reconnu; les cris de *Vive Chateaubriand!* s'élevèrent aussitôt, et M. de Chateaubriand fut porté presque en triomphe. Les hommes qui l'entouraient criaient avec énergie: Vive la charte! vive la liberté! — Vive la liberté! répliquait M. de Chateaubriand, mais aussi *Vive le Roi!* On le porta ainsi jusqu'au palais du Luxembourg, comme pour lui dire: Asseyez-vous sur votre chaise curule, pair de France, faites entendre la voix de la liberté. Ce qu'il a dit en 1830 au milieu du peuple, il a cru pouvoir le rappeler dans sa brochure, il croit pouvoir le rappeler devant vous. Vous êtes Français, vous êtes peuple, vous acquitterez Chateaubriand! »

Un tonnerre d'applaudissements répondit à la voix de l'orateur, qui venait de remporter l'un de ses plus beaux triomphes. La maladresse du procureur lui permit de trouver un dernier trait qui l'accabla.

Dans son trouble, il osa reprocher à Berryer de venir ici faire de la popularité, disant « qu'il se garderait bien de se montrer dans la rue au peuple qui le mettrait en morceaux. » Berryer jeta sur son interlocuteur un regard plus douloureux qu'indigné, et se redressant lentement, il lui répondit d'un ton qu'on ne peut

BERRYER.

traduire, mais que ceux qui l'ont entendu une fois ne sauraient oublier :

« Eh quoi ! l'ai-je entendu ? Il n'est pas vrai, suivant M. le Procureur général, que la souveraineté nationale doive s'exercer par la presse ; c'est l'épée à la main, c'est le canon grondant dans les rues, c'est par le sang inondant nos cités que cette souveraineté doit être exercée... Et où sommes-nous donc ici, Messieurs? Ce palais ne fut-il pas la demeure du roi saint Louis, du premier justicier de France?... Roi magnanime, c'est dans votre demeure, c'est au milieu de ruines que j'aperçois d'ici et que votre souvenir a consacrées, qu'on ose dire à l'écrivain : « Laissez là votre plume! Allez en armes sur la place publique où nous aurons des meurtriers pour vous répondre! »

Les bravos frénétiques vinrent dire que la cause était gagnée. A l'unanimité des jurés, Chateaubriand fut acquitté ; on fit à l'accusé et à son défenseur une ovation enthousiaste au sortir du Palais, et dans la première effusion de sa reconnaissance, Chateaubriand dit à Berryer :

« — Avant de vous avoir entendu, je ne savais pas ce que c'était qu'un orateur !... »

Ce ne fut pas toujours aux représentants d'un régime qu'il aimait que Berryer prêta le secours de sa puissante parole ; ses adversaires politiques eux-mêmes, dans les jours d'infortune, sollicitèrent l'appui de son talent et l'avocat consentit à les assister avec toute la générosité de sa grande âme.

M. Thiers, arrivé au pouvoir, avait commis l'imprudence de faire revenir en France les dépouilles de Napoléon que l'Angleterre gardait à Sainte-Hélène. Cette générosité inopportune compromit le régime qu'il servait et prépara la restauration impériale. Pour la hâter, le prince Napoléon tenta à Boulogne un soulèvement de l'armée en sa faveur.

Les soldats du 42e répondirent à ses avances avec trop peu d'enthousiasme, le mouvement échoua et le prince n'eut que le temps de s'élancer dans un canot pour gagner la pleine mer. Mais le canot chavire, le prince est pris et ramené à Paris pour être traduit devant la Chambre des Pairs constituée en haute Cour de justice. Connaissant le caractère de Berryer, l'héritier de l'Empire n'hésita pas un instant à lui confier le soin de le défendre ; Berryer accepta et remplit sa mission avec une habileté et surtout une audace sans précédent.

Mettant à profit l'imprudence du gouvernement, l'orateur faisait bien vite ressortir les circonstances dans lesquelles la tentative de Boulogne s'était produite :

« — Qu'est-il arrivé?... A peine le ministère a-t-il touché le pouvoir... qu'il a voulu réveiller des souvenirs et il est allé

Berryer félicité à sa sortie du Parlement.

invoquer la mémoire de celui qui avait promené la grande épée de la France depuis l'extrémité du Portugal jusqu'à l'extrémité de la Baltique. Il a voulu qu'elle fût montrée à la France, cette grande épée qui avait presque courbé les Pyramides et qui avait presque entièrement séparé l'Angleterre du continent européen. Toutes les sympathies impériales, tous les sentiments bonapartistes ont été profondément remués pour réveiller en France cet esprit guerrier. La tombe du héros, on est allé l'ouvrir, on est allé remuer ses cendres dans Paris et déposer glorieusement ses armes sur un cercueil.

« Vous allez juger, Messieurs ; est-ce que vous ne comprenez pas ce que de telles manifestations ont dû produire sur le jeune prince ? Est-ce dans cette enceinte où je vois tant d'hommes décorés de titres qu'ils n'ont pas reçus avec la naissance, qu'il me sera interdit de dire ce que cette grande provocation au souvenir de l'Empereur a dû remuer dans le cœur de l'héritier d'un nom héroïque ? »

Et l'orateur insiste sur ce fait :

« — Soyons hommes, Messieurs, et jugeons humainement les actions humaines. Le jeune prince a vu signer le traité de Londres, il s'est trouvé au milieu des hommes qui ourdissent ce plan combiné contre la France, et vous ne voulez pas que ce jeune homme, téméraire, présomptueux, aveugle tant que vous voudrez, mais avec un cœur où il y a du sang, et à qui une haine a été transmise, sans consulter ses ressources, se soit dit : « Ce nom qu'on fait retentir, c'est à moi qu'il appartient ! C'est à moi de le porter vivant sur la frontière ! il réveillera la foi dans la victoire. » Ces armes qui les déposera sur son tombeau ? Pouvez-vous disputer à l'héritier du soldat ses armes ? Non, et voilà pourquoi, sans préméditation, sans calcul, sans combinaison, mais jeune, ardent, sentant son nom, sa destinée, sa gloire, il s'est dit : « J'irai, je mènerai le deuil, je poserai ses armes sur sa tombe, et je dirai à la France : « Me voici !. . Voulez-vous de moi ?... » (*Vive sensation.*)

Les pairs, étonnés de cet irrésistible enchaînement d'idées, s'agitaient sur leurs bancs, mais Berryer, sûr de l'ascendant qu'il exerce, ne craint pas de leur lancer cet audacieux défi :

« — Quelle peine pourriez-vous prononcer ?... On veut vous faire juger, mais comment pourriez-vous condamner le neveu de l'Empereur ? Qui êtes-vous donc ? Comtes, barons, vous qui fûtes ministres, généraux, sénateurs, maréchaux, à qui devez-vous vos titres, vos honneurs ?... En présence des engagements qui vous sont imposés par les souvenirs de votre vie, des causes que vous avez servies, de vos serments, des bienfaits que vous avez reçus, je dis qu'une condamnation serait immorale ! Et il y faut penser sérieusement; il y a une logique inévitable et terrible dans l'intelligence et les instincts des peuples, et quiconque, dans le gouvernement des choses humaines, a violé une seule loi morale, doit attendre le jour où le peuple les brisera toutes sur lui-même. » (*Longue agitation dans l'assemblée.*)

Un critique déclare que, par sa hardiesse contenue, ses témérités calculées, ce discours mérite d'être regardé « comme le chef-d'œuvre de l'art d'oser. »

Quelques jours après, le prince Napoléon écrivait à Berryer :

« Je ne veux pas quitter ma prison de Paris sans vous renouveler tous mes remerciements pour les nobles services que vous m'avez rendus pendant mon procès. Dès que j'ai su que je serais traduit devant la cour des Pairs, j'ai eu l'idée de vous demander de me défendre, parce que je savais que l'indépendance de votre caractère vous mettait au-dessus des petites susceptibilités de parti, et que votre cœur était ouvert à toutes les infortunes, comme votre esprit était apte à comprendre toutes les grandes pensées, tous les nobles sentiments. Je vous ai donc pris par estime, maintenant je vous quitte avec reconnaissance et amitié... »

Vingt-cinq mille francs accompagnaient la lettre du prince ; Berryer les refusa et, le lendemain, Napoléon écrivait de nouveau :

« Vous avez raison, nos rapports ne sont pas de ceux de client à avocat. Nous sommes égaux ; car si je suis prince par le sang, vous l'êtes par le cœur et par le talent. »

III

Après des plaidoiries comme celles que nous venons d'entendre, il est facile de se figurer la place que Berryer occupait au barreau ; mais pour avoir une idée complète de son talent, nous avons à le suivre sur un autre théâtre, et le voir à la tribune parlementaire.

Dès ses jeunes années la politique avait passionné l'avocat ; royaliste dans l'âme, il se promettait de prêter à l'héritier des princes qui avaient fait la France grande et belle l'appui de sa parole ; mais alors pour faire partie des assemblées législatives, il fallait avoir quarante ans accomplis ; ce ne fut donc que le 4 janvier 1830 que l'avocat put devenir candidat à la députation.

Ce jour-là, Charles X eut pour lui un mot charmant. Quand Berryer se présenta, le roi lui dit : « Oh ! ces quarante ans, comme je les guettais ! » Fier de l'estime royale, l'avocat partit sur-le-champ pour l'Auvergne, préparer son élection dans le département de la Haute-Loire.

En dépit de l'opposition fomentée par M. Thiers et ses journaux, Berryer fut élu et compta près des trois quarts des voix ; le lendemain, le *National* disait d'un ton vexé qu'il voulait rendre spirituel : « Voilà M. Berryer nommé ; ce point obtenu, il reste à montrer que M. Berryer soit éloquent ! »

La démonstration ne fut pas longue. Le 2 mars s'ouvrait la session parlementaire et la majorité votait une adresse au Roi, déclarant que le concert avait cessé entre le gouvernement et la Chambre ; la déclaration des ministres qui étaient venus protester de leur amour pour la Charte, n'avait pu empêcher cette funeste révolution. Il était réservé à deux nouveaux députés de la combattre. L'un s'appelait Guizot et était destiné à fournir une brillante carrière sous les gouvernements suivants ; le second était Berryer.

Quand vint son tour de prendre la parole, il gravit les degrés de la tribune au milieu d'un profond silence. Tout le monde sentait que les débuts d'un orateur sont un moment solennel. Berryer eut un instant d'émotion à peine perceptible, mais bientôt prenant possession de lui-même et de son auditoire, mettant le geste et la voix à la hauteur de son sujet, il s'écria :

« — Vous accusez le Roi personnellement d'avoir formé un nouveau ministère. Autant vaudrait lui faire dire par votre grande députation : Sire, l'usage que vous avez fait de votre prérogative trouble notre sécurité, atteint notre prospérité et peut devenir funeste à notre repos. (*Vive interruption à gauche. Toute la gauche : A l'ordre! à l'ordre! — La droite : Bravo ! très bien! — Silence au centre.*)

M. Berryer, d'une voix assurée : — Vos interruptions ne me troublent pas!... Elles me satisfont!... L'horreur que la Chambre exprime contre les conséquences nécessaires de la rédaction proposée, donne l'assurance que ce projet va être rejeté!... (*Le calme est rétabli.*)

« ... Qu'importe maintenant quand les droits du Roi sont blessés, quand la couronne est outragée, que votre adresse soit remplie de protestations de dévouement, de respect et d'amour! Qu'importe que vous disiez : Les prérogatives du Roi sont sacrées, si en même temps vous prétendez le contraindre dans l'usage qu'il doit en faire ! Ce triste contraste n'a d'autre effet que de reporter la pensée vers des temps de funeste mémoire. Il rappelle par quel chemin un Roi malheureux fut conduit au milieu des serments d'obéissance et des protestations d'amour à changer contre la palme du martyre, le sceptre qu'il laissa choir de ses mains. (*Vives réclamations à gauche — A droite : Très bien ! très bien! — Silence au centre.*)

« Je ne m'étonne pas que, dans leur pénible travail, les rédacteurs de l'adresse aient dit qu'ils se sentaient *condamnés à tenir au Roi un pareil langage.* Et moi aussi plus occupé des soins de l'avenir que des ressentiments du passé, je sens que si j'adhérais à une telle adresse mon acte pèserait à jamais sur ma conscience comme une désolante condamnation. »

En entendant ces mots, un murmure d'admiration parcourut l'Assemblée. Ses amis s'avancèrent au-devant de l'orateur pour le féliciter, et on vit des adversaires se joindre à leur groupe.

— Quel discours ! disait Guizot à Royer-Collard.

— C'est plus qu'un discours, répondit celui-ci, c'est un évènement; une nouvelle puissance s'élève !...

Le parlementaire disait vrai; c'était une puissance, c'était une force qui venait au secours de la monarchie en péril ; mais par malheur elle arrivait trop tard et ces accents éloquents n'étaient que le discours funèbre prononcé sur le cercueil ouvert de la royauté.

Vinrent bientôt les fatales ordonnances de juillet et le vieux roi se vit obligé de prendre tristement le chemin de l'exil. Sous Louis-Philippe, Berryer ne crut pas devoir commettre la faute de ses amis ; loin de se désintéresser comme eux du nouveau gouvernement, le député royaliste resta sur la brèche, toujours luttant mais toujours fidèle.

Sentant que dans cette situation il lui fallait une attitude nette et franche, qui évitât tout malentendu et répondît à toutes les attaques, de quelque côté qu'elles vinssent, dès le 11 août 1830, il montait à la tribune pour expliquer son adhésion à la formule de serment exigé des députés :

« — La force, disait-il, ne détruit pas le droit, la légitimité des races royales est un droit plus précieux pour les peuples que pour les races royales. Mais, quand la force domine dans un Etat, les particuliers ne peuvent que se soumettre, et les gens de bien doivent encore à la société le tribut de leurs efforts pour détourner de plus grands maux. Dans cette seule pensée, je crois de mon devoir de rester uni aux hommes honorables en qui je reconnais des intentions salutaires à mon pays, et je me soumets à prêter le serment qui est exigé de moi... »

C'est ainsi que Berryer entra la tête haute dans le nouveau régime, en déclarant à la force que le droit était indestructible. Avec la seule puissance de son talent et de ses convictions énergiques, l'ami des Bourbons luttera contre la dynastie nouvelle et comptera plus d'un triomphe. Il imposera aux vainqueurs le respect du passé, et leur rappellera parfois que la victoire n'est pas à leur honneur.

Un jour, les clameurs des admirateurs de la Révolution couvrent sa voix qui réclame en vain le maintien de l'anniversaire du 21 janvier, il se tourne vers eux et d'une voix vibrante où l'on sent passer la tristesse et l'indignation, il s'écrie :

« Messieurs, vous aimez la liberté... eh bien! quel prince a plus fait pour la liberté de son pays que Louis XVI, qui a pér victime des désordres, des abus de la liberté ?... »

A ce moment des murmures se font entendre :

« Silence ! Messieurs, reprend Berryer ; au jour du jugement il fut permis de parler des vertus de Louis XVI ; je ne vois pas que la Convention ait interrompu les défenseurs du roi !... »

Et au milieu d'un profond silence, l'orateur fait le panégyrique du Roi-Martyr :

« Louis XVI fut un roi fondateur, ami de la liberté, abolissant progressivement dans son royaume tout ce qui pouvait irriter et fatiguer le peuple, détruisant la torture, supprimant les corvées, rétablissant l'ordre, la discipline dans les prisons et les hôpitaux. C'est Louis XVI qui convoque en France ces Etats généraux qui depuis cent soixante-dix ans étaient tombés en désuétude, réunissant ses peuples dans une sorte de confédération, appelant six millions de Français pour concourir par leurs votes à la rédaction des cahiers sur lesquels devaient être méditées les réformes...

« Vous aimez la liberté, vous détestez ses excès ; eh bien ! rappelez-vous que le jour où Louis XVI porta sa tête sur l'échafaud, que ce jour ouvrit un abîme où tous les amis de la liberté furent précipités à leur tour, et qui engloutit les Barnave, les Vergniaud, les Chapelier et tous les défenseurs les plus illustres de cette liberté dont la tête tomba à côté de celle de Louis XVI. Voilà, Messieurs, voilà le sort que préparait aux amis de la liberté la journée funeste du 21 janvier... *(Sensation.)* »

Après ce mouvement d'éloquence, Berryer attaquait le point pratique de son discours et réclamait le maintien de la fête religieuse, destinée à célébrer cet anniversaire :

« On dit qu'une telle cérémonie peut exciter de funestes souvenirs, des ressentiments dangereux, aigrir encore les passions.

« Messieurs, je m'en rapporte à la sagesse, à la prudence, à la sincérité de chacun de vous. En quoi consiste en France la commémoration du 21 janvier ?

« Dans chaque temple, dans chaque religion, au lieu de la prière on se réunit pour lire le testament de Louis XVI. S'il est pour les peuples, pour les rois, pour chaque individu, une grande leçon de modération, de sagesse, d'oubli des injures, elle est écrite d'un style sublime dans le testament de Louis XVI. *(Murmures d'approbation).* Et quel peuple ne serait jaloux d'entendre retentir dans ses réunions publiques les passages du testament où Louis XVI enseigne son fils et lui prescrit les devoirs qu'il aura à remplir, si jamais le malheur de monter sur le trône lui est réservé : ses devoirs envers Dieu, envers ses semblables, envers son peuple, envers lui-même ? *(Nouvelle approbation).* Il ne se peut pas qu'un peuple qui a un roi ne soit pas jaloux d'entendre souvent retentir de telles paroles dans ses temples. *(Très bien !)* »

Berryer terminait en réclamant non seulement le maintien de la loi, mais son exécution complète par l'achèvement du monument expiatoire déjà commencé :

«... Je voudrais que le monument s'achevât, que la statue de Louis XVI y fût posée, pour attester quelle barrière on s'efforce de placer entre la légitime et utile liberté et les excès qui ont suivi son premier établissement au milieu de nous.

« Oui, je voudrais qu'on y plaçât cette statue avec cette inscription : *A Louis XVI, restaurateur des libertés françaises !...* »

C'est avec cette audace superbe et cette parole sûre d'elle-même que Berryer tint sa place dans l'Assemblée, maintenant toujours son indépendance, mais aussi l'honneur de la cause qu'il servait. Un jour, un ministre, irrité de cette hardiesse, se surprit à dire que les royalistes devraient se souvenir qu'ils ne sont après tout que des vaincus. Berryer s'élance à la tribune et la tête fièrement rejetée en arrière, dominant l'Assemblée de la voix et du geste, il s'écrie :

« Messieurs, on ose ici parler de vaincus ! Sont-ce là les promesses qu'on nous a faites ? Est-ce que les vérités qui ont été jurées ne seraient que des déceptions ? Tous ne sommes-nous pas appelés en France à jouir de la même liberté d'opinions et de discussion ?... A quelle classe destine-t-on cette existence de vaincus ? Elle serait intolérable, et je sens dans mes veines une âme française qui ne se résigne pas à une vie si humiliante ! *(Marques générales d'adhésion.)* »

Par cette fière attitude, Berryer obtint pour lui et pour sa cause le respect public ; mais le député royaliste ne se borna pas seulement à ce rôle de défenseur des principes aimés ; à son tour il engagea l'attaque et plus d'un ministre du gouvernement de Juillet resta stigmatisé sous ses coups.

Dénonçant à tout instant les violations de la charte, il flétrit les contradictions de ces libéraux de la Restauration qui, parvenus au pouvoir, abjurent les doctrines soutenues dans l'opposition. Aujourd'hui c'est le duc de Broglie dont il flétrit la politique de *juste milieu*, sans dignité et sans franchise. Le lendemain c'est contre M. Guizot que se dressent ses batteries ; c'est, il semble, son adversaire de choix ; et nul spectacle plus intéressant que de voir aux prises ces deux jouteurs. Arrêtons-nous un instant à les contempler.

M. Guizot a préparé une loi sur les *associations* qui limite à vingt personnes le droit de réunion. En le défendant, le ministre s'est oublié jusqu'à dire :

« La *faction* (l'orateur voulait désigner par là les exaltés du parti légitimiste) subsistera longtemps ; elle sera longtemps dans l'attitude qu'elle a prise sous vos yeux, dans ce mélange bizarre *d'insolence aristocratique* et de *cynisme révolutionnaire*. Je ne crois pas, pour ma part, que jamais cette faction ait offert, dans son langage, dans son attitude, un aspect plus immoral, plus répugnant... »

Berryer s'élança immédiatement à la tribune pour relever un outrage qui atteignait tout le parti légitimiste :

« — *L'insolence aristocratique*, dit-il, quelle que soit l'opinion politique à laquelle j'appartiens, ne me conviendrait guère à moi, né dans la classe moyenne, à moi, fils du travail de mon père et de mes propres travaux. Le *cynisme révolutionnaire ?* Je l'ai bien plus en horreur, je le déteste à l'égal du despotisme... S'il y avait quelque chose d'abject et de rebutant dans le parti politique auquel j'appartiens, ce serait après tout sa crédulité. Pourquoi suis-je à cette tribune ? Pourquoi suis-je demeuré au milieu de vous ? Pourquoi ai-je persisté à exercer mes droits politiques ?...

« C'est que j'ai cru à la vérité de vos paroles, à la sincérité de vos engagements ; c'est j'ai cru que le principe que vous consacriez n'était pas un vain jeu ; c'est que j'ai cru que ce n'étaient pas d'inutiles paroles, jetées en avant pour tromper le peuple, sous l'empire de l'erreur où on le précipitait, pour s'emparer du pouvoir et en devenir maîtres, aux dépens de toutes les libertés du pays. Je l'ai cru ! Et pour ceux qui partagent ma conviction, qui demandent toutes les garanties que vous avez promises, qui veulent vous faire respecter les engagements contractés que vous violez aujourd'hui, il n'y a d'abject et de rebutant que la crédulité qu'ils ont eue pour vous !... »

Après cette ferme réplique, Berryer combattit le projet comme attentatoire au droit naturel d'association, tout en réclamant des restrictions contre les sociétés secrètes. M. Guizot, reprenant ses arguments, crut habile d'insinuer qu'en soutenant ce projet, il ne faisait qu'imiter un grand homme d'Etat, Pitt, qui avait soumis l'Angleterre aux mêmes lois. La science et l'éloquence de Berryer lui ménagèrent une autre riposte qui atteignit le ministre en pleine poitrine :

« — Il est vrai, Messieurs, en 1797, Pitt se présenta devant le Parlement anglais ; mais il ne vint pas, comme le ministre actuel, contester ce droit, le méconnaître, l'attaquer dans son action, son exercice le plus légitime, le plus nécessaire. Pitt vint en gémissant faire un tableau de la situation de l'Angleterre. La guerre régnait dans toute l'Europe ; l'Angleterre était aux prises avec l'immense puissance que développait la France... Pitt vint avec la dignité, mais aussi avec la douleur d'un bon citoyen exposant cette situation critique... et il demanda en suppliant, au Parlement britannique, qu'il lui fût permis de *voiler pendant trois ans la statue de la liberté*; je crois me rappeler ses propres paroles ! » *(Vive sensation dans l'Assemblée.)*

Le rapprochement de la *dignité* du ministre anglais et de l'attitude de M. Guizot avait surtout frappé les esprits; et la question s'envenimant de plus en plus, un orateur eut l'impertinence de reproduire la première injure au parti légitimiste. Indigné d'une telle opiniâtreté dans l'insulte, Berryer bondit à la tribune, et jetant un regard de mépris sur le banc des ministres, dont plusieurs avaient servi la Restauration, il leur lança cette foudroyante apostrophe :

« — Quoi, c'est après quatre ans d'une révolution qu'on nous a dit à nous, en nous l'imposant, être faite dans l'intérêt des libertés publiques, que l'on vient audacieusement détruire, anéantir toutes les libertés, ravir à l'homme une faculté naturelle, seul moyen de lui assurer la liberté qu'on lui a promise. Voilà l'état auquel vous nous avez réduits ; et cela me prouve une chose, c'est qu'il y a quelque chose de plus déplorable, de plus dangereux que le cynisme révolutionnaire, c'est le *cynisme des apostasies.* »

Cette phrase eut un effet prodigieux sur l'Assemblée. Un témoin oculaire raconte : « J'assistais à cette séance dans la tribune des journalistes ; je n'oublierai jamais la physionomie, l'accent, le geste de l'orateur. Quand la terrible phrase tomba, je vis au banc des ministres, anciens serviteurs de la Restauration, des têtes se baisser, comme à la mer on courbe la tête pour laisser passer la vague qui arrive (1). »

Berryer parvenait alors à l'apogée de sa gloire, et, selon le mot de Royer-Collard, qui s'y connaissait dans les choses de l'esprit, la France attendait ses discours « comme un évènement. » M. Thiers, qui savait lui aussi ce que valaient les attaques de l'orateur, n'avait pu s'empêcher de décerner en pleine Assemblée au député royaliste cet éloge précieux dans sa bouche :

« — Je crois, Messieurs, que je rendrai le sentiment unanime de la Chambre, quand je dirai que vous venez d'entendre une parole magnifique. »

Le monde politique était alors passionné par la question d'Orient, et Berryer avait naturellement sa part dans ces préoccupations. A notre insu, l'Angleterre, la Russie, l'Autriche et la Prusse venaient de régler le sort de notre allié, le vice-roi d'Egypte, et le pacifique roi des Français, Louis-Philippe, ne songeait nullement à protester contre l'insolence de l'Europe, ou du moins à défendre efficacement l'ami et le propagateur de l'influence française en Orient. M. Guizot appuyait encore cette politique, quand Berryer, jaloux de l'honneur national,

(1) Nettement.

se fit dans un discours d'éclat, l'interprète de l'indignation publique.

Il rappela d'abord la parole de lord Palmerston, le ministre anglais : « Après beaucoup d'humeur et de déplaisir, la France cédera, et l'affaire d'Orient aura été réglée comme l'Angleterre l'aura voulu ! » Et ensuite il faisait contre M. Guizot, qui avait quitté son ambassade de Londres pour redevenir président du Conseil des ministres, cette véhémente sortie :

« — Eh quoi ! Messieurs, il y a un pays au monde où les ambassadeurs entendent de telles paroles, où ils les écrivent, et restent à leur poste et deviennent ministres, pour assister au jour où les choses s'accompliront comme elles ont été dites... Non, Messieurs, non ! ce n'est pas de la France qu'on a dit cela. Non, quoique vous ayez fait, on n'a pas dit cela de la France, et ceux qui au jour de nos plus grands désastres, ceux qui, à Waterloo même, ont vu comment tombaient nos guerriers, n'ont pas dit cela de la France, ce n'est pas de la France, ce n'est pas d'elle qu'on a parlé ! »

Cette impétueuse protestation, destinée à réveiller même chez les ministres le juste sentiment de l'honneur, n'était qu'un exorde ; l'orateur entrait ensuite dans le vif de la question par le tableau de l'influence française, jusque là prépondérante en Orient :

« — Fortifiée, je dois le dire, par l'expédition de Grèce et surtout par la prise d'Alger, cette influence avait des siècles d'origine ; elle avait été rajeunie par Napoléon dans la savante et héroïque expédition d'Egypte. Quel homme est allé en Orient sans en parler, sans la reconnaître, sans ouvrir son imagination à de magnifiques spéculations sur les avantages que la France pouvait y tirer de son ascendant, de son crédit, de son autorité morale, intellectuelle et guerrière, dans ces contrées ? Qui ne l'a pas constatée ? Et que devient-elle ? Messieurs, je n'aime point les vaines phrases, mais les idées m'appellent.

« Messieurs, je l'entends, je l'entends, ce canon de Saint-Jean-d'Acre ; j'entends au fond de la Méditerranée, le canon anglais qui brise Saint-Jean-d'Acre, devant lequel Napoléon s'était arrêté. (*Mouvement.*) Et vous allez entendre aux rives d'une autre mer, un autre canon qui vient vous annoncer l'arrivée des restes du prisonnier des Anglais. A ses funérailles et dans sa tombe même, est-ce que vous ensevelirez sans gémir, sans protester, l'ascendant qu'il vous avait conquis et que vous gardiez encore? (*Longs applaudissements.*)

« Que penser après cela de cet humble langage de l'adresse : *si les droits méconnus, si l'honneur de la France le demandent ?*... Il semblerait donc que nos droits n'ont pas été méconnus, et que l'honneur de la France n'a pas reçu d'atteinte? Comment! nos droits n'ont pas été méconnus? Et que sommes-nous dans le monde, et de quoi s'est-il agi? D'un grand règlement territorial, d'un partage d'influence, ou d'une simple délibération, si vous le voulez, sur l'équilibre du monde européen ; et la France n'a pas délibéré! Et ce ne sont pas là des droits méconnus?... Ceci ne touche point à votre honneur ? *(Bravos prolongés.)* »

L'Assemblée s'agitait sur les bancs et donnait tous les signes d'adhésion à l'orateur, pendant que les ministres gardaient un honteux silence ; Berryer termina son discours par cette fière apostrophe :

« ... Je connais mon pays, je connais ses sentiments ; je sais que pour les hommes les plus attachés à des convictions qui constituent un parti, il y a des sentiments qui dominent tout, qui emportent tout, et ce sont ces sentiments-là qui doivent réunir tout ce qui vit d'intelligence, de force et d'énergie en France; ce sont ces sentiments qui prévaudront. Oui, la France, s'il le faut, se lèvera avec énergie, avec dignité, pour ce qui est juste, pour ce qui est honnête et glorieux; et *malgré vous,* elle sera encore la plus noble et la plus redoutée des nations de la terre. *(Acclamations unanimes.)* »

Jamais parole ne fut plus digne et en même temps plus écrasante pour l'adversaire ; Berryer triompha glorieusement, et au lieu du « langage résigné » qui avait servi à rédiger l'adresse, le gouvernement fit entendre des accents nobles et fiers. Toute la presse, au lendemain de cette journée, saluait l'orateur royaliste comme le vengeur de l'honneur national.

Il n'y a que les hommes pleinement convaincus qui peuvent

trouver dans leur âme le secret de ces discours qui remuent toute une nation ; en ces joutes oratoires la force de Berryer était sans doute dans son talent magnifique, mais aussi dans le grand amour que cet illustre citoyen portait à son pays.

IV

Si Berryer aima la France, il aima aussi l'Eglise, servit ses intérêts et défendit ses libertés : c'est à ce titre qu'il mérite de prendre place à côté de ces grands hommes qui s'appellent Montalembert et Lacordaire.

Dès sa jeunesse, l'avocat eut à prendre en main la cause de la religion : ce fut à l'occasion du procès Lamennais. On était en 1826 ; à cette époque, l'auteur de l'*Essai sur l'Indifférence* était un des plus brillants champions de la vérité, il venait de publier un livre dont le gouvernement avait pris ombrage. Dans un langage qui eût gagné peut-être à être moins violent, il renversait la théorie si chère au pouvoir qui, en 1682, avait proclamé l'indépendance absolue des gouvernements vis-à-vis du Saint-Siège. Les ministres de Charles X, vexés de ce coup direct, citèrent l'abbé de Lamennais en correctionnelle, sous l'accusation d'attaques à l'autorité royale. Celui-ci écrivit bien vite à Berryer pour le charger de sa défense.

L'avocat, quoique jeune encore, n'était pas un inconnu pour le grand homme. Ils s'étaient souvent rencontrés ; le prêtre au regard profond avait compris la valeur de cette riche nature et il se l'était attachée par les liens de l'affection la plus ardente. Prévenant les Montalembert, les Lacordaire, les Gerbet, et toute l'élite intellectuelle de cette époque que Lamennais sut fasciner, Berryer avait fait dès 1822 « le pèlerinage » de la Chesnaye et en avait rapporté une impression si vive, qu'il voulut fixer ses souvenirs en des pages intéressantes. Son biographe les analyse ainsi :

« Lamennais seul habitait alors la Chesnaye. Il en fit les honneurs à Berryer avec la grâce la plus affectueuse, lui donnant une chambre en face de la sienne et ne le quittant plus. Quand il eut pris son mauvais chapeau de paille, vieux et usé, on partit. Ensemble les deux amis visitèrent le jardin aux larges allées bien sablées : un grand chien bondissait plein de joie autour d'eux. Lutter avec lui quelques instants après les repas, était la seule distraction que s'accordât le maître deux fois par semaine. Je me trompe : chemin faisant, il montra à Berryer les fleurs qu'il aimait à arroser de ses propres mains. Puis on longea les deux étangs et l'on vint s'asseoir au bord de l'eau sur un banc de pierre, à l'ombre d'un vieux chêne. M. Féli aimait ce lieu mélancolique : « C'est là que je veux reposer plus tard, disait-il ; oh ! que je serai bien là ! »

Berryer ne comptait faire à la Chesnaye qu'une courte visite ; mais le moyen de résister aux sollicitations caressantes de Lamennais ? Celui-ci l'entraîna dans la forêt, sur une colline qui dominait la Rance. Le paysage était ravissant : « Je crois le voir encore, » disait plus tard Berryer. Tous deux se reposent sur le gazon et s'entretiennent longtemps. Après le retour, le repas, puis la veillée, et la conversation dure toujours. Berryer se met au lit. Lamennais s'assied à son chevet. Au matin, ils causaient encore.

C'est que M. Féli était un merveilleux causeur. La tête inclinée sur la poitrine, les mains jointes, il parlait ; et les raisonnements couraient si serrés, les phrases si élégantes, qu'en fermant les yeux, on avait l'illusion d'entendre le plus beau des livres. Il emporta ainsi son jeune ami à travers un torrent de poésie, « de l'Eglise militante jusqu'à l'Eglise triomphante. » Puis, je ne sais comment, l'entretien tomba sur les évocations du magnétisme et les phénomènes de seconde vue. Alors Lamennais s'anime de plus en plus ; il se lance dans ces régions mystérieuses avec une telle fougue d'imagination, une telle hardiesse de pensée, que Berryer en est tout bouleversé. Il l'arrête, il lui saisit le bras : « Vous m'effrayez, lui dit-il. — Comment ? demande Lamennais, que voulez-vous dire ? — Oui, vous m'effrayez. Je sens que je ne résiste plus à l'empire de votre raison : vous me dominez ; mais ce qui m'épouvante, c'est que vous, rien ne vous domine... Vous n'avez plus aucune autorité qui vous arrête !... Vous serez chef de secte. »

A ces mots, Lamennais bondit, il met la main sur son cœur, et avec une émotion profonde, inoubliable, disait Berryer, il s'écrie : « Moi, chef de secte ! Moi, renier l'Eglise ! Jamais ! Plutôt mourir ! Jamais, non jamais je ne renierai l'Eglise (1) ! »

Le lendemain les deux amis se séparaient, et quatre ans plus tard ils se retrouvaient côte à côte au tribunal correctionnel.

Lamennais était escorté de l'abbé Gerbet et de l'abbé de Salinis, fiers de leur maître et de sa doctrine ; la renommée du prévenu, sa situation dans l'Eglise, son immense talent donnèrent à l'affaire un éclat exceptionnel dont Berryer sut profiter. Il commença par exprimer son étonnement d'une telle poursuite dans un tel lieu :

« ... Une discussion théologique, une controverse sur des points de doctrine et de discipline religieuse, vont être agitées dans l'enceinte de la police correctionnelle !... Un écrivain que l'Europe littéraire honore de ses suffrages, dont la religion applaudit et bénit les travaux, est poursuivi et confondu avec les libellistes et les pamphlétaires ! Est-ce donc que de nos jours on veut mettre en oubli et la majesté de la loi chrétienne, et la vénération due à un ministre sacré, et jusqu'au respect qu'inspire toujours la dignité du talent ? La conscience publique en est si profondément offensée que de toutes parts on se refusait à croire que M. de Lamennais dût se présenter à votre audience. Mais lui, Messieurs, ferme et inébranlable dans sa foi, dans ses devoirs et comme prêtre et comme catholique, il n'en est pas moins fidèle à ses devoirs comme sujet ; il sait honorer la justice du roi, et n'a point hésité à comparaître devant vous aussitôt que la citation lui a été donnée. »

Puis après avoir défendu contre les interprétations du ministère public les passages incriminés, après avoir démontré que les idées de l'auteur étaient conformes à la doctrine des Bossuet et des Fénelon, Berryer proclamait la thèse importante qui pour

(1) P. Lecanuet, *Berryer, sa vie, ses œuvres*, p. 68.

lui dominait de bien haut la cause, et exposait les relations mutuelles entre l'Eglise et l'Etat telles que les avaient connues les siècles précédents, et telles que les avait modifiées le régime issu de la Révolution.

« — Ce qui distingue principalement notre Eglise, disait Berryer, c'est le droit qui lui appartient, qu'elle réclame, qu'elle a toujours exercé, de décider seule, de décider infailliblement toutes les questions de doctrine et de régler souverainement la discipline. Lui contester ce droit, c'est se séparer d'elle : c'est *cesser d'être catholique !* »

Et après ce lumineux exposé de l'enseignement de l'Eglise, l'orateur disait aux juges, en finissant : en matière de foi et de doctrine, l'Eglise ne peut céder, il faudrait la réduire en servitude, et il citait l'exemple de l'Angleterre :

« — Puisse, Messieurs, le spectacle d'un tel malheur, puisse la crainte de semblable péril toucher profondément vos âmes !... Avant de faire un premier pas, avant de donner le premier exemple d'une si dangereuse usurpation, mesurez l'effrayante carrière que vous allez ouvrir... C'est à vous qu'il est donné, en ce moment, de protéger et d'unir les antiques libertés de l'Eglise et les nouvelles libertés de l'Etat ; ne respecterons-nous pas l'indépendance de cette sainte religion catholique, à qui seule est due l'indépendance des nations modernes ? Pouvons-nous oublier, dans nos justes défiances, que l'esclavage a disparu partout où elle a porté ses lois et que l'Europe lui doit l'heureux tempérament de ces institutions monarchiques dont l'antiquité ne nous laisse point d'exemple? A qui osera-t-on faire un crime de vénérer, dans son cœur et dans ses paroles, cette grande puissance spirituelle qui, toujours vigilante pour les rois et pour les peuples, leur fait sans cesse entendre ces nobles enseignements, fondements sacrés de tout ordre, de toute dignité, de toute liberté dans les Etats : « Peuple, obéis à ton roi ; il est l'image de Dieu sur la terre. Roi, garde-toi d'oublier dans les pompes de ta grandeur que le dernier des sujets est ton frère ! »

Ces paroles grandissent ceux qui les prononcent, et elles élèvent leur talent à la hauteur de la mission divine.

Après le brillant discours de son défenseur, Lamennais se

leva et, d'une voix sourde mais ferme, il n'ajouta que cette phrase noblement dédaigneuse :

« — Je dois à ma conscience et au caractère sacré dont je suis revêtu, de déclarer devant le tribunal, que je demeure inébranlablement attaché à tous les principes que j'ai soutenus, c'est-à-dire à l'enseignement invariable du chef de l'Eglise, que sa foi est ma foi, sa doctrine ma doctrine, et que jusqu'à mon dernier soupir je continuerai de la professer et de la défendre. »

Pour la forme, l'accusé fut condamné à 30 francs d'amende ; cette condamnation était un véritable triomphe pour Lamennais et un échec pour le gouvernement qui dut le dévorer en silence.

Malgré tout, le prévenu la trouva encore trop forte, et il en garda au régime qui l'avait poursuivi, une rancune qui peu à peu devint de la haine. Ses rapports avec son défenseur qui persistait toujours dans son attachement aux idées royalistes, en souffrirent nécessairement ; et la rupture de Lamennais avec Rome leur donna le coup de grâce.

Cependant le prêtre tombé voulut revoir Berryer, et à quelque temps de là, il se présenta chez lui, avec ce sourire amer qui laissait percer à la fois son orgueil et sa douleur. Il voulait savoir ce que pensait Berryer de son attitude de révolté :

— N'est-ce pas, lui dit-il, que vous aussi, vous m'en voulez ? vous n'êtes pas satisfait.

— Certainement, lui répondit l'avocat d'un ton sérieux.

— Ah ! je vous ai étonné, reprit la voix sarcastique.

— Non, dit Berryer, vous ne m'avez pas étonné, et il lui rappela la scène nocturne de la Chesnaye ainsi que les paroles qu'ils avaient alors échangées.

Cependant le cœur de Berryer ne lui permit pas de garder longtemps cette réserve froide, il eut pitié de son ami et essaya de l'arracher par tous les arguments possibles à son affreux désespoir. Il le poursuivit jusqu'à la Chesnaye et déploya toutes les ressources de son éloquence, qui sut se faire successivement sévère et tendre : tout resta sans succès ; Berryer dut revenir à Paris en disant : « Je ne puis rien sur ce chaos ! »

Les deux amis se retrouvèrent à l'Assemblée de 1848 ; ils

étaient devenus collègues. Or un jour que Berryer, dans un discours sur les prêtres desservant les campagnes, s'était laissé aller à un mouvement de haute éloquence et avait terminé en flétrissant les apostats, il aperçut un de ses collègues qui se levait brusquement et se glissait le long des banquettes pour quitter la salle :

« Je regardai, dit Berryer, c'était Lamennais. Mon cœur se serra, et j'éprouvai une vive douleur, car en parlant je n'avais nullement songé à lui. »

Quelques années plus tard, Berryer apprit que la mort allait fixer à jamais dans l'impénitence son trop célèbre ami. Il court à sa demeure, mais il est éconduit; le mourant avait donné l'ordre d'écarter ceux qui pouvaient encore le rapprocher de Dieu !...

En 1845 la défense des libertés religieuses entraîna Berryer sur un champ de bataille plus vaste où son éloquence put se donner plus aisément carrière. La lutte entre le parti catholique et l'Université au sujet de l'enseignement secondaire avait réveillé de vieilles haines et attiré l'attention sur les Jésuites, que des lois antérieures avaient, en des heures de troubles, proscrits du sol français. Tous les partis coalisés, libéraux, républicains, démocrates, s'acharnaient subitement contre ces religieux et réclamaient contre eux les foudres d'une législation tombée en désuétude.

A toutes ces attaques, le P. de Ravignan répondit par un mémoire qui se terminait par ces fières paroles :

« — Je suis Jésuite, c'est-à-dire religieux de la Compagnie de Jésus. »

Et il alla trouver Berryer pour le prier de défendre devant la Chambre une société que M. Thiers voulait chasser de France et que Michelet appelait « immorale. »

Le P. de Ravignan n'avait pas toujours porté l'habit du Jésuite : tout d'abord, avocat brillant, il avait rencontré maintes fois Berryer auquel il s'était lié d'une vive amitié. Tous deux avaient débuté au Palais, à la même époque et avec le même éclat, et pensaient se suivre dans le cours de leur longue carrière, quand un jour Berryer apprend que les portes du séminaire d'Issy se sont refermées sur son ami qu'elles ont ravi au monde. Berryer y court pour s'assurer de cette nouvelle, il fait demander son ancien collègue, et Ravignan lui apparaît au haut d'un escalier ; il salue son ami et lui dit avec un sourire :

« — Eh bien ! je vous ai donc planté là !... »

Berryer était encore aux heures de la jeunesse, et il se souvenait toujours de ses velléités d'antan, il répondit :

« — J'ai manqué mon coup, moi aussi je devais être prêtre !... »

Le ciel en refusant à l'avocat cet honneur, ne lui en avait pas moins dévolu la mission de défendre la liberté religieuse, et il allait le prouver une fois de plus. Car si Berryer promit son concours au P. de Ravignan, menacé dans sa sûreté personnelle et dans celle de ses frères, ce fut moins par affection que pour un motif plus élevé. L'auteur de la vie du fervent religieux en fait foi : « Berryer ne fut le champion de la Compagnie de Jésus que pour être le soldat de l'Eglise. » Et le Supérieur Général des Jésuites se plaisait plus tard à reconnaître ce dévouement et à lui témoigner sa reconnaissance.

Ce fut le 2 mai que M. Thiers développa à la tribune de la Chambre son interpellation, demandant au ministère d'exécuter les lois de l'Etat concernant les congrégations religieuses. L'homme habile y mettait des formes ; il affichait « un respect sincère et profond pour l'auguste religion de la majorité », mais il déclarait en même temps qu'il y avait dans son cœur « un autre sentiment qui s'élevait à la hauteur de cette vénération, l'amour jaloux des droits de l'Etat », et à la face du pays il lançait cette apostrophe :

« — Vous voulez la liberté, c'est bien, mais voulez-vous la liberté en dehors des lois ? »

Berryer avait écouté le discours de Thiers et il était rentré chez lui, anxieux et quelque peu accablé de la grandeur du sujet qu'il devait traiter : c'était la liberté de l'Eglise dans toute son étendue, et il allait faire entendre à la Chambre un langage qu'elle aurait même peine à comprendre.

Le lendemain, de bon matin, le P. de Ravignan arrive chez l'avocat, rue Neuve-des-Petits-Champs ; celui-ci se promenait à grands pas dans son cabinet, méditant sa réponse au discours de M. Thiers. « Le Jésuite se jette à son cou ; il l'embrasse avec effusion, le remercie de son zèle en lui montrant la récompense au ciel plus que le succès en ce monde. « Ah ! sans doute, répond Berryer, la cause est perdue, et cependant elle sera gagnée. Pour le présent je suis désespéré ; je vois d'ici tous ces hommes au parti pris d'avance, comme un mur de marbre devant moi. Seulement, je suis indigne d'être l'avocat d'une pareille cause. Ne me remerciez pas, mais priez pour moi (1). »

Quelques heures après, Berryer était à la tribune. La tête haute et fière, il disait à ces députés prêts à railler sa parole :

« — Depuis trente ans, dans toutes les questions de politique, de religion, de liberté, parlant à voix haute, il ne m'est pas arrivé un jour, depuis le pied de l'échafaud auquel j'ai voulu ravir des victimes jusqu'au tribunal qui juge dans le for de la conscience, jusqu'à cette tribune où nous allons délibérer, il ne m'est pas arrivé un jour de dire autre chose que ce que je vais dire devant vous, que ce que je vais vous exprimer avec franchise. »

Puis, posant la question sur le terrain de la liberté, il ajoutait :

« — Aux termes de nos lois constitutionnelles, je réclame la liberté et la plénitude des droits de l'Eglise catholique à laquelle j'appartiens... Or l'Eglise ne peut être libre, si vous entravez l'exercice de la vie religieuse qu'elle conseille et des vœux qu'elle recommande. Et cependant la vie religieuse est non seulement utile à l'Eglise, elle est utile à la société, elle est utile aux individus. »

Alors Berryer lançait son grand mouvement, et rappelait que la société française ne comptait pas que des âmes heureuses et satisfaites :

« — Pour qui voudra bien réfléchir sur l'état de la nation, pour qui a mesuré les travaux et les fatigues d'intelligence et de cœur auxquels tant d'hommes sont livrés dans notre siècle, et les grands désillusionnements qui viennent atteindre la vie (je

(1) Le P. de Pontlevoy, *Vie du P. de Ravignan.*

ne parle pas des chagrins et des peines ordinaires) ; pour qui a traversé tant de labeurs, tant de résolutions successives, tant d'efforts pour atteindre ou la fortune, ou la gloire, ou la grandeur ; ne comprenez-vous pas que socialement, philosophiquement, c'est quelque chose de bon, que la faculté d'aller demander la paix dans la retraite, de s'y livrer à la méditation du solitaire, ou au travail silencieux du trappiste, ou au soin charitable des malades, ou de s'y préparer à la prédication pour aller porter la parole de Dieu sur les terres lointaines ?... »

Puis l'orateur se penchait sur la tribune et demandait à ces hommes étrangers pour la plupart à de telles considérations :

« — Par vos institutions, par vos lois, qu'offrez-vous aux grands désespoirs de la vie ?... La religion catholique leur offre des asiles; qu'ils soient ouverts ! le siècle en a besoin. »

L'opposition ne voulant pas comprendre jetait à l'orateur des objections comme celle-ci :

— Les Jésuites n'obéissent qu'au Pape, qui est un souverain étranger.

« — C'est vrai, répond Berryer ; mais, Messieurs, c'est notre faute à nous, catholiques. Nous avons dans l'ordre spirituel le Pape pour chef ; nous sommes comme eux dans l'ordre spirituel relevant d'un étranger ; mais le Pape n'est pas un étranger. »

Et sur-le-champ sa mémoire fidèle leur rappelle que Portalis déclara à la signature du Concordat que le Premier Consul avait traité avec le Pape, « non comme avec un souverain étranger, mais comme avec le chef de l'Eglise universelle dont les catholiques de France font partie. » Comme cet argument prenait, l'orateur insiste et rappelle à ces hommes encore fascinés de l'expérience napoléonienne, que le grand Empereur avait laissé se reconstituer sur le sol français les congrégations bannies par la Révolution. Et alors, baissant la voix, l'ancien élève des Oratoriens semblait comme demander pardon de se laisser aller à ses souvenirs personnels, et de rappeler la visite de Bonaparte à Juilly, félicitant les maîtres qui avaient formé Desaix, Casabianca et Muiron.

Ce discours excita l'admiration des auditeurs et Louis Veuillot écrivait le soir même : « Grâce à M. Berryer, la cause de la religion, de la liberté, de la légalité véritable, a été bien défendue. Son discours d'aujourd'hui est un des plus beaux qui soient sortis de cette bouche éloquente. On ne saurait exprimer plus noblement le respect de la conscience, ni même avoir mieux l'intelligence de la liberté. Il a forcé ses contradicteurs à l'entendre jusqu'au bout. Que pouvait-il de plus?... »

En effet le siège de la Chambre était fait et la majorité vota l'ordre de proscription, mais le gouvernement n'osa jamais l'exécuter. Il y eut des déplacements, mais pas un religieux ne fut contraint de quitter la France; et l'infortuné Louis-Philippe prit le chemin de l'exil avant la société qu'il avait laissé proscrire. Des ruines de la révolution de 1848, surgit la liberté d'enseignement et les Jésuites ne furent plus inquiétés jusqu'en 1880. Ainsi se vérifiait la parole de Berryer au P. de Ravignan: « — La cause est perdue, mais elle sera gagnée. »

Au noble défenseur des libertés religieuses, était encore réservée la mission d'assister deux des hommes qui étaient à cette époque la gloire et le flambeau de l'Eglise: le premier s'appelait Montalembert, le second Mgr Dupanloup, l'illustre évêque d'Orléans.

A l'égal de Berryer, Montalembert avait su, par la dignité de son caractère et le talent de sa parole élevée, conquérir l'estime de son temps: luttant pour la liberté, il établit un jour entre l'Angleterre et la France un parallèle qui n'était pas à notre avantage.

Traversant la Manche, il écrivait: « ... Quand j'étouffe sous le poids d'une atmosphère chargée de miasmes serviles et corrupteurs, je cours respirer un air plus pur et prendre un bain de vie dans la libre Angleterre. »

Le gouvernement sentit l'injure qu'il méritait, et déféra le comte en police correctionnelle. Montalembert n'avait eu jusqu'alors que des relations peu suivies avec Berryer, mais il n'hésita pas à confier sa cause au grand orateur, et à partir de ce jour l'amitié unit ces deux âmes égales par le caractère et par le talent.

L'avocat commença par enthousiasmer ses juges au récit de la vie de son client. Puis il le montra, spectateur attristé des libertés méconnues dans son pays, retrouvant soudain en Angleterre les discussions mâles, et les applaudissements réservés au courage et à la dignité. Montalembert avait entendu en plein Parlement des paroles comme celles-ci : « Je suis Anglais, mais il y a des choses pour moi plus sacrées et plus grandes que la grandeur de l'Angleterre ; parmi ces choses je place le progrès du genre humain dans l'enseignement et dans la pratique de la vertu et de l'honneur. »

Et Berryer dépeignait l'émotion qui devait fatalement s'emparer de l'âme de son illustre client et lui arracher l'expression de ses regrets amers !...

« — Vous dites, s'écriait-il, que c'est un outrage au pays, un acte anti-français, quelque chose de criminel... Eh quoi ! nous coupables envers le pays ! nous, moi, coupables ? pour avoir regretté les institutions sous lesquelles la France a vécu, pour lesquelles nous avons combattu ! Coupables ! Ah ! laissez-moi vous dire toute ma pensée : non, c'est le pays qui serait coupable envers nous !

« Notre tort, c'est d'avoir cru à la France, d'avoir aimé ce qu'elle aimait, d'avoir réclamé avec elle et pour elle les garanties de la liberté, enfin d'avoir été ce que la France a voulu que nous fussions, ce que nous sommes et ce que nous serons toujours... »

L'auditoire qui écoutait ces paroles se composait des plus grands noms de France et de l'étranger, et à plusieurs reprises il n'avait pas dissimulé ses impressions pendant le procès. Le président, quand vint le moment du prononcé du jugement qui condamnait Montalembert, craignant les trop justes réclamations, fit envahir la salle par une escouade de sergents de ville, chargés d'arrêter les interrupteurs.

C'était avouer sa défaite, et Montalembert sortit fier et honoré d'une condamnation qui constatait sa fidélité aux principes de sa vie entière. Comprenant l'immense service que Berryer lui avait rendu en cette circonstance, il lui écrivit cette lettre qui fait honneur à l'accusé comme à l'avocat :

« Cher et illustre *Vengeur,*... je ne sais si les grandes joies sont muettes comme les grandes douleurs; mais toujours est-il que je perds la parole sur ce sujet, quand je suis en votre présence et sous le feu de votre regard à la fois si fier, si limpide et si caressant. Laissez-moi donc vous dire par écrit que vous avez comblé tous mes vœux et m'avez accablé sous le poids de votre bienfait. Je vous avais dit que je remettais mon honneur entre vos mains; vous l'avez non seulement défendu, mais vengé. Parmi les plus belles, les plus heureuses journées de ma vie, je rangerai toujours celle où j'ai entendu la voix la plus éloquente de mon temps et de mon pays s'élever devant la justice pour justifier mon passé... Ce jour-là, vous m'avez procuré une satisfaction sans pareille et rendu de ces services dont la *grandeur passe toute récompense.* Dans le cours de votre longue et glorieuse carrière, vous avez obligé, défendu, sauvé bien des gens, mais je doute que vous ayez jamais conféré une obligation plus sérieuse à un cœur plus reconnaissant... Vous me faites l'honneur de regarder ma cause comme la vôtre, et vous ajoutez ainsi la fleur de la délicatesse la plus raffinée à tout l'éclat de votre éloquence. Je ne puis que m'incliner devant votre volonté. Mais vous ne me refuserez pas le droit de vous offrir, d'ici à quelque temps, un petit souvenir d'art et d'amitié dont la première pensée me vient de Rome, et que cette origine vous fera agréer... »

Et bientôt, en effet, Berryer qui avait refusé tout honoraire, recevait une magnifique réduction en argent de la statue de Démosthènes, portant ces mots : « *Quid si ipsum tonantem audivisses!* »

Cette lettre était écrite le 31 décembre 1858; à peine un an plus tard, c'était l'évêque d'Orléans qui réclamait le ministère du grand avocat.

Déjà précédé par sa réputation d'orateur et d'écrivain, et par l'ardeur déployée dans la préparation de la loi d'enseignement de 1850, Mgr Dupanloup venait de révéler les ressources de sa grande âme en défendant le pouvoir temporel des Papes, que le gouvernement de Napoléon attaquait sous prétexte de le sauvegarder.

L'Empire voyait de mauvais œil s'élever ce nouvel adversaire qui promettait de devenir terrible. Il le fit donc secrètement attaquer par ses journaux le *Siècle* et le *Constitutionnel.* L'évêque se défendit sur un ton assez vif, et le premier de ces organes, se prétendant attaqué dans son honneur, adressa une plainte au procureur général.

Le gouvernement crut l'occasion bonne de fermer la bouche à un prélat qui le gênait, et prépara tout pour amener une condamnation sérieuse. L'évêque appela à son aide le défenseur-né de toutes les grandes causes, et le 15 mars 1860, Berryer était au banc de la défense.

Tous les efforts avaient été faits pour paralyser l'effet de sa parole, parce qu'on redoutait l'ampleur qu'il ne manquerait pas de donner au débat ; les précautions furent inutiles.

Son premier soin fut de faire de la cause de l'évêque d'Orléans la cause de l'épiscopat tout entier, et de le montrer entouré de tous ses collègues, dont les lettres de félicitations étaient venues de tous les coins de la France. Puis, entrant dans le vif du débat, il établit la nécessité du pouvoir temporel, « seul capable de procurer la paix de l'Eglise et la sécurité des Etats. »

Le président veut l'arrêter sur ce terrain et s'écrie : « Maître Berryer, cette discussion est étrangère à la cause, venez au fait. »

Berryer se tourne alors vers le *Siècle* qui s'est donné comme défenseur de la liberté, et relève ainsi le défi de l'effronté journal :

« — Expliquons-nous ici à visage découvert... Il y a deux espèces de libertés dans le monde. La belle et sereine liberté naît dans l'homme du sentiment légitime et fier qu'il a de son droit, et du respect non moins profond, non moins sincère qu'il garde pour les droits d'autrui... Voilà la liberté que je défends.

« La vôtre, celle que vous voulez propager dans le monde, s'agite dans le mépris de tout ce qui lie les hommes entre eux, les sociétés entre elles. A ses yeux ne sont rien les lois, les traités, les engagements. Tous droits, toute justice doivent se courber devant la misérable autorité *du fait accompli....*

Souffrez-moi cet orgueil, telle n'est pas la liberté à laquelle je suis attaché par le fond de mes entrailles, celle que j'ai servie et que je servirai jusqu'à mon dernier jour, tant que l'âge n'aura point épuisé mes forces. Je l'ai défendue sous des rois que j'aimais, parce qu'ils l'avaient donnée à la France ; je l'ai défendue sous une autre monarchie dont le principe fut, à mes

Berryer défendant Mgr Dupanloup.

yeux, douteux et périlleux pour elle ; je l'ai défendue, comme aujourd'hui, sous la République qui, par ses excès et ses divisions, l'a livrée au pouvoir qui a brisé nos institutions libérales. Cette liberté dont je revendique ici les droits, ma liberté, n'est pas la vôtre, et je déteste la vôtre, parce qu'elle tuerait la mienne. »

Un tonnerre d'applaudissements éclate au fond de la salle et le président intervient de nouveau :

« — Maître Berryer, la Cour vous a écouté avec patience.

Mais évitez ce qui pourrait provoquer l'auditoire à manquer de respect à la justice.

« — Je ne croyais pas, répond Berryer, en défendant la liberté, provoquer un manquement de respect à la justice.

« — La liberté n'est pas attaquée devant la Cour, reprend le président, vous n'avez pas à la défendre. »

Et alors Berryer s'approche du magistrat, qu'il enveloppe de son regard impénétrable et d'un ton calme, mais grave, il lui dit :

« — Mais c'est la plus auguste des libertés qui est en question et que j'ai à défendre ! C'est la liberté de la foi, de la conscience, de l'honneur ! C'est le droit d'un évêque, c'est son devoir, plus grand encore que son droit ! C'est le libre exercice de la puissance qu'il tient de Dieu même ! C'est cette liberté que je viens revendiquer. L'évêque d'Orléans en a-t-il fait un usage coupable ? Dans cette lutte, dont il convenait de dire en quelques mots le principe et le caractère, a-t-il adressé des imputations excessives à un adversaire qui ne les méritait pas ? C'est là la question du procès, je le maintiens.

« — Oui, vous y êtes maintenant, reprend le président qui peut regretter son intervention. »

Et l'avocat continue, faisant sonner bien haut l'innocence de son client, et le droit de puiser dans les armes de son temps les moyens de défendre la vérité éternelle.

Quand Berryer eut terminé sa plaidoirie, la cause était gagnée. Les juges ne purent se refuser à un acquittement que toute la salle réclamait et le journal fut débouté de sa plainte.

Mgr Dupanloup garda pour Berryer qu'il aimait déjà un souvenir que les années n'affaiblirent jamais ; quelques jours avant sa mort, il vint saluer une dernière fois le grand orateur, avant que se fermât à tout jamais cette bouche qui l'avait si noblement défendu.

V

Ce fut au mois de novembre 1868 que la belle et longue existence de Berryer arriva à son terme.

Après plus de quarante années de lutte sans répit, il avait connu tous les triomphes et épuisé la coupe des louanges les plus flatteuses. Réalisant la parole de Chateaubriand qui, à ses débuts, lui avait prédit : « Vous avez un talent prodigieux ; vous irez loin : vous serez le premier de votre génération, » il avait entendu Royer-Collard l'appeler une puissance et susciter la jalousie de la célèbre Rachel. Cette Juive ingénieuse, sachant dans l'éloge des autres impliquer sa propre louange, écrivait : « Ah ! si je jouais comme Berryer parle ! »

En 1855, l'Académie française ouvrit ses portes au grand orateur.

En 1861, ce fut le barreau qui lui rendit un enthousiaste hommage. A l'occasion du cinquantième anniversaire de son inscription au tableau des avocats de Paris, un banquet lui fut offert où tous les barreaux de France étaient représentés par leurs bâtonniers.

Trois ans plus tard, en novembre 1864, Berryer se rendit à Londres, invité par lord Brougham, à des manifestations solennelles organisées en son honneur par des membres du barreau anglais. Il avait alors soixante-quinze ans. Lord Brougham, Palmerston, le duc de Wellington, M. Gladstone, lord Granville, célébrèrent à l'envi, à une séance de la cour du Banc de la Reine, dans un banquet à Middle-Temple, la gloire de l'orateur français. Mais le témoignage le plus touchant d'admiration lui fut peut-être donné par ses électeurs de Marseille. Soumis, sans l'approuver, à la tactique d'abstention adoptée par le comte de Chambord, sous le second Empire, Berryer refusait de laisser poser sa candidature. Tout Marseille le réclamait. Des délégués étaient venus s'installer chez lui en permanence ;

il était menacé d'une montée en masse de Marseille vers Paris. Il dut passer outre aux instructions royales et céda (1).

Quelque flatteuses que fussent toutes ces distinctions, elles étaient le digne couronnement d'une carrière, consacrée pendant un demi-siècle à la défense du droit, de la liberté et de la religion. Maintenant que le moment est venu de conclure, essayons de fixer les principaux traits de ce magnifique talent.

« La nature, a dit M. Nettement, avait beaucoup fait pour lui. Elle lui avait donné la voix puissante et vibrante, le geste impérieux des dominateurs de la tribune, avec une tête noblement posée sur un buste largement dessiné : voilà pour les avantages extérieurs ; elle y avait ajouté des dons plus précieux : une âme profondément sympathique, une sensibilité pleine d'épanchement, dont les émotions vives et spontanées avaient quelque chose de contagieux, une mémoire qui n'oubliait rien, une intelligence merveilleusement facile, qui comprenait en quelque sorte par intuition les questions les plus compliquées, et qui avait la faculté de communiquer au dehors, dans un langage lumineux, les clartés qui se faisaient en elle. D'autres avaient plusieurs des qualités de l'orateur, tel que le comprenait l'antiquité ; il les avait toutes et l'art, d'autant plus achevé chez lui qu'on n'en apercevait pas la trace, venait compléter l'œuvre de la nature. »

Intelligence vive, pénétrante, universelle ; mémoire sûre qui enchaîne dans un ordre parfait ces connaissances multiples ; sensibilité exquise qui donne aux élans de l'âme une émotion fatalement communicative ; voix harmonieuse et vibrante ; geste expressif et imposant ; regard qui s'anime et lance des flammes ; — tel est l'ensemble qui constitue le talent oratoire de Berryer et en fait l'égal des grands orateurs de l'antiquité.

Un des maîtres qui l'avaient entendu et étaient le plus à même de le juger, disait : « J'ai entendu Mirabeau dans sa gloire, j'ai entendu M. de Serre et M. Lainé. Aucun n'égalait M. Berryer dans les qualités principales qui font l'orateur. » Cette parole sincère donne la vraie note sur le talent de Berryer. Il n'y

(1) F. Pascal.

eut pas dans ce siècle une parole comparable à la sienne.

Le nom de Mirabeau, qu'on trouve toujours à côté du sien, doit être écarté, car l'éloquence fougueuse du tribun révolutionnaire fut servie par les évènements et par les sympathies d'une assemblée dont il flattait les viles passions. Berryer, au contraire, membre d'une minorité réduite, parle devant un public hostile. Parfois il est seul contre tous; ministres, députés, principes impopulaires, il a tout à vaincre et cependant il domine la Chambre et la courbe sous le joug de son éloquence victorieuse.

Disons de suite, pour répondre à un reproche souvent répété, que ceux-là ne connaîtront point Berryer, qui, dans le silence du cabinet, lisent sa parole écrite, semblable à une lave refroidie. Ces lignes qui passent sous les yeux du lecteur ne sont qu'un écho affaibli d'éloquence qui s'en va s'éteignant à mesure qu'il s'éloigne. Quand Démosthènes, par ses véhémentes Philippiques, soulevait jusqu'aux pierres d'Athènes contre la domination du Macédonien; quand Mirabeau, l'œil en feu, le bras levé, foudroyant ses adversaires du geste, de la voix, du regard, tonnait du haut de la tribune de la Constituante, et ébranlait les assises séculaires de la société française, alors ce n'était plus des lecteurs qu'il fallait, c'était un auditoire. Berryer appartient à cette grande famille. Sa logique est une logique de tribune, ses pensées sont des pensées de tribune, son style est un style de tribune (1).

Aussi le secret de l'éloquence de Berryer se trouve-t-il tout entier dans son improvisation. Un jour il disait lui-même à la Chambre : « Je vous apporte mon idée, et c'est vous qui faites mon discours. » Ce secret, il pouvait le livrer sans crainte; il n'est pas donné à tous de l'exploiter; il faut pour cela avoir reçu du ciel les grands dons qui font le véritable orateur.

Berryer improvise donc, mais après une laborieuse préparation. Il médite son sujet, le retourne en tous les sens, le creuse avec effort. « Grâce à cette réflexion; il ne reste pas à fleur des choses, mais il va jusqu'au fond. De la sorte, les aspects divers d'une affaire complexe sont vus, examinés, étudiés, approfondis

(1) Nettement.

d'avance. Aussi, quand il monte à la tribune de la Chambre ou se lève à la barre du tribunal, Berryer *a son idée*, c'est à l'auditoire de faire son discours. Fort de cette méditation, il voit nettement le but où il veut parvenir et les chemins variés qui y peuvent conduire. Cependant rien n'est arrêté dans le détail, d'une façon rigide et irrévocable. Deux points seulement sont fixés, le point de départ et le point d'arrivée, le sujet à traiter et le terme à atteindre, la source et l'embouchure. Entre ces deux points extrêmes, l'éloquence de Berryer, qui peut librement se mouvoir, va se creuser un lit profond... Berryer varie son éloquence, dispose ses arguments, dirige le cours de la discussion d'après les incidents que font surgir brusquement les orateurs de la partie adverse. C'est aussi l'auditoire, avec sa mouvante physionomie et ses ondulations capricieuses, qui règle sa marche, la ralentit ou l'accélère : en présence de regards qui brillent, au contact de cœurs qui battent, Berryer s'anime, Berryer s'enflamme, Berryer est transfiguré. Il y a action et réaction incessante, flux et reflux d'impressions entre lui et l'auditeur. A ce prix, Berryer est vivant, actuel, souple, mouvementé, communicatif, irrésistible (1). »

Parvenu à la fin de sa carrière, Berryer, dans un moment d'abandon, a livré à un de ses amis tous ses secrets oratoires, confidence intime qu'on ne lit pas sans curiosité :

« Quand j'ai une cause à plaider ou un débat politique à soutenir, je charge un secrétaire de classer toutes les pièces du procès ou tous les documents sur la question à discuter. Ce dossier fait, je le lis et relis plus ou moins, suivant l'importance et la complexité de la cause, jusqu'au moment où je suis parvenu à démêler l'écheveau et à loger, en bon ordre, dans ma mémoire, les plus minces particularités et les moindres dates. Puis, ici ou là, à temps et à contre-temps, dans la solitude de mon cabinet, allant et venant, avant de m'endormir le soir, je rumine longuement cet amas de matériaux, je considère les côtés divers de la question, le pour et le contre, le fort et le faible, le principal et l'accessoire. Quand j'ai conquis par ce rude labeur une idée claire, je me forme une conviction et

(1) G. Sortais.

j'arrête mon plan dans ses grandes lignes. Après cela je suis prêt, je ne crains rien. »

Et la figure de l'orateur blanchi dans la lutte s'éclairait d'un bon sourire de satisfaction qu'il réprimait bientôt en disant :

« Non pas que je ne ressente toujours, en montant les degrés de la tribune ou en me levant à la barre du tribunal, comme un bouillonnement de fièvre ; c'est la fièvre oratoire, dont je ne suis pas encore guéri à soixante-dix ans ; mais je veux dire que je ne crains pas de rester à court, car, en vertu de la préparation du sujet qui m'en a fait voir tous les tours et détours, je puis, séance tenante, après la plaidoirie de la partie adverse ou le discours de « l'honorable préopinant », je puis, modifiant le plan que j'avais ébauché, changer la position de mes batteries et faire ainsi face à toutes les attaques et à toutes les surprises. Un discours est une bataille ; le mérite est de deviner le plan de l'ennemi ; la tactique consiste, quand les prévisions ont été déçues, à prendre sur-le-champ des dispositions nouvelles... Le dernier mot de cette stratégie oratoire est dans *l'improvisation.* »

Nous nous arrêtons sur ce mot, car c'est à lui que nous devons le grand orateur que fut Berryer. Ce talent d'improvisation, mis au service d'une grande âme et d'un grand caractère, l'a laissé sans rival dans notre XIXe siècle.

Achevons ce portrait par ce dernier coup de pinceau que lui a consacré un de ses collègues dans un livre célèbre, devenu presque classique :

« La nature a traité Berryer en favori. Sa stature n'est pas élevée, mais sa belle et expressive figure peint et reflète toutes les passions de son âme. Il vous fascine de son regard fendu et velouté, de son geste merveilleusement beau comme sa parole, il est éloquent dans toute sa personne. Il domine l'Assemblée de sa tête haute. Il la porte en arrière comme s'il en était le maître, j'allais dire le despote. Sa poitrine se gonfle, son buste s'étale, sa taille s'allonge et l'on dirait un géant. Son front rugueux s'échauffe, et quand sa tête bout, ses pores transsudent du sang (1). »

(1) TIMON, *Les Orateurs*, t. II.

LACORDAIRE

Sa Jeunesse. — Lamennais et « l'Avenir ». — Premières Conférences. Le Dominicain. — L'Educateur.

(1802-1861)

Si le barreau s'enorgueillit à juste titre du nom de l'illustre Berryer, avec non moins de fierté la chaire sacrée peut évoquer le grand nom de Lacordaire.

Il faut remonter à Bossuet pour trouver un égal à ce glorieux fils de saint Dominique qui, d'un auditoire sceptique, fit un peuple de croyants et força les fils de Voltaire à fléchir le genou et à prier.

La puissance de sa parole a renouvelé l'esprit religieux en France, rétablissant le catholicisme à sa vraie place qui est la première. Nul donc mieux que lui ne mérite le glorieux titre d'apologiste.

I

Henri Lacordaire naquit, en mai 1802, à Recey, humble village des montagnes de la Bourgogne, où son père se livrait à l'exercice de la médecine.

Sa mère était fille d'un avocat au Parlement de Dijon, fort homme d'honneur, mais qui avait plus de probité que de fortune : cette femme chrétienne et courageuse était digne de donner le jour à l'illustre Dominicain. Le P. Lacordaire dira plus tard en ses *Mémoires* au souvenir de cette mère aimée :

« La religion passa de son sein dans le mien comme un lait vierge et sans amertume. »

L'âme d'Henri s'ouvrit d'elle-même à ce suave enseignement. On raconte qu'à sept et huit ans son plus grand bonheur était d'imiter les cérémonies de l'église, de réunir ses frères, ses jeunes camarades, sa bonne surtout, pour les prêcher.

« — Asseyez-vous, Colette, le sermon sera long aujourd'hui. »

Et il prêchait avec tant de véhémence que souvent Colette, épouvantée, les mains jointes, s'écriait :

« — Assez ! assez ! Monsieur Henri, vous allez vous faire mal !...

« — Non, non, il se commet trop de péchés ; la fatigue n'est rien, je veux prêcher toujours. »

Et l'enfant reprenait de plus belle ses tirades sur la foi qui s'en va, sur les mœurs qui se perdent.

A ce souvenir des premiers jours, pronostic d'une vocation bien déterminée, vient se joindre le récit de sa première confession :

« Je traversai le sanctuaire, et je trouvai, seul, dans une vaste et belle sacristie, un vieillard vénérable, doux et bienveillant. C'était la première fois que j'approchais du prêtre ; je ne l'avais vu jusque-là qu'à l'autel, à travers les pompes et l'encens. M. l'abbé Deschamps, — c'était son nom, — s'assit sur un banc et me fit mettre à genoux près de lui. J'ignore ce que je lui dis et ce qu'il me dit lui-même : mais le souvenir de cette première entrevue entre mon âme et le représentant de Dieu me laissa une impression pure et profonde (1). »

A cette époque, le médecin de Recey avait déjà cessé de vivre et sa veuve était venue se fixer à Dijon pour l'éducation de ses enfants. Quand il eut dix ans, Henri obtint une demi-bourse au lycée de cette ville.

Là commencèrent pour lui des jours pénibles dont le souvenir ne s'effaça jamais de sa mémoire.

(1) H. Perreyve, *L'enfance du P. Lacordaire.*

« Dès le premier moment mes camarades me prirent comme une sorte de jouet; je ne pouvais faire un pas sans que leur brutalité trouvât le secret de m'atteindre. Pendant plusieurs semaines je fus privé par violence de toute autre nourriture que ma soupe et mon pain. Pour échapper à ces mauvais traitements, je gagnais, pendant les récréations, quand cela m'était possible, la salle d'étude, et je m'y dérobais, sous un banc, à la recherche de mes condisciples. Là, seul, sans protection, abandonné de tous, je répandais devant Dieu des larmes religieuses, lui offrant comme un sacrifice mes souffrances, priant et m'élevant vers la croix de son Fils par cette union tendre que je n'ai jamais peut-être éprouvée au même degré... Mon supplice cessa aux vacances et à la rentrée scolaire, soit qu'on fût las de me poursuivre, soit que peut-être j'eusse mérité mon pardon par une moindre innocence. »

Le jeune lycéen fit sa première communion à douze ans ; et, disons-le avec effroi, ce fut sa dernière joie religieuse : « bientôt les ombres s'épaissirent autour de moi ; une nuit froide m'entoura de toutes parts et je ne reçus plus de Dieu dans ma conscience aucun signe de vie. »

Si à cette époque son âme resta privée du guide qui lui eut été indispensable, il n'en fut pas de même de son intelligence. Un jeune professeur de vingt-deux ans, frappé de la physionomie de « *cet enfant à l'œil noir et aux longues paupières*, » sut deviner les ressources précieuses cachées sous cette enveloppe, et résolut d'en tirer parti. C'est aux soins assidus, aux conseils vigilants de M. Delahaye que Lacordaire a toujours rapporté non seulement ses succès de collège, mais aussi les sentiments élevés qui soutinrent sa jeunesse.

« Ami des lettres, M. Delahaye cherchait à m'en inspirer le goût; homme de droiture et d'honneur, il travaillait à me rendre doux, chaste, sincère et généreux, et à dompter l'effervescence d'une nature peu docile. La Religion lui était étrangère, il ne m'en parlait jamais, et je gardais le même silence à son égard... Il me laissa donc suivre la pente qui emportait mes condisciples loin de toute foi religieuse ; mais il me retint sur les sommets élevés de la littérature et de l'honneur, où lui-même avait assis sa vie. »

Grâce à cette direction, le jeune disciple se fit au lycée une petite renommée de brillant humaniste et, au rapport d'un de ses camarades, lorsque les externes s'assemblaient sous le portique avant l'ouverture des leçons, les petits grimpaient aux barreaux de la grille pour voir le défilé des pensionnaires dans la cour, et se montrant Henri Lacordaire, disaient : « Tiens, le voilà ! le voilà (1) ! »

L'adolescent passa sept ans dans ce milieu universitaire ; et, arrivé au terme, il put dire : « Je sortis du collège avec une religion détruite, mais honnête, ouvert, impétueux, sensible à l'honneur, ami des belles-lettres et des belles choses, ayant devant moi, comme le flambeau de ma vie, l'idéal humain de la gloire. »

Du lycée, Lacordaire passait à l'École de droit où il apporta tout l'enthousiasme de sa jeunesse, et où il trouva des amis prêts à le comprendre. On était en 1820 : Oh ! quel bonheur de vivre alors pour ceux qui étaient jeunes ! La France, a dit M. Caro, assistait à une magnifique résurrection de l'esprit humain : *instauratio magna.*

Tout se renouvelait à la fois : les institutions, la littérature, l'histoire, la philosophie. La tribune avait de Serre et Lainé, et elle allait avoir Berryer et Guizot. Les journalistes s'appelaient Chateaubriand, de Bonald, Lamennais. Lamartine venait de publier ses premières *Méditations* ; Victor Hugo, ses premières *Odes*. Shakespeare, Schiller, Gœthe, Byron, Walter Scott, naturalisés français tous ensemble et tout à coup, semblaient ouvrir à l'ardente jeunesse française, dans un horizon inconnu mais prochain, des perspectives sans limites. M. Guizot préparait l'histoire de la Révolution d'Angleterre ; M. Thiers, celle de la Révolution française ; Augustin Thierry, ces travaux qui devaient lui coûter la vue, mais qui ont créé chez nous le senti-

(1) Joseph Régnier.

ment de la vérité historique sur les temps barbares et le moyen-âge. De Maistre remplissait l'Europe du bruit de ses vives passes d'armes contre l'incrédulité voltairienne et les héritages du jansénisme. Cousin détrônait le sensualisme en attendant qu'il traduisît Platon.

Au milieu de la jeunesse ardente qui s'éveillait aux lueurs de cette renaissance, se faisaient remarquer quelques jeunes hommes de l'Ecole de droit de Dijon ; ils avaient d'autre ambition que de devenir « des avocats de mur mitoyen, et pour eux la patrie, la gloire, les vertus civiques, étaient un mobile plus actif que les chances d'une fortune vulgaire. »

Henri Lacordaire était au premier rang de cette élite. Déjà dans un cénacle littéraire formé au milieu de ces deux cents étudiants, il avait révélé la flamme qui consumait son âme.

« Je n'oublierai jamais, écrit l'un de ses camarades, l'impression produite au milieu de nous par la première lecture que fit Lacordaire. Dans cette composition juvénile d'ailleurs, sa magnifique imagination rayonnait dès lors avec une splendeur telle que, de ce jour, nous sentîmes que sa pensée habitait une sphère supérieure à la nôtre et s'y revêtait d'un éclat dont la prose de Chateaubriand nous avait seule jusque-là donné l'idée. »

Et un autre ajoute : « Nous écoutons encore ces improvisations pleines d'éclairs, ces argumentations remplies d'agilité, de ressources inattendues, de souplesse et de saillies ; nous voyons cet œil étincelant et fixe, pénétrant et immobile ; nous entendons cette voix claire, vibrante, frémissante, haletante, s'enivrant d'elle-même, n'écoutant qu'elle seule et s'abandonnant sans réserve et sans contrainte à la verve intarissable de la plus riche nature (1). »

En 1822, Lacordaire disait adieu à sa mère et partait pour Paris où il se faisait inscrire comme avocat stagiaire. L'un des présidents de la Cour de Dijon l'adressa à un avocat de ses amis, M. Guillemin. Celui-ci prenant son rôle au sérieux voulut

(1) Foisset et Lorain, *Le R. P. Lacordaire.*

donner à son protégé une bonne direction et lui proposa dans ce but... un confesseur.

— Un confesseur !... répondit le jeune homme. Mais je n'en ai pas besoin... je ne vais pas à confesse... et je ne puis y aller puisque je ne crois pas !

Henri Lacordaire ne se confessa pas pour l'instant, mais il n'en resta pas moins le collaborateur assidu de M. Guillemin ; il habitait, rue du Mont-Thabor, une petite chambre sous le toit.

« J'y vivais pauvre et solitaire, écrit-il, sans amitié qui me soutînt. »

Il essaya de mettre les pieds au théâtre, mais il se lassa vite de perdre cinq grandes heures à entendre des déclamations qu'il appelait « ridicules. » Au spectacle il préférait la lecture de ses auteurs favoris, de Chateaubriand surtout qui le passionnait. Puis il travaillait, il plaidait et déjà il se faisait connaître.

Après un de ses discours, le premier président Séguier se tourna vers les juges ses collègues :

« — Messieurs, ce n'est pas Patru, c'est Bossuet. »

Une autre fois, Berryer, après l'avoir entendu au Palais pendant une heure, lui dit :

« — Vous pouvez vous placer au premier rang du barreau ! »

En dépit de ces premiers rayons de gloire, le jeune avocat n'était pas heureux ; triste et solitaire, il souffrait du mal de son temps, du mal de la jeunesse d'alors. Il pleurait, comme René, son héros favori.

« ... J'ai peu d'attachement pour l'existence, écrit-il à un ami, mon imagination me l'a usée. Je suis rassasié de tout sans avoir rien connu. Si l'on savait comme je deviens triste ! On me parle de gloire..., mais franchement j'ai pitié de la gloire, et je ne conçois plus guère comment on se donne tant de peine pour courir après cette petite sotte. »

Heure terrible de scepticisme qu'ont connue toutes les âmes auxquelles il a manqué la lumière de la foi !... En celle de Lacordaire l'absence des croyances religieuses laissait un vide douloureux ; tourmenté par des questions plus hautes que celles

Lacordaire jeune.

du monde vulgaire dans lequel il s'agitait, il interrogeait les cieux et cherchait la lumière.

Peu à peu, la foi de ses premières années reprit possession de ce cœur altéré d'infini ; un jour l'aveu précieux s'échappa de ses lèvres :

« Je n'ai plus que des jouissances d'amour-propre, écrit-il ; je vis de cela, et encore je commence à m'en dégoûter. J'éprouve chaque jour que tout est vain. Je ne veux pas laisser mon cœur dans ce tas de boue... Oui, je crois ! »

Et quelques jours plus tard il reprend :

« Croirais-tu que je deviens chrétien tous les jours? C'est une chose singulière que le changement progressif qui se fait dans mes opinions ; j'en suis à croire et je n'ai jamais été plus philosophe. »

Sans se rendre compte de ce qui s'était passé dans son âme, il se trouva transformé mais n'osa pas encore annoncer sa conversion, même à sa mère. En effet cette conversion, propre à réjouir le cœur de cette femme chrétienne, était si complète qu'elle allait dépasser toute son attente et renverser tous ses rêves. A Lacordaire qui n'avait jamais rien su faire à demi, le titre de chrétien ne suffisait pas ; il fallait à ce néophyte la couronne du sacerdoce.

« Une fois chrétien, a-t-il dit, le monde ne s'évanouit point à mes yeux, il s'agrandit avec moi-même. Au lieu du théâtre vain et passager d'ambitions trompées ou satisfaites, je vis en lui un grand malade qui avait besoin qu'on lui portât secours, et ne vis rien de comparable au bonheur de le servir, sous l'œil de Dieu, avec l'Evangile et la Croix de son Fils. »

Ce cathécumène était déjà un apôtre.

Fort de sa vocation, le jeune avocat alla solliciter de l'archevêque de Paris l'admission dans son diocèse : Mgr de Quélen l'accueillit avec enthousiasme.

« — Vous défendiez au barreau des causes d'un intérêt périssable, lui dit-il, vous allez en défendre une dont la justice est éternelle. »

Et en même temps il pria Henri Lacordaire de demander à l'évêque de Dijon l'autorisation indispensable à l'incorporation.

Celui-ci croyant qu'il s'agissait de quelque jeune homme obscur signa des deux mains la supplique adressée.

« — Que voulez-vous ! disait-il plus tard en s'excusant : il m'avait écrit une lettre où il ne manquait que les fautes d'orthographe ; je l'avais pris pour le plus grand nigaud de mon diocèse. »

Le 12 mai 1824, le nouvel Augustin entrait au séminaire de Saint-Sulpice ; dans cet asile de silence, d'étude et de paix, il recommençait sa jeunesse, suivant sa propre expression. Mais quelque étroite que fût l'enceinte de la cellule où se consumait sa vie, son enthousiasme, ses fortes impressions en avaient franchi le seuil. Ecoutons ses confidences :

« Un soir, j'étais à ma fenêtre et je regardais la lune dont les rayons tombaient doucement sur la maison ; une seule étoile commençait à briller dans le ciel, à une profondeur qui me paraissait incroyable. Je ne sais pourquoi je vins à comparer la petitesse et la pauvreté de ma cellule à l'immensité de cette vérité et en songeant qu'il y avait autour de moi des serviteurs du Dieu qui a fait ces merveilles, traités de fous par le reste des hommes, il me prit une envie de pleurer sur ce pauvre monde, qui ne sait pas même regarder au-dessus de sa tête. »

Le séminariste ne se perdait pas cependant dans ses contemplations ; poursuivant un nouveau rêve, il se préparait à son rôle d'apôtre : nous avons le souvenir de ses premières prédications. Il est d'usage au séminaire de prêcher à tour de rôle au réfectoire pendant le repas ; son tour arriva :

« J'ai prêché, écrit-il, c'est-à-dire que dans un réfectoire où mangeaient cent trente personnes, j'ai fait entendre ma voix à travers le bruit des assiettes, des cuillers et de tout le service. Je ne crois pas qu'il y ait de position plus défavorable à un orateur que de parler à des hommes qui mangent ; Cicéron n'eût pas prononcé les *Catilinaires* dans un dîner de sénateurs, à moins qu'il ne leur eût fait tomber la fourchette des mains dès la première phrase. Que serait-ce, s'il avait eu à leur parler du mystère de l'Incarnation ? C'est cependant ce qu'il m'a fallu faire, et j'avoue que, à l'air d'indifférence qui régnait sur tous les visages, à cet aspect d'hommes qui ne semblent pas vous écouter, et dont toute l'attention paraît concentrée sur ce qui est dans leur assiette, il me venait comme des pensées de leur jeter mon bonnet carré à la tête. Je descendis donc de la chaire avec l'intime persuasion que j'avais horriblement mal prêché. Je dînai à la hâte, j'entrai dans le parterre et je sus bientôt que mon discours avait produit de l'effet, qu'on en avait été frappé. Je me borne à cette phrase où il y a déjà passablement d'amour-propre, et je ne rapporte pas les jugements, les prévisions, les flatteries et le reste (1). »

Le temps de probation s'écoula et vint le jour béni — le 22 septembre 1827 — où Lacordaire put s'écrier : « Ce que je voulais faire est fait, je suis prêtre. » Ce fut un grand jour pour l'Eglise de France, celui où Lacordaire fut appelé à l'honneur de continuer la mission apostolique de l'Evangile du Christ, ce fut un beau jour pour lui et il en a porté le souvenir jusque dans la chaire de Notre-Dame. Parlant du sacerdoce et des sacrifices qu'il exige, il s'écriait :

« Messieurs, qu'en dites-vous ?... Remarquez-le, ce ne sont pas des vieillards réduits par les glaces de l'âge à l'impuissance du mal que la doctrine catholique choisit pour ses prêtres ; non, ce sont des jeunes gens, c'est l'homme dans la sève et la fleur de la vie ; c'est saint Jean couché sur la poitrine de son maître ; c'est saint Paul courant vers Damas à bride abattue ; c'est saint Antoine emportant tout son printemps au désert de Kolsim. Voilà le prêtre catholique...

« L'Eglise prend par les cheveux la jeunesse toute vive, dévouée par son cœur, séduite par son imagination ; elle la purifie dans la prière et la pénitence, l'élève par la méditation, l'assouplit par l'obéissance, la transfigure par l'humilité et, le jour venu, elle la jette par terre dans ses basiliques, elle verse sur elle une parole et une goutte d'huile : la voilà chaste ! Ils iront, ces jeunes gens, ils iront par toute la terre, sous la garde

(1) LORAIN, *Le P. Lacordaire.*

de leur vertu ; ils pénétreront dans le sanctuaire des sanctuaires, celui des âmes ; ils écouteront des confidences terribles ; ils verront tout, sauront tout ; mille tempêtes passeront sur leur cœur. Ce cœur restera de feu par la charité, de granit par la chasteté. »

Lacordaire était prêtre : à quelle partie du champ du père de famille allait-il être employé ? On raconte que son directeur de Saint-Sulpice le fit appeler et lui dit :

« — Asseyez-vous là, mon cher abbé, je veux vous faire cardinal.

« — Vous voulez rire.

« — Non pas, non pas. »

Et il lui raconte comment le poste d'auditeur de rote pour la France étant vacant à Rome, il l'a proposé à Mgr Frayssinous, ministre des affaires ecclésiastiques, pour cette charge qui, selon les usages de la cour romaine, conduit toujours à l'épiscopat. L'abbé Lacordaire ne fut pas ébloui un instant et répondit sans émotion :

« — Lorsque je suis entré dans le sacerdoce, je n'ai eu en vue qu'une chose : servir l'Eglise par la parole. Si j'avais désiré les honneurs, je serais resté dans le monde. Ainsi veuillez ne plus penser à moi ; je serai simple prêtre et probablement un jour je serai religieux. »

Quelques jours plus tard, Lacordaire était nommé aumônier de la Visitation et, l'année suivante, il entrait en la même qualité au collège Henri IV. Il semblait que dans ce nouveau milieu Lacordaire se sentirait à l'aise.

La jeunesse en effet, il l'aimait déjà de cette passion qui consumera sa vie, mais il l'aimait pure, chaste, et celle qu'on lui offrait ne présentait guère ces caractères.

En face de cette situation désespérante, Lacordaire frémit :

« Que faire ? dit-il, j'étais seul. Quand on est seul dans le monde, il faut se cacher et attendre. Je me cachai et j'attendis. Trois ans se passèrent : c'est peu de chose dans la vie d'un homme, et beaucoup dans la jeunesse naturellement vive et incapable de porter longtemps un fardeau. Je me lassai de cette vie, et je regardai au loin s'il n'était pas sur la terre quelque lieu où un prêtre pût vivre libre. »

L'Amérique s'offrait à ses regards avec sa constitution jeune et large ; il conçut le rêve de passer l'Atlantique pour trouver par delà les mers un aliment à son zèle insatiable.

Déjà ses préparatifs étaient faits quand un jour, « en se réveillant au fond du quartier latin où il habitait, il entendit le grondement lointain du canon. Le bruit venait du côté du fleuve et du Louvre. Il courut aux nouvelles, revêtu d'habits séculiers. En approchant de la Seine, il aperçut au-dessus du palais des rois une colonne de fumée, à travers laquelle on distinguait le drapeau d'une révolution. C'était une révolution en effet, prompte et triste réponse d'un coup d'Etat royal (1). »

Dans cette révolution, l'aumônier d'Henri IV crut entrevoir l'espoir d'une liberté possible pour l'Eglise : il différa son départ. Peu de jours après, il apprenait la fondation du journal *l'Avenir* et y était invité à collaborer. Il resta.

II

Avant 1830, Lacordaire n'avait vu M. de Lamennais que deux fois en sa vie ; certes, il admirait son talent, mais se défiait de l'exagération de ses idées politiques.

Et voilà que soudain le grand homme de la Chesnaie tentait entre la démocratie et l'Eglise un rapprochement que l'aumônier d'Henri IV rêvait depuis longtemps mais qu'il ne croyait pas possible d'essayer. A cette œuvre, il lui demandait son concours, pouvait-il le refuser ?...

Non, le même élan qui entraînait son âme généreuse vers une terre affranchie et libre le retint dans sa patrie ; avec un ardent enthousiasme il alla se ranger sous le drapeau de celui qui promettait d'être l'O'Connell français.

(1) M. A. DE BROGLIE.

Lamennais fascina le jeune prêtre, comme il avait déjà séduit Gerbet, comme il allait séduire Montalembert et toute cette élite de jeunes hommes que l'on voyait traverser la France pour accourir à la Chesnaie. Lacordaire s'y rendit des premiers et voilà comment il exprimait son admiration en face du maître :

« C'est un druide ressuscité en Armorique et qui chante la liberté d'une voix un peu sauvage. Le ciel en soit béni ! Ce mot est éloquent sur toutes les lyres, même quand il n'y reste qu'une corde, comme à Sparte ! »

Sous le regard du maître, Lacordaire se mit donc à l'œuvre ; sa plume féconde assura bientôt la vie du journal. Sur les seize premiers numéros de *l'Avenir*, on compte sept articles de Lacordaire, cinq de Lamennais et deux de Gerbet.

Alors seulement arriva Montalembert, et entre l'ancien aumônier d'Henri IV et ce jeune homme de vingt ans, fils des croisés, s'établit bientôt une amitié qui ne devait jamais se rompre.

« Que ne m'est-il donné, a écrit M. de Montalembert, de peindre Lacordaire tel qu'il m'apparut alors, dans tout l'éclat et tout le charme de la jeunesse ! Il avait vingt-huit ans... Sa taille élancée, ses traits fins et réguliers, son front sculptural, le port déjà souverain de sa tête, son œil noir et étincelant, je ne sais quoi de fier et d'élégant en même temps que de modeste dans toute sa personne, tout cela n'était que l'enveloppe d'une âme qui semblait prête à déborder... La flamme de son regard lançait à la fois des trésors de colère et de tendresse... Sa voix, déjà si nerveuse et si vibrante, prenait souvent des accents d'une infinie douceur. Né pour combattre et pour aimer, il m'apparut charmant et terrible, comme le type de la vertu armée pour la vérité. Je vis en lui un élu, prédestiné à tout ce que la jeunesse adore le plus, le génie et la gloire (1). »

Avec Lamennais, Lacordaire et Montalembert formèrent bientôt l'état-major de *l'Avenir ;* le chef même, toujours souffrant, n'écrivait que les articles programmes et se reposait sur ses lieutenants pour la besogne ordinaire. C'étaient donc

(1) Comte DE MONTALEMBERT, *Le P. Lacordaire.*

Lacordaire et Montalembert qui faisaient à eux deux chaque jour le numéro : bientôt cependant M. de Coux leur prêta l'appui de son expérience.

Ces trois hommes fondèrent ce qu'on nomma l'Agence générale pour la défense de la liberté religieuse, sorte d'association d'assurance mutuelle contre tous les actes qui attenteraient à cette liberté sur un point quelconque de la France. Ils organisèrent un mouvement général de pétitions en faveur de la liberté de l'enseignement. Ils firent plus, ils posèrent en principe que la liberté se prend quand les pouvoirs publics ne la donnent pas, et ils ouvrirent en personne à Paris, à leurs risques et périls, une école libre (1).

Ce mouvement d'attaques ne put se dessiner sans soulever les hostilités du pouvoir malmené ; dans la mêlée il y eut plus d'un coup de donné, plus d'une blessure reçue de l'un comme de l'autre côté. Au bureau de *l'Avenir* les citations pleuvaient, et les rédacteurs étaient souvent traduits devant les tribunaux. Un instant Lacordaire songea à reprendre sa robe d'avocat pour paraître à la barre se défendre lui-même : le conseil de discipline des avocats en décida autrement, mais l'inculpé n'en prit pas moins la parole en plus d'une circonstance.

Un jour, un procureur du Roi ayant eu le malheur de lui objecter que les prêtres étaient les ministres d'un pouvoir étranger, il bondit sous l'insulte et s'écria :

« — Nous sommes les ministres de quelqu'un qui n'est étranger nulle part... de Dieu. »

Sur quoi, l'auditoire composé du peuple de Juillet, si hostile au clergé, se mit à applaudir à tout rompre ; on lui criait :

« — Mon prêtre, mon curé, comment vous nommez-vous ? vous êtes un brave homme ! »

Dans une autre circonstance, il parut avec Lamennais devant la cour d'assises sous l'inculpation de provocation à la désobéissance aux lois. Le procès passionna l'opinion publique ; Lacordaire se défendit lui-même avec une hardiesse, une élo-

(1) Th. Foisset, *Lacordaire*.

quence et une modestie admirables. Il était près de minuit lorsqu'il termina son discours : une foule immense attendait la proclamation de l'arrêt. Les deux accusés furent acquittés et des salves d'acclamation sans fin saluèrent les vainqueurs de la journée.

« Quand la foule se fut écoulée, dit Montalembert, nous revînmes seuls dans l'obscurité, le long des quais ; l'abbé Lacordaire n'était ni enivré, ni accablé de son triomphe ; je vis que, pour lui, les petites vanités du succès étaient moins que rien, de la poussière dans la nuit (1). »

Une nouvelle campagne allait s'engager sur la question de la liberté d'enseignement. « Attendu que la liberté se prend et ne se donne pas, » les rédacteurs de *l'Avenir* annoncèrent qu'ils allaient ouvrir une école libre et gratuite, sans autorisation, en vertu de la Charte. L'école s'ouvrit le 9 mai 1831 ; on devait y enseigner les éléments de la religion, du français, du latin, du grec et du calcul. Lacordaire en était le directeur ; Montalembert et de Coux, les professeurs.

Ils firent la classe à une vingtaine d'écoliers. Le second jour un commissaire de police se présenta et somma les enfants de se retirer.

« — Au nom de la loi, leur dit-il, je vous somme de sortir.

« — Au nom de vos parents dont j'ai l'autorité, reprit Lacordaire, je vous ordonne de rester. »

Et les enfants d'une voix unanime de répondre :

« — Nous restons !... »

Sur quoi, les sergents de ville enlevèrent maîtres et élèves. Quand on en vint à lui, Lacordaire s'assit sur un lit de sangle qu'il avait fait transporter dans l'école, pour y affirmer ses droits de domicile.

« — Je reste ici, dit-il, seul avec la loi et mon droit ! »

Un agent de la force publique touche alors au bras le directeur de l'école, qui sort en protestant. Les scellés furent apposés et l'instruction judiciaire commença.

(1) J. Guillermin, *Le P. Lacordaire.*

Lacordaire fut admirable dans la défense. « Il fallait entendre sa voix, dit un témoin, voir son cou tendu, sa lèvre pâle et frémissante, son geste écrasant. Les applaudissements les plus passionnés l'interrompirent à diverses reprises, et l'on ne peut se faire l'idée de l'effet qu'il produisit quand, invoquant comme saint Paul son droit de citoyen, il prononça cette parole de l'apôtre : *Cæsarem appello,* qu'il traduisit hardiment en ces termes : « J'en appelle à la Charte (1). »

Mais avant qu'il n'y eût chose jugée, la mort du père de Montalembert investit son fils de la pairie héréditaire, et l'action contre les personnes étant indivisible, les trois accusés devinrent justiciables de la Cour des Pairs.

Sur Montalembert se reporta donc l'intérêt principal du procès, mais Lacordaire n'abandonna pas sa cause et il prononça un discours qu'il faudrait citer en entier. Qu'on se représente un jeune homme de vingt-neuf ans, un prêtre, debout à la barre de la Cour des Pairs et débutant ainsi :

« NOBLES PAIRS,

« Je regarde et je m'étonne. Je m'étonne de me voir au banc des prévenus, tandis que M. le Procureur général est au banc du ministère public ; je m'étonne que M. le Procureur général ait osé se porter mon accusateur, lui qui est coupable du même délit que moi, et qui l'a commis dans l'enceinte même où il m'accuse, devant vous, il y a si peu de temps. Car de quoi m'accuse-t-il ? D'avoir usé d'un droit écrit dans la Charte et non réglé par une loi ! S'il a pu le faire, j'ai pu le faire aussi, avec la différence qu'il demandait du sang et que je voulais donner une instruction gratuite aux enfants du peuple. Tous deux nous avons agi au nom de l'article 69 de la Charte. Si M. le Procureur général est coupable, comment m'accuse-t-il? et, s'il est innocent, comment m'accuse-t-il encore ?

« J'ai d'autres raisons de m'étonner, nobles Pairs ; car la garde d'honneur qui est à vos portes a violé comme moi et dans le même sens les lois existantes. Longtemps avant que

(1) Cité d'après M. FOISSET, t. Ier, p. 166.

l'armée nationale eût reçu l'organisation qui lui avait été promise par la Charte, et lorsqu'elle était encore sous le coup de l'ordonnance qui l'avait détruite, elle s'est formée, elle a élu ses chefs, elle a paru sous les armes, non pas sur un point de la France, mais dans toute l'étendue du pays. Comment suis-je coupable, si elle est innocente? Comment se fait-il que, quelque part que tombent ici mes regards, ils rencontrent des complices, et que pourtant moi et mes amis nous soyons seuls au banc des prévenus? L'on a pu demander la tête des ministres en vertu d'un principe de liberté non organisé par une loi, mais écrit à la même page et dans le même article de la Charte, et quand il s'agit de rassembler quelques enfants de familles pauvres pour leur apprendre les éléments des lettres divines et humaines, on est venu contre nous comme contre les perturbateurs de la paix publique; on a chassé nos enfants, on m'a ravi mon domicile, ma porte est encore sous le scellé. Je n'ai rien vu dans tout ce qu'a dit M. le Procureur général qui m'explique tant d'impunité d'une part et tant de rigueur de l'autre, à moins que l'impunité n'ait été justice et que la rigueur ne soit persécution. Alors je les comprends toutes deux, et, après la persécution, nobles Pairs, j'ose réclamer la justice... »

L'accusé ensuite entrait dans le débat et réfutait les charges dont on l'accablait, il s'en prenait en particulier au fameux décret de 1811, qu'on invoquait pour lui défendre d'enseigner, mais ce décret avait été porté par Napoléon sans le concours du Corps législatif, et Lacordaire ne l'ignorait pas :

« Nobles Pairs, je ne puis assez m'étonner, reprenait-il, du sang-froid avec lequel M. le Procureur général vous a dit: Le décret de 1811 a été exécuté, donc il a force de loi. Le décret a été exécuté! Mais a-t-il été exécuté librement? A-t-il été exécuté du consentement commun? A-t-il été exécuté d'une telle façon qu'il soit une liberté pour la France? Ah! nobles Pairs, quelle dérision! Et c'était avec complaisance que M. le Procureur général vous suppliait de remarquer que le décret avait été exécuté sous l'Empire. Puis donc qu'il a bien voulu prendre mon rôle, il faut que je me résigne à répéter après lui :

C'était sous l'Empire, c'était du temps où la France ne consentait à rien parce qu'on ne lui soumettait rien; c'était du temps où les restes de la République, descendus de l'échafaud, adoraient à genoux la fortune impériale; c'était du temps où il n'y avait en France que la gloire et le silence. Mais encore, l'esclavage a-t-il été assez long pour qu'on puisse dire au moins qu'il a eu la puissance et la majesté de la durée? Comptez les jours, nobles Pairs, et remerciez la Providence qui les abrégea. Entre le 15 novembre 1811 et le 1er avril 1814, entre le décret qui mit l'Université sous la protection d'une pénalité arbitraire et l'acte qui précipita Napoléon du trône, il s'est écoulé deux ans trois mois et vingt-six jours. Est-ce là de quoi couvrir la servitude du voile que le temps jette sur tout?

« Le décret de 1811 a eu force de loi sous l'Empire : c'est vous qui l'avez dit, Monsieur le Procureur général, c'est vous qui avez mis là toute la cause, ou du moins son principal fondement, et qui faisiez remarquer tout à l'heure à la Cour, avec une sorte d'orgueil, que personne n'avait été si hardi sous l'Empire que de s'opposer à la volonté de Napoléon. Je place volontiers la cause où vous la placez vous-même, et je suis curieux de répéter la preuve par laquelle vous établissez que le décret de 1811 a eu force de loi sous le sceptre impérial.

« C'est, dites-vous, qu'il a été exécuté! Mais tout s'exécute, par l'épée; et, si nulle autre condition n'est nécessaire pour qu'une volonté d'homme devienne une loi, la violence est la suprême législatrice du genre humain : un fait est un droit; le silence de la peur est la voix de Dieu. S'il faut d'autres conditions, quelles sont-elles? Ont-elles été remplies à l'égard du décret de 1811? M. le Procureur général ne nous en a rien dit. Il s'est borné à ce mot superbe : le décret a été excuté, en ajoutant avec intention que c'était sous l'Empire. En effet, sous l'Empire! Il y avait alors tant de liberté et de courage civil, que l'exécution d'une volonté impériale lui donnait nécessairement la force de la loi, c'est-à-dire le caractère du consentement de la nation ou de ses représentants, c'est-à-dire le caractère de la justice! Non, si la doctrine du ministère public est vraie, s'il était possible qu'en France un décret exécuté devînt une loi par cela seul qu'il est exécuté, il faudrait fuir notre patrie et aller demander aux civilisations les plus abjectes un peu de cette liberté qui ne se perd jamais tout entière, si ce n'est chez les peuples où l'on parle de violence comme d'une chose sacrée, et où l'ordre du maître s'appelle une loi, pourvu que l'esclave ait répondu : J'obéis. »

Et Lacordaire terminait par cette magnifique péroraison :

« Si le temps ne me manquait pas, j'aurais accordé au ministère public tout ce qu'il aurait voulu, et supposant que nous étions coupables de la violation d'un décret sanctionné par une peine, j'aurais tiré de notre culpabilité même la preuve de notre innocence. Car, nobles Pairs, il est de saintes fautes, et la violation d'une loi peut être quelquefois l'accomplissement d'une loi plus élevée. Dans la première cause de la liberté d'enseignement, dans cette cause célèbre où Socrate succomba, il était évidemment coupable contre les dieux et par conséquent contre les lois de son pays. Cependant la postérité des peuples païens et la postérité des siècles venus depuis le Christ ont flétri ses juges et et ses accusateurs ; ils n'ont absous que le coupable et le bourreau : le coupable parce qu'il avait manqué aux lois d'Athènes pour obéir à des lois plus grandes ; le bourreau parce qu'il n'avait présenté la coupe au condamné qu'en pleurant.

« Et moi, nobles Pairs, je vous aurais prouvé qu'en foulant aux pieds ce décret de l'Empire, j'aurais bien mérité des lois de ma patrie, bien servi sa liberté, bien servi la cause et l'avenir de tous les peuples chrétiens. Mais le temps me ravit ma pensée ; je lui pardonne puisqu'il me laisse votre justice. C'est donc assez. Quand Socrate, dans cette première et fameuse cause de la liberté d'enseignement, était prêt à quitter ses juges, il leur dit : « Nous allons sortir, vous pour vivre, moi pour mourir. » Ce n'est pas ainsi, mes nobles juges, que nous vous quittons. Quel que soit votre arrêt, nous sortirons d'ici pour vivre : car la liberté et la religion sont immortelles, et les sentiments d'un cœur pur que vous avez entendus de notre bouche, ne périssent pas davantage (1). »

(1) Extrait du journal *Le Moniteur*.

Quelle énergie ! quelle flamme ! quelle lutte inégale et victorieuse, fait remarquer M. Foisset, entre une poignée de catholiques, hommes de cœur, et l'océan des préjugés, des passions de l'époque, s'appuyant sur les habitudes séculaires de la France, en ce moment personnifiée dans le gouvernement de Louis-Philippe ! M. de Montalembert atteste que « la Chambre entière resta sous le charme de la parole et de la personne du jeune orateur. L'heureuse audace de son improvisation avait réveillé l'attention des moins sympathiques (1). » Les trois prévenus furent condamnés au *minimum* de la peine, à cent francs d'amende.

C'était un acquittement : de ce jour la liberté de l'enseignement primaire était moralement conquise, et, cette fois du moins, le service rendu était en proportion du bruit.

Tout cela cependant, a-t-on dit avec raison, faisait bien du tapage. De la part de laïques, rien n'eût été plus légitime. Mais que deux prêtres se missent à la tête du mouvement, et que leurs efforts tendissent, non sans quelque succès, à entraîner le clergé à leur suite, voilà qui ne pouvait plaire à l'épiscopat.

L'autorité ecclésiastique s'émut donc de voir le jeune clergé accepter avec enthousiasme des idées parfois discutables : certains évêques interdirent à leurs prêtres la lecture du journal et *l'Avenir* se vit bientôt atteint dans le recrutement de ses abonnés. Que faire ? Il fallait prendre un parti ; ce fut Lacordaire qui le suggéra, en demandant de déférer la question à Rome. « Il fallait suspendre la publication du journal et porter le litige « aux marches de la confession de Saint-Pierre. » Au point de vue de la prudence humaine la proposition était peut-être imprudente, mais elle était loyale et fière (2). »

Les trois pèlerins de Dieu et de la liberté, comme s'appelaient eux-mêmes les rédacteurs de *l'Avenir*, partirent donc pour Rome. On sait l'accueil qui les y attendait. Pendant que Lamennais se froissait de la réserve qu'il rencontrait à toutes les

(1) Comte DE MONTALEMBERT, *Le P. Lacordaire*, p. 45.
(2) Le Comte D'HAUSSONVILLE, *Lacordaire*. Les grands Ecrivains français.

portes et réclamait à grands cris une audience différée à dessein par Grégoire XVI, Lacordaire prévoyait le dénouement de leur démarche et, s'il rédigeait le *Mémoire* adressé au Saint-Siège au nom du journal, il se déclarait en terminant « docile à la voix du Pape comme un petit enfant. »

En conséquence, la première marque à donner de cette docilité, n'était-elle pas de laisser Rome à son initiative et de ne pas prolonger un séjour qui semblait une sorte de mise en demeure ? « Ce fut, dit M. d'Haussonville, l'avis très net et très hautement déclaré de Lacordaire, avis qu'il ne put faire partager ni par Lamennais ni par Montalembert. Retourner à Paris, sans avoir obtenu l'approbation expresse des doctrines de *l'Avenir*, apparaissait à Lamennais comme une marque non de docilité, mais de défaillance ; et quant à Montalembert, qui était entièrement sous le joug de Lamennais, le fait de laisser seul à Rome celui avec lequel ils y étaient arrivés lui semblait un acte d'ingratitude et d'abandon. Lacordaire prit alors son parti de rompre le faisceau, et il quitta Rome le 15 mars 1832, « avec les plus tristes pressentiments et les plus tristes adieux. »

Hélas ! tous ces pressentiments allaient se réaliser ; l'encyclique *Mirari vos* poursuivit Lamennais et Montalembert sur la route de Munich où le hasard avait amené Lacordaire. Ensemble, les trois amis résolurent de se soumettre, mais un seul tint sa parole; tous trois ils rentrèrent à la Chesnaie, le cœur chargé de pensées fort diverses.

« Si le ciel de l'Armorique, a écrit Lacordaire, était toujours le même, il n'en était pas ainsi du cœur du maître. Des nuages terribles passaient et repassaient sur ce front déshérité de la paix ; des paroles entrecoupées et menaçantes sortaient de cette bouche qui avait exprimé l'onction de l'Evangile. Il me semblait que je voyais Saül ; mais nul de nous n'avait la harpe de David pour apaiser ces soudaines irruptions de l'esprit mauvais. »

Un soir, Lacordaire ne pouvant plus longtemps associer son existence à cette compagnie dangereuse, monta dans sa chambre et rédigea le billet suivant :

« Je quitte la Chesnaie... Je le quitte pour un motif d'honneur, ayant la conviction que ma vie vous serait désormais inutile, à cause de la différence de nos pensées sur l'Eglise et la société... Ma conscience m'y oblige non moins que l'honneur, car il faut bien que je fasse de ma vie quelque chose pour Dieu ; et, ne pouvant vous suivre, que ferais-je autre chose que vous fatiguer, vous décourager, mettre des entraves à vos projets et m'anéantir moi-même?... Jamais vous ne saurez que dans le ciel combien j'ai souffert depuis un an par la seule crainte de vous causer de la peine... »

Lacordaire s'en allait le cœur déchiré, mais sa foi imposait silence à son cœur. Après avoir fermé sa lettre, il se leva et partit. « A un certain point de la route, raconta-t-il plus tard, j'aperçus le maître à travers les taillis avec ses jeunes disciples ; je m'arrêtai et regardai une dernière fois ce malheureux grand homme... »

On a beaucoup reproché ce départ à Lacordaire ; on a prononcé même les mots d'ingratitude et de trahison. Ce jugement est suggéré par la douleur de Lamennais disant de la dernière lettre du fugitif : « Elle est froide comme une nuit d'hiver quand la bise a soufflé. »

Mais il n'est pas loyal de laisser peser sur la mémoire de Lacordaire ces reproches injustes ; il y a des cas où il faut savoir « marcher sur son cœur » pour suivre le sentier du devoir : c'est ce qu'il fit.

Trois mois après, la publication des *Paroles d'un croyant* venait justifier aux yeux de tous cette brusque séparation. Loin d'en triompher, Lacordaire écrivit à Montalembert :

« Je ne suis pas un saint, je le sens trop ; mais je porte en moi un amour désintéressé du vrai, et, quoique j'aie cherché à me tirer honorablement de l'abîme où j'étais, jamais une pensée d'ambition ou d'orgueil n'a été un instant la source de ma conduite en cette occasion. L'orgueil m'a toujours dit : Reste où tu es, ne change pas, ne t'expose pas aux reproches de tes anciens amis. La grâce divine m'a crié plus fort : Foule aux pieds le respect humain, rends gloire au Saint-Siège et à Dieu. Ma soumission franche a seule fait mon habileté. Si tout a tourné comme je l'avais prévu, je ne l'avais prévu qu'à force d'oublier mon propre sens.

« Je ne me réjouis pas de l'abîme creusé par l'opiniâtreté sous un homme qui a rendu de grands services à l'Eglise. J'espère que Dieu l'arrêtera à temps; mais je me réjouis de ce que le Souverain Pontife, père non pas d'un seul chrétien, mais de tous, ait enfin fixé par sa divine autorité des questions qui déchiraient mon Eglise natale en sa fleur, qui détournaient de la vraie route une foule d'âmes sincèrement trompées, et dont j'avais senti si longtemps et si amèrement le charme malheureux. Périsse mon triomphe personnel, s'il y en a un à quelque degré, et puisse l'Eglise de France, après cette haute et mémorable leçon, fleurir dans la paix active de l'unité! Puissions-nous tous nous pardonner les erreurs de notre jeunesse et prier ensemble pour celui qui les causa par un excès d'imagination trop belle pour n'être pas pleurée. »

Hélas! les prières de Lacordaire et de ses amis furent inefficaces : elles ne sauvèrent pas le maître de la mort la plus ignominieuse. Quand Lacordaire l'apprit, il resta terrassé et exhala sa douleur dans la lettre suivante :

« Quelle mort! Aucune, dans l'histoire ecclésiastique, ne m'a fait une aussi douloureuse impression, pas même celle d'Arius. Arius fut foudroyé honteusement, dans un lieu destiné aux plus vils besoins du corps; mais il n'avait pas lui-même écrit le testament de ses funérailles. Cet abandon, ce cercueil des pauvres, cette fosse commune sans aucun signe laissé à aucun ami, ce silence universel sur une tombe qui devait être si illustre, tout cela me fait un spectre qui me poursuit...

« Il y a trente ans, quand j'arrivai à Paris, je trouvai M. de Lamennais couvert de gloire, porté dans l'opinion comme un Père de l'Eglise: et le voilà mort incrédule, sans principes, sans certitude, sans amis, laissant une mémoire qui demeurera dans la chrétienté comme un poids éternel!... Puis, je me rappelle toutes les circonstances de mes relations avec lui ; les moments où je l'ai vu bon et heureux, entouré d'une jeunesse florissante, les présages que j'ai eus de sa chute, notre séparation, ces vingt ans qui se sont écoulés entre l'une et l'autre époque, entre le temps où je couchais à sa porte, à Paris, à Rome, à la Chesnaie, et ce tombeau qui ne s'ouvrira plus !... »

III

Quittant la Chesnaye, Lacordaire prit le parti le plus simple et le plus sacerdotal ; il vint à Paris offrir ses services à son évêque, Mgr de Quélen.

Celui-ci le reçut à bras ouverts, l'accueillant « comme un enfant qui a couru quelque aventure périlleuse et qui revient meurtri au logis paternel. »

« — Vous avez besoin d'un baptême, lui dit le prélat, je vous le donnerai. »

Et en même temps il lui confia de nouveau l'aumônerie de la Visitation. « Ainsi après cette brillante campagne de *l'Avenir* où son nom avait fait tant de bruit et son talent jeté tant d'éclat, il en revenait à ses humbles débuts de catéchiste de jeunes demoiselles. Il se retrouvait dans sa modeste chambre, rue Saint-Etienne-du-Mont, aussi seul qu'il était autrefois, ayant rompu avec ses anciennes et avec ses nouvelles relations, sans guide comme sans soutien, mais ayant perdu cette robuste confiance en lui-même qui l'animait, lorsque trois années auparavant, il pensait à faire voile pour l'Amérique (1). »

Dans les pages que l'orateur a dictées sur son lit de mort, on retrouve encore l'écho des angoisses par lesquelles il passa :

« ... N'avais-je donc commis que des fautes ? Cette vie publique, ces combats passionnés, ce voyage à Rome, ces amitiés si fortes la veille et aujourd'hui rompues, les convictions enfin de toute ma vie de jeune homme et de prêtre, n'étaient-elles autre chose qu'un rêve insensé ?... Il y a des moments où le

(1) D'HAUSSONVILLE, *Lacordaire*, p. 77.

doute nous saisit, où ce qui nous a paru fécond nous semble stérile, où ce que nous avons jugé grand n'est plus qu'une ombre sans réalité. J'étais dans cet état ; tout croulait autour de moi et j'avais besoin de ramasser les restes d'une secrète énergie naturelle pour me sauver du désespoir. »

Le calme vint peu à peu dans cette âme et, à une heure plus sereine, il put écrire à Montalembert : « Adieu les grands travaux ! adieu le renom et les grands hommes ! J'en ai connu la vanité, et je ne veux plus que vivre obscur et bon. »

C'est dans l'humilité que Dieu choisit ses instruments ; l'heure de Lacordaire approchait, il allait révéler devant tous le secret de sa puissance.

Au commencement de 1834, l'abbé Buquet, préfet des études au collège Stanislas, vint le prier de donner des conférences religieuses à ses élèves. Parler à des jeunes gens ! Lacordaire accepta avec bonheur. Les conférences s'ouvrirent le 19 janvier : le succès fut prodigieux.

« Tout Paris afflua pour l'entendre, dit M. Guillermin. Les élèves durent céder leurs places. En vain agrandit-on la chapelle par la construction d'une tribune, elle fut toujours trop petite. Ceux qui se pressaient là, c'étaient les membres les plus éminents des Chambres, du barreau, de la presse. Cette chapelle d'enfants vit un jour réunis MM. de Chateaubriand, Lamartine, Odilon Barrot, Victor Hugo. Berryer, arrivé en retard, afin de pouvoir pénétrer dans la tribune bondée déjà, dut se faire apporter une échelle et y entrer par une fenêtre. Chacun voulait entendre cette parole nouvelle d'un enfant du siècle, soudaine, vivante, passionnée, mêlée de coups de tonnerre et d'éclairs d'éloquence qui remuaient jusqu'aux plus profondes des fibres humaines. »

De la forme antique des prédications, rien n'y était conservé : on se sentait en plein XIXe siècle. « C'est quelque chose d'inouï que cette éloquence, cette inspiration, écrivait Maurice de Guérin ; il n'est bruit que de cela dans le monde religieux et philosophique. »

Les sujets étaient anciens comme l'Eglise, mais la parole était toute moderne.

Cependant ce succès devint fatal à l'orateur ; l'ancien rédacteur de *l'Avenir* était demeuré suspect à une orthodoxie étroite. Sans pouvoir incriminer ses doctrines, on se prétendit scandalisé de la hardiesse de son langage qui fut dénoncé à la fois à l'archevêque, à Rome et au gouvernement.

L'agitation croissant de jour en jour, Mgr de Quélen, sans donner d'ordre absolu, engagea l'orateur à suspendre momentanément ses conférences : elles avaient duré trois mois. Se retirant à regret, Lacordaire écrivit à l'archevêque :

« Monseigneur, j'ai appris de mes aïeux dans le christianisme à ne jamais craindre de paraître devant les tribunaux. Je ne me retire donc pas devant les intimations ou les menaces du Gouvernement ; je me retire devant votre volonté, et votre seule volonté. »

Les conférences n'étaient que suspendues, et l'année suivante, Lacordaire songea à les reprendre ; déjà il en avait obtenu l'autorisation quand le prélat revint sur sa décision et le prêtre dut écrire à Montalembert :

« L'obéissance coûte, mais j'ai appris de l'expérience qu'elle est tôt ou tard récompensée, et que Dieu seul sait ce qui nous convient... Un homme a toujours son heure ; il suffit qu'il l'attende, et qu'il ne fasse rien contre la Providence. »

Lacordaire attendit donc et un soir de janvier 1835, — il y avait neuf mois qu'il était condamné au silence —, comme il traversait le jardin du Luxembourg, un ecclésiastique l'aborda :

« — Que faites-vous ? lui dit-il ; il faudrait aller voir l'archevêque et vous entendre avec lui. »

Quelques pas plus loin, il rencontre un autre prêtre qui lui donne le même conseil, en ajoutant : « J'ai des raisons de penser que l'archevêque serait bien aise de s'entretenir avec vous. »

Cette double invitation, raconte Lacordaire, me surprit ; et, accoutumé que j'étais à un peu de superstition du côté de la Providence, je me dirigeai lentement près du couvent de Saint-Michel, non loin du Luxembourg, où se trouvait l'archevêché.

Le prélat avait défendu sa porte, mais introduit par une religieuse « qui lui voulait du bien » le prêtre reçut audience.

« Je trouvai l'Archevêque qui se promenait dans sa chambre avec un air triste et préoccupé, continuent les *Mémoires*. Il ne me donna qu'un faible témoignage de bienvenue, et je me mis à marcher à ses côtés, sans qu'il proférât une parole. Après un assez long intervalle de silence, il s'arrêta tout court, me regarda d'un œil scrutateur, et me dit : « J'ai dessein de vous confier la chaire de Notre-Dame, l'accepteriez-vous ? » Cette ouverture si brusque, dont le secret m'échappait complètement, ne me causa aucune ivresse. Je répondis que le temps était bien court pour me préparer, que le théâtre était bien solennel, et que, après avoir réussi devant un auditoire restreint, il était facile d'échouer devant une assemblée de quatre mille âmes. La conclusion fut que je demandai vingt-quatre heures pour réfléchir. »

Que s'était-il donc passé ?... Divers évènements avaient attiré l'attention de l'archevêque sur les responsabilités qui lui incombaient par rapport à la parole apostolique. Nous ne pouvons ici en relater qu'un, résultant de l'évolution religieuse des esprits.

« Les haines populaires, dit M. d'Haussonville, étaient tombées, l'indifférence philosophique passait de mode et les hommes qui pensent commençaient, suivant une belle expression de Michelet, à se demander où est Dieu. C'étaient surtout les jeunes gens qui se posaient cette question. Depuis quelques années il s'était formé, dans les collèges et les écoles, une génération nouvelle, étrangère aux préventions qu'avait suscitées contre l'Eglise catholique son alliance trop étroite avec la Restauration ; encore éprise de liberté, mais déjà avide de foi.

« Un instant elle avait écouté la voix de *l'Avenir*, mais cette voix s'était tue, et depuis lors un grand silence s'était fait qui la laissait dans l'anxiété. Où donc était la vérité catholique, s'il ne fallait plus la chercher dans cette antique union entre l'Eglise et la Royauté que l'expérience semblait avoir condamnée, et s'il n'était pas permis non plus de la demander à cette conception nouvelle d'une alliance hardie avec les peuples ? A cette question aucune voix ne leur apportait la réponse. »

Ils la posaient pourtant avec insistance, et à plusieurs reprises, ces jeunes hommes étaient venus solliciter près de l'archevêque la dispensation d'un enseignement catholique nouveau. Pour répondre à ces demandes, Mgr de Quélen avait tenté différents essais qui avaient été plus ou moins heureux; et il songeait précisément à cette grave question quand Lacordaire fut introduit devant lui.

C'était donc la Providence qui lui amenait le conférencier déjà célèbre de Stanislas : à brûle-pourpoint il lui fit sa proposition, et, six semaines plus tard, Lacordaire montait pour la première fois dans cette chaire de Notre-Dame qu'il devait immortaliser.

C'était — suivant ses propres expressions — une solennelle aventure que Lacordaire allait tenter là. Il s'agissait en effet pour lui de bien autre chose que de savoir si son talent allait grandir en proportion du lieu et de l'auditoire, et s'il allait retrouver sous les voûtes sonores de Notre-Dame les succès qu'il avait remportés dans la petite chapelle étouffée de Stanislas. Il s'agissait surtout de savoir s'il pourrait accomplir sans obstacles le rêve de son sacerdoce, la réconciliation par la parole de l'Eglise avec le siècle.

Tout Paris attendait avec anxiété l'heure de cette solennelle épreuve, à laquelle, il faut l'avouer, se joignait un immense attrait de curiosité. Mais aussi l'époque se prêtait à cette manifestation religieuse : il est curieux de se représenter la scène avant d'y montrer le héros et de faire connaître ce qu'était alors l'état de l'Eglise, particulièrement en France. C'est au reste l'orateur lui-même qui va nous mettre sous les yeux cet intéressant tableau :

« ... Il y a bientôt un siècle et demi que Bossuet ne rend plus d'oracles, Fénelon dort dans sa mémoire harmonieuse, Pascal a brisé au tombeau sa plume géométrique, Bourdaloue ne parle plus en présence des rois, Massillon a jeté aux vents du siècle les derniers sons de l'éloquence chrétienne. Espagne, Italie, France, par tout le monde catholique, j'écoute : aucune voix puissante ne répond aux gémissements du Christ outragé. Ses ennemis grandissent chaque jour. Les trônes se mêlent à leurs conjurations. Catherine II, du milieu des steppes de la Crimée, au sortir d'une conquête sur la mer et sur la solitude, écrit des billets tendres aux heureux génies du moment ; Frédéric II leur donne une poignée de main entre deux victoires ; Joseph II vient les visiter, et dépose la majesté du Saint-Empire romain au seuil de leurs académies... Demain matin, ils enterreront le Christ. Ah ! ils lui feront de belles funérailles ; ils ont préparé une procession magnifique ; les cathédrales en seront, elles se mettront en route et s'en iront, deux à deux, comme les fleuves qui vont à l'océan, pour disparaître avec un dernier bruit.

« Au palais des rois très chrétiens, dans la chambre où avait dormi saint Louis, Sardanapale était couché. Stamboul avait visité Versailles, et s'y trouvait à l'aise. Des femmes enlevées aux dernières boues du monde jouaient avec la couronne de France ; les descendants des croisés peuplaient de leur adulation des antichambres déshonorées, et baisaient, en passant, la robe régnante d'une courtisane...

« Le vieux peuple franc s'émut de tant d'ignominie ; il secoua cette société tombée dans l'apostasie de la vertu et la jeta par terre d'un coup, à l'étonnement puéril de tous ces rois qui flattaient la raison pure !... »

Et maintenant sur ces ruines il s'agissait de rétablir la foi antique. La volonté de Bonaparte, la protection de deux rois, les généreuses audaces de l'école de Lamennais, le fougueux apostolat des missionnaires de France, n'avaient pu réussir jusqu'alors à remplir les nefs de Notre-Dame et voilà la tâche que Lacordaire allait tenter...

Ce fut le premier dimanche de Carême de l'année 1835 que Lacordaire inaugura ses conférences : « Jour glorieux, dit le P. Chocarne, où la vieille métropole, depuis trop longtemps endormie et déserte, se réveilla au bruit d'une multitude envahissant ses parois, et tressaillit sous le souffle du prophète nouveau ; jour de triomphe pour la parole sainte comme elle n'en reverra peut-être jamais. Comment redire ces fêtes de l'éloquence à ceux qui n'en ont pas été témoins? Comment remettre sous les yeux le spectacle unique de cette nef immense, s'emplissant dès le matin d'hommes de tout âge, de toute croyance, de tout drapeau, jeunes et vieux, jeunes surtout, venus des écoles de droit et de médecine, orateurs, jurisconsultes, savants, militaires, saint-simoniens, républicains et monarchistes, croyants et incroyants, athées et matérialistes, Paris et la France enfin en raccourci, miroir fidèle de cette société d'alors, qui ressemblait assez à cette vision d'Ezéchiel, à ce vaste champ d'ossements arides, qui peu à peu se lèvent, s'agitent, se cherchent, reprennent leur chair et leur couleur, et n'attendent plus que la grande voix du prophète pour leur souffler l'esprit de vie, et en faire une armée d'innombrables soldats rangés en bataille ? Spectacle nouveau et étrange, où plus d'un sans doute, pendant les longues heures d'attente, dut se demander ce que venaient faire là tant d'hommes accourus des camps opposés : les fils de Voltaire suspendus aux lèvres d'un prêtre catholique ; les descendants de 89, disciples dociles dans ce même temple d'où leurs pères avaient chassé le Christ ; des chercheurs d'une religion nouvelle au pied de la chaire qui prêche éternellement le même symbole. Que voulaient-ils ? Qui les avait amenés là ? »

Mais laissons Lacordaire nous faire lui-même l'historique de cette grande journée :

« Je montai en chaire, dit-il, non sans émotion, mais avec fermeté, et je commençai mon discours, l'œil fixé sur l'archevêque qui était pour moi, après Dieu mais avant le public, le premier personnage de cette scène. Il m'écoutait, la tête un peu baissée, dans un état d'impassibilité absolue, comme un homme qui n'était pas seulement spectateur ni juge, mais qui courait des risques personnels dans cette solennelle aventure.

« Quand j'eus pris pied dans mon sujet et dans mon auditoire, que ma poitrine se fut dilatée sous la nécessité de saisir une si vaste assemblée d'hommes, il m'échappa un de ces cris dont l'accent lorsqu'il est sincère et profond ne manque jamais d'émouvoir. L'archevêque tressaillit visiblement. Une pâleur

Lacordaire en chaire à Notre-Dame.

qui vint jusqu'à mes yeux couvrit son visage, il releva la tête et jeta sur moi un regard étonné. Je compris que la bataille était gagnée dans son esprit. Elle l'était aussi dans l'auditoire. »

Ce cri dont parle Lacordaire est l'apostrophe demeurée célèbre :

« — Assemblée, assemblée, dites-moi : que me demandez-vous ? que voulez-vous de moi ; la vérité ? Vous ne l'avez donc pas en vous. Vous la cherchez donc. Vous voulez la recevoir. Vous êtes venus ici pour être enseignés. »

Mais si un cri éloquent peut soulever un auditoire, il faut autre chose pour le ramener. Or, celui qu'avait rassemblé Lacordaire, le plus considérable peut-être auquel un prêtre eût adressé la parole depuis le temps où la prédication s'exerçait en plein air, devait lui demeurer fidèle pendant toute la station du Carême, et se représenter plus nombreux encore l'année suivante.

A quelles causes, nous demanderons-nous avec M. d'Haussonville, faut-il attribuer ce prodigieux succès ?

Ce fut tout d'abord la curiosité qui amena la foule. Lorsqu'on apprit que le rédacteur condamné de l'*Avenir*, le prédicateur suspendu de Stanislas allait prendre la parole dans la chaire de Notre-Dame, ce fut un évènement parisien. Dès huit heures du matin, on l'a déjà vu, un monde très mêlé envahissait la nef. Si, dès les premières paroles, cet auditoire n'eût été conquis, quelque irrévérence était à craindre. Mais il le fut de telle sorte qu'à chaque conférence il se pressait plus recueilli et plus nombreux. Il fallut établir des barrières, installer un service d'ordre. Les curieux étaient devenus attentifs et les indifférents respectueux.

« Ce concours d'auditeurs n'a jamais fait défaut à Lacordaire et, jusqu'à la fin de sa carrière de prédicateur, personne n'a eu, au même degré, le don d'attirer et de remuer les foules. C'est qu'aux enfants d'un siècle à la fois inquiet et orgueilleux, il avait du premier coup deviné le langage qu'il fallait parler. Il avait parfaitement compris que le temps était passé où, comme on l'a dit, « l'Eglise faisant le catéchisme d'une société enfantine traçait à la fois la demande et la réponse, » et qu'avec ces auditeurs de Notre-Dame qui arrivaient l'esprit plein d'une foule d'objections, il ne fallait pas le prendre sur un ton d'autorité.

« Aussi ne leur disait-il pas : « Mes Frères », mais : « Messieurs. » Il leur parlait d'égal à égal, ou, s'il s'élevait par instant au-dessus d'eux, ce n'était pas comme prêtre, c'était comme homme, en imitant le noble orgueil d'un mouvement connu de saint Paul et en leur montrant qu'il ne se rencontrait rien chez eux dont il ne fût en droit de se prévaloir, à un degré semblable ou supérieur.

« — Vous êtes Français, leur disait-il, je le suis comme vous. Philosophes, je le suis comme vous. Libres et fiers, je le le suis plus que vous. »

« Il n'usait point avec eux d'habiles ménagements, et parfois il les gourmandait « de venir dans une cathédrale, entendre la parole divine avec un cœur enflé et comme des juges. » Parfois, au contraire, il louait ces fils du XVIIIe siècle, nourris des superbes pensées de leur âge, des marques de respect involontaire que leur arrachait la sainteté du lieu, et de l'instinct qui leur avait fait incliner la tête au moment où les mains sacerdotales élevaient l'hostie sacrée. Ou bien il pénétrait, avec une clairvoyante tendresse, dans les replis des jeunes cœurs qu'avait envahis le mal de la mélancolie, et il savait leur peindre le charme de cette indéfinissable tristesse dont notre âme est le puits profond et mystérieux.

« On comprend que des accents, si nouveaux dans la chaire chrétienne, remuassent profondément la foule des auditeurs qui s'entassaient jusque dans le fond obscur des chapelles, pour entendre quelques éclats de sa voix. Cette foule ne se dispersait point aussitôt après le sermon. Elle s'attardait sur le péristyle, sur la place, à échanger l'expression de son enthousiasme. « Ou bien, raconte un témoin oculaire, on se portait à la porte de la sacristie par laquelle il devait sortir, dans les rues par lesquelles il devait passer. « Qu'il est beau ! » disaient les hommes sur son passage. « Qu'il est bon ! » se disaient les femmes. » Peut-être se disaient-elles aussi : qu'il est beau ! car il l'était en effet, tel que le représente une miniature de l'époque avec ses cheveux noirs et abondants, sa figure pâle et ses grands yeux noirs dont le regard avait tant d'éclat et de douceur. « Il parle peu, mais il dit tant du regard, » écrivait Eugénie de Guérin, après l'avoir vu quelques instants.

« A aucun moment de sa vie Lacordaire ne fut peut-être environné d'une popularité semblable. Depuis les temps du moyen-âge, la vieille cathédrale n'avait pas vu foule pareille remplir sa quintuple nef. On comprend que Mgr de Quélen, qui avait assisté quelques années auparavant au sac de son palais épiscopal, s'applaudît d'un changement dans l'état des esprits, et qu'à la clôture de la station du Carême il se levât pour le qualifier de « prophète nouveau » et le nommer chanoine de Notre-Dame. »

L'année 1836 vit se renouveler les triomphes de l'année précédente ; les auditeurs n'étaient jamais venus si attentifs et si nombreux qu'à la dernière conférence. Aussi ce fut avec une sorte de stupeur qu'ils entendirent tomber de la bouche de l'orateur ces paroles solennelles :

« — Puissé-je, Messieurs, vous avoir inspiré au moins la bonne pensée de vous tourner vers Dieu dans la prière et de renouer vos rapports avec lui, non seulement par l'esprit mais par le mouvement du cœur. C'est l'espérance que j'emporte avec moi. C'est le vœu que je forme en vous quittant. Je laisse entre les mains de mon évêque cette chaire de Notre-Dame désormais fondée, fondée par lui et par vous, par le pasteur et par le peuple. Un moment ce double suffrage a brillé sur ma tête. Souffrez que je l'écarte de moi-même et que je me retrouve seul quelque temps devant ma faiblesse et devant Dieu. »

Une longue rumeur parcourut les rangs pressés, et cette rumeur n'était pas encore apaisée quand l'archevêque, se levant avec une visible tristesse, confirmait cette nouvelle en ajoutant que Lacordaire allait dans la Ville éternelle, aux pieds du Père commun des fidèles, pour lui rendre compte de ce qu'il avait vu et de ce qu'il avait fait.

IV

Quel était donc le motif qui une seconde fois arrachait encore Lacordaire à sa chaire ?... On en a donné plusieurs dont quelques-uns n'ont pas leur place ici. Sans doute il obéissait à la nécessité de fortifier son éducation théologique, mais il obéissait encore plus à un instinct secret qui l'entraînait vers Rome pour y méditer de grandes choses.

Lacordaire, nous l'avons dit, avait un rêve ambitieux : réconcilier l'Eglise avec le siècle. Ce but il l'avait d'abord poursuivi par la plume dans les colonnes de l'*Avenir* ; mais sa plume, on la lui avait arrachée des mains. C'est alors qu'il avait pris la parole ; et certes il en avait bien usé.

Mais qu'étaient-ce après tout que des conférences adressées, pendant un temps limité, dans une seule ville, à un public restreint ?... C'était à la France entière qu'il fallait parler ; il fallait lui faire entendre un langage fier, indépendant, et pour cette tâche le clergé paroissial lui semblait insuffisant. Trop de liens en effet l'unissaient à la société dans laquelle il avait à vivre et lui imposaient trop de ménagements : seuls les ordres monastiques pouvaient user entièrement de cette liberté nécessaire à la parole. La Révolution les avait proscrits du sol français, mais le moment n'était-il pas venu de les y faire rentrer ?...

« ... Il me semblait clair, a écrit sur son lit de mort le Dominicain, que depuis la destruction des Ordres religieux, l'Eglise avait perdu la moitié de ses forces. Je voyais à Rome les restes magnifiques de ces institutions fondées par les plus grands saints, et sur le trône pontifical siégeait alors, après tant d'autres, un religieux sorti du cloître illustre de Saint-Grégoire-le-Grand. L'histoire, plus expressive encore que le spectacle de Rome, me montrait, dès la sortie des catacombes, cette suite incomparable de cellules, de monastères, d'abbayes, de maisons d'étude et de prière, semées des sables de la Thébaïde aux extrémités de l'Irlande, et des îles parfumées de la Provence aux froides plaines de la Pologne et de la Russie. Elle me nommait saint Antoine, saint Basile, saint Augustin, saint Martin, saint Benoît, saint Colomban, saint Bernard, saint François d'Assise, saint Dominique, saint Ignace, comme les patriarches de ces familles nombreuses qui avaient peuplé les déserts, les forêts, les villes, les camps, et jusqu'au siège de saint Pierre, de leurs héroïques vertus.

« Sous cette trace lumineuse, qui est comme la voie lactée de l'Eglise, je discernais pour principe créateur les trois vœux de pauvreté, de chasteté et d'obéissance, clefs de voûte de l'Evangile et de la parfaite imitation de Jésus-Christ. Jésus-Christ avait été pauvre, vivant, dans son enfance, d'un travail manuel, et, durant le cours de sa vie apostolique, de la seule charité de ceux qui l'aimaient ; il avait été chaste ; il avait pratiqué l'obéissance envers son Père jusqu'à la mort de la croix. C'était là le modèle souverain laissé par lui à ses apôtres, et le germe fécond qui avait fleuri plus tard, le long de tous les siècles, dans l'âme des saints fondateurs d'Ordres. C'est en vain que la corruption avait, tantôt d'un côté, tantôt de l'autre, rongé ces vénérables instituts. Là où la chair avait passé, l'esprit ramenait son souffle, et la corruption elle-même n'était que la flétrissure de longues vertus, comme on voit dans les forêts où la hache n'entre point, tomber des arbres séculaires sous le poids d'une vie qui vient de trop loin pour résister à la caducité. Fallait-il croire que l'heure était venue où l'on ne reverrait plus ces grands monuments de la foi et ces divines inspirations de l'amour de Dieu et des hommes ? Fallait-il croire que le vent de la révolution, au lieu d'être pour eux une vengeance passagère de leurs fautes, avait été l'épée et le sceau de la mort ? Je ne pouvais le croire ; tout ce que Dieu a fait est immortel de sa nature, et il ne se perd pas plus une vertu dans le monde qu'il ne se perd un astre dans le ciel.

« Je me persuadais donc, en me promenant dans Rome et en priant Dieu dans ses basiliques, que le plus grand service à rendre à la chrétienté, au temps où nous vivons, était de faire quelque chose pour la résurrection des Ordres religieux. Mais cette persuasion, tout en ayant pour moi la clarté même de l'Evangile, me laissait indécis et tremblant quand je considérais le peu que j'étais pour un si grand ouvrage...

« ... Puis je me prenais à considérer la difficulté de réunir des hommes ensemble, la diversité des caractères, la sainteté des uns, la médiocrité des autres, l'ardeur de ceux-ci, la glace de ceux-là, les tendances si opposées des esprits, et tout ce qui fait, même pour les saints, qu'une communauté religieuse est à la fois le plus consolant et le plus douloureux des fardeaux. Après la difficulté des âmes se présentait à moi celle des corps. J'étais sans fortune ; je mangeais à Rome les derniers restes d'un faible patrimoine. Comment acheter de grandes maisons pour y pourvoir aux besoins d'une foule de religieux aussi nécessiteux que moi ? Devais-je donc, sur la foi de la Providence, me jeter dans les hasards d'une tentative aussi périlleuse?

« Ce n'était pas tout : les obstacles extérieurs se dressaient devant moi comme des montagnes... Devais-je attendre du gouvernement français au moins la tolérance ? Bien que les lois de la révolution n'eussent fait que deux choses : déclarer que l'Etat ne reconnaissait plus les vœux religieux, et enlever aux communautés leur patrimoine héréditaire ; bien que le vœu soit, de sa nature, un acte de conscience libre et insaisissable, et que la vie commune soit un des droits naturels de l'homme, cependant, même dans cette limite et sous cette forme, le gouvernement de 1830 était évidemment peu disposé à laisser les Ordres religieux renaître sur le sol français...

« On le voit, ma pensée ne rencontrait nulle part que des écueils, et, moins heureux que Christophe Colomb, je ne découvrais pas même une planche pour me porter au rivage de la liberté. Ma seule ressource était dans l'audace qui animait les premiers chrétiens, et dans leur inébranlable foi à la toute-puissance de Dieu. Le christianisme, me disais-je, n'existerait pas dans le monde s'il ne s'était pas rencontré des gens obscurs, des plébéiens, des ouvriers, des philosophes, des sénateurs, des petits et des grands, pour suivre l'Evangile malgré toutes les lois des Césars. La croix n'a pas cessé d'être une folie, et *ce qu'il y a de plus faible en Dieu n'a pas cessé*, selon la parole de saint Paul, *d'être plus fort que toutes les forces de l'homme.* Celui qui veut faire quelque chose pour l'Eglise et qui ne part pas de cette conviction, tout en ne négligeant rien des moyens humains que les circonstances lui permettent d'employer, sera toujours impropre au service de Dieu.

« Les premiers chrétiens ne mouraient pas seulement, ils écrivaient et parlaient, ils s'efforçaient de convaincre le peuple et les empereurs de la justice de leur cause ; et saint Paul, annonçant Jésus-Christ à l'aréopage, se servait des ruses de la plus ingénieuse éloquence pour le persuader. Il y a toujours dans le cœur de l'homme, dans l'état des esprits, dans le cours de l'opinion, dans les lois, les choses et les temps, un point d'appui pour Dieu. Le grand art est de le discerner et de s'en servir, tout en mettant dans la vertu secrète et invisible de Dieu lui-même le principe de son courage et de son espérance. Le christianisme n'a jamais bravé le monde, jamais il n'a insulté la nature et la raison, jamais il n'a fait de sa lumière une puissance qui aveugle à force d'irriter ; mais, aussi doux que hardi, aussi calme qu'énergique, aussi tendre qu'inébranlable, il a toujours su pénétrer l'âme des générations, et ce qui lui restera de fidèles jusqu'au dernier jour ne lui sera conquis et gardé que par les mêmes voies.

« Je m'encourageais par ces pensées, et il me venait à l'esprit que toute ma vie antérieure, et jusqu'à mes fautes, m'avaient préparé quelque accès dans le cœur de mon pays et de mon temps. Je me demandais si je ne serais pas coupable de négliger ces ouvertures par une timidité qui ne profiterait qu'à mon repos, et si la grandeur même du sacrifice n'était pas une raison de le tenter.

« Après la question générale venait la question secondaire, qui était de savoir à quel Ordre je me donnerais. Les Ordres religieux se distinguent en deux branches parfaitement distinctes : les uns consacrés, dans l'ombre des cloîtres, à la perfection intérieure du religieux lui-même, et n'entrant dans le service public de l'Eglise que par la prière et par la pénitence ; les autres voués au salut commun par l'action extérieure de la science, de la parole et de vertus qui, nées dans la retraite, en sortent comme Jésus-Christ par le Calvaire ou le Thabor. Entre ces derniers, les seuls où mon choix pouvait se prendre, l'histoire ne me montrait que deux grands instituts : l'un, né au XIIIe siècle pour la défense de l'orthodoxie contre l'invasion des premières grandes hérésies latines ; l'autre, suscité au XVIe siècle pour être une barrière à la diffusion du protestantisme, forme suprême de l'erreur religieuse en Occident. Rivaux partout et toujours parce que leurs armes étaient les mêmes et le but identique, il y avait cependant entre ces deux instituts des différences notables.

« Saint Dominique avait chargé le corps en donnant beaucoup de latitude à l'esprit. Saint Ignace avait resserré l'esprit dans des liens plus étroits, mais en affranchissant le corps des prescriptions qui peuvent l'affaiblir et le rendre moins propre au ministère actif de l'enseignement et de la prédication : saint Dominique avait donné à son gouvernement la forme d'une monarchie tempérée par des élections d'où sortaient les supérieurs et par des chapitres d'où sortait la législation ; saint Ignace avait donné au sien la forme d'une monarchie absolue. Il me fallait donc choisir entre la Compagnie de Jésus et l'Ordre des Frères Prêcheurs, ou plutôt je n'avais pas de choix à faire, puisque les Jésuites existant en France, ils n'avaient pas besoin d'y être rétablis.

« La force des choses ne me laissait donc aucun doute sur ce second point ; mais, en me mettant face à face avec la nécessité d'être un religieux dominicain, elle augmentait pourtant mes craintes et mes irrésolutions. Les austérités matérielles de cet Ordre, telles que l'abstinence perpétuelle de la chair, le long jeûne du 14 septembre à Pâques, la psalmodie de l'office divin, le lever de nuit, se présentaient à moi comme impraticables, avec nos corps énervés et avec les travaux de l'apostolat si prodigieusement accrus par la rareté des missionnaires et des prédicateurs. Je savais par expérience la prostration de forces où jette un seul discours sorti de l'âme devant une nombreuse assemblée, et je me demandais comment l'abstinence et le jeûne étaient compatibles avec de tels efforts de la nature et un si profond épuisement.

« En étudiant néanmoins les constitutions de l'Ordre, je vis qu'elles présentaient des ressources contre elles-mêmes, ou plutôt que l'austérité générale y était sagement tempérée par ce pouvoir qu'ont les supérieurs d'accorder des dispenses, non seulement pour cause d'infirmité, mais pour cause de faiblesse, et même par le seul motif du salut des âmes. Je remarquai que la seule limite imposée aux supérieurs dans l'usage de ces dispenses, était qu'elles n'allassent jamais jusqu'à embrasser la communauté tout entière. Cette latitude me fit comprendre que là comme ailleurs *la lettre tue, et l'esprit vévifie.*

« Je m'attachai à connaître la vie de saint Dominique et les saints mémorables qui ont été derrière lui comme l'éclatante poussière de ses vertus. Les saints sont les grands hommes de l'Eglise, et ils marquent sur les sommets de son histoire les points les plus élevés où la nature humaine ait atteint. Plus un Ordre en a produit, plus il est manifeste que la grâce de Dieu a été dans sa fondation et persiste dans son immortalité. Tout cela me rassurait, et des quatre éléments qui composent tout institut religieux, une législation, un esprit, une histoire et une grâce, aucun ne refusait à celui de saint Dominique sa part de grandeur (1).... »

Voilà les hautes pensées que Lacordaire roulait en son esprit depuis plusieurs années ; pour les mûrir, il fallait la solitude et le séjour de Rome. C'est là qu'il pousuivit à loisir « ce but caché. »

Se promenant dans la Ville éternelle et priant dans ses basiliques, il agitait son grand dessein et cependant, dit-il, « en descendant en moi, je n'y trouvais rien qui me parût répondre à l'idée d'un fondateur ou d'un restaurateur d'Ordre. Dès que je regardais ces colosses de la piété et de la force chrétiennes, mon âme tombait sous moi comme un cavalier sous son cheval... Fils d'un siècle qui ne sait guère obéir, l'indépendance avait été ma couche et mon guide. Comment pourrais-je me transformer subitement en un cœur docile et ne plus chercher que dans la soumission la lumière de mes actes ? »

(1) Notice sur le rétablissement en France de l'Ordre des Frères-Prêcheurs.

Enfin, en 1837, au cours d'une retraite, il prit une résolution définitive et décida d'entrer dans l'ordre de Saint-Dominique avec le dessein de ramener en France les Frères Prêcheurs.

Chose étrange, cette résolution lui fut plus dure que ne lui avaient été ses premiers vœux. « Le sacrifice fut sanglant, a-t-il écrit. Tandis qu'il ne m'en avait rien coûté de quitter le monde pour le sacerdoce, il m'en coûta tant d'ajouter au sacerdoce le poids de la vie religieuse. »

« Ma carrière est faite, se disait-il, mon action assurée : pourquoi recommencer sur nouveaux frais ? J'étais heureux, content, sans soucis, et je vais me jeter sur les épaules, non pas tant une vie dure, une robe de laine, que ce fardeau pesant d'une famille à élever et à nourrir. Moi, sans besoin, j'allais me trouver des enfants qui me demanderaient du pain. L'égoïsme me disait : Reste ; Jésus-Christ me disait : Lorsque la gloire et la tranquillité me furent proposées, j'ai choisi la vie et la mort de la croix. »

La grâce l'emporta, et le jour vint où il entra au noviciat des Frères Prêcheurs. Oh ! quel jour : « Il faisait froid, le vent avait tourné au nord et je n'avais qu'un habit d'été dans une chambre sans feu : je ne connaissais plus personne ; tout le prestige, tout le bruit s'était évanoui ; l'amitié me suivait de loin sans me presser plus ; j'étais seul avec Dieu en présence d'une vie dont la pratique m'était encore inconnue. Le soir, j'allai à matines, puis au réfectoire, et enfin me coucher. Le lendemain le froid était plus vif encore, et je ne comprenais qu'à demi la suite des exercices. J'eus un moment de faiblesse : je tournai les yeux vers tout ce que j'avais quitté : cette vie faite, ces avantages certains, des amis tendrement aimés, des journées pleines de conversations utiles, les foyers chauds, les mille joies d'une vie comblée par Dieu de tant de bonheur extérieur et intérieur ! C'était payer cher l'orgueil d'une forte action que de perdre tout cela pour toujours. Je m'humiliai devant Dieu et lui demandai la force dont j'avais besoin. Dès la fin de la première journée, je sentis qu'il m'avait exaucé, et depuis, toujours, les consolations ont été croissantes dans mon âme, avec la douceur d'une mer qui caresse ses grèves en les couvrant. »

Lacordaire subit l'épreuve du noviciat dans toute sa rigueur.

Il refusa sans hésitation la proposition qui lui fut faite d'en abréger de six mois la durée ; avec aisance, avec une simplicité et une humilité parfaites, il se plia à toutes les corvées imposées aux novices. A son tour il puisait l'eau, balayait les corridors, entretenait les lampes. Puis, enfermé dans sa cellule, il se livrait à la prière et à l'étude ; c'est dans ce repos de la solitude qu'il composa sa magnifique *Vie de Saint Dominique*.

Cette vie, écrite avec amour, est restée comme un des modèles de l'hagiographie moderne : elle eut à son apparition un succès étonnant qui n'est pas encore épuisé aujourd'hui. Les plus grands esprits s'accordèrent à le louer et, ravi d'enthousiasme, Chateaubriand s'écria : « Ce n'est pas seulement un talent hors ligne, c'est un talent unique. C'est immense comme beauté, comme éclat ; je ne sais pas un plus beau style. » Extrayons une des plus belles pages de ce chef-d'œuvre, c'est le portrait du héros :

« Dominique voyageait à pied, un bâton à la main, un paquet de hardes sur les épaules. Quand il était hors des lieux habités, il ôtait sa chaussure et marchait nu-pieds. Si quelque pierre le blessait en chemin, il disait en riant : « Voilà notre pénitence. » Il logeait de préférence dans les monastères, ne s'arrêtait jamais à sa fantaisie, mais selon la fatigue et le désir des frères qui étaient avec lui. Le voyage n'interrompait aucune de ses pratiques de piété. Tous les jours, à moins qu'une église ne lui manquât, il offrait à Dieu le saint sacrifice avec une grande abondance de larmes ; car il lui était impossible de célébrer les saints mystères sans attendrissement. Lorsque le cours des cérémonies lui annonçait l'approche de Celui qu'il avait aimé de préférence dès ses jeunes années, on s'en apercevait à l'émotion de tout son être ; une larme n'attendait pas l'autre sur son visage pâle et rayonnant. Il prononçait l'Oraison dominicale avec un accent séraphique qui rendait sensible la présence du *Père qui est aux cieux*. Le matin, il gardait et faisait garder le silence à ses compagnons jusqu'à neuf heures, et, le soir, depuis complies. Dans l'intervalle, il parlait de Dieu, soit par forme de conversation, soit par manière de controverse théologique, et de toutes les façons qu'il pouvait imaginer. Quelquefois, surtout dans les lieux solitaires, il priait ses compagnons de rester à une certaine distance de lui, en leur disant gracieusement avec le prophète Osée : *Je le conduirai dans la solitude, et je lui parlerai au cœur.*

« Il prêchait à tout venant, sur la route, dans les villes, les villages, les châteaux, et jusque dans les monastères. Sa parole était enflammée. Initié par ses longues études de Palencia et d'Osma à tous les mystères de la théologie chrétienne, les mots sortaient de son cœur avec des flots d'amour qui en révélaient aux plus endurcis la vérité. Un jeune homme, ravi de son éloquence, lui demanda dans quels livres il avait étudié : « Mon fils, répondit-il, c'est dans le livre de la charité plus qu'en tout autre, car celui-là enseigne tout. » Aussi pleurait-il souvent en chaire, et généralement il était rempli de cette mélancolie surnaturelle que donne le sentiment profond des choses invisibles. Quand il apercevait de loin les toits pressés d'une ville ou d'un bourg, la pensée des misères des hommes et de leurs péchés le plongeait dans une réflexion triste dont le contre-coup apparaissait aussitôt sur son visage. Il passait ainsi rapidement aux expressions les plus diverses de l'amour, et la joie, le trouble et la sérénité, se succédant à tout propos dans les plis de son front, portaient en lui la majesté de l'homme à une incroyable puissance de séduction.

« Il donnait le jour à la prédication, aux voyages, aux affaires, et lorsque le soleil, en se retirant, préparait le repos de tous, lui, quittant aussi le monde, cherchait en Dieu la réparation dont avaient besoin son âme et son corps. Il restait au chœur à l'issue des complies, après avoir pris soin qu'aucun des frères ne l'imitât, soit qu'il ne voulût point leur imposer un exemple au-dessus de leurs forces, soit aussi qu'une simple pudeur lui fît craindre qu'on ne découvrît les secrets de son commerce avec Dieu. Mais la curiosité l'emporta plus d'une fois sur ces précautions ; des frères se cachaient dans l'obscurité de l'église pour épier ses veilles, et c'est ainsi qu'on en a connu les touchantes particularités.

« Quand donc il se sentait seul, protégé dans son amour par

l'ombre et le silence, il entrait avec Dieu dans d'ineffables épanchements. Le temple, symbole de la cité permanente des anges et des saints, devenait pour lui comme un être vivant, qu'il attendrissait de ses larmes, de ses gémissements et de ses cris. Il en faisait la ronde en s'arrêtant à chaque autel pour prier, tantôt incliné profondément, tantôt prosterné, tantôt à genoux. Encore les larmes ne lui suffisaient pas : trois fois chaque nuit il mêlait son sang à ses prières, satisfaisant ainsi, autant qu'il le pouvait, cette soif d'immolation qui est la moitié généreuse de l'amour.

« On l'entendait se meurtrir les reins avec des nœuds de fer, et la grotte de Ségovie, témoin de tous les excès de sa pénitence, a gardé pendant des siècles la trace du sang qu'il y avait répandu. Il faisait dans son cœur trois parts de ce sang : la première était pour ses péchés, la seconde pour les péchés des vivants, la troisième pour les péchés des morts. Plus d'une fois même il contraignit quelqu'un des frères de le frapper, afin d'augmenter l'humiliation et la douleur de son sacrifice. Un jour viendra où, en présence du ciel et de la terre, les anges de Dieu apporteront sur l'autel du jugement deux coupes remplies : une main irrécusable les pèsera toutes deux, et il sera connu, à la gloire éternelle des saints, que chaque goutte de sang donnée par l'amour en a sauvé des flots. »

A la suite de ce portrait, dessiné de main de maître, se succèdent des pages d'un effet séduisant. Aussi l'ouvrage produisit-il une impression profonde. Auparavant, pour rallier l'opinion publique, Lacordaire avait lancé son célèbre *Mémoire pour le rétablissement en France de l'Ordre des Frères Prêcheurs* qui, parmi les œuvres sorties de sa plume, est demeuré l'une des plus remarquables. C'est à la France qu'il l'adresse, et il s'impose à l'attention générale :

« Mon pays, pendant que vous poursuivez avec joie et douleur la formation de la société moderne, un de vos enfants, chrétien par la foi, prêtre par l'onction traditionnelle de l'Eglise catholique, vient réclamer de vous sa part dans les libertés que vous avez conquises et que lui-même a payées...

« Nous vivons dans un temps où un homme qui veut devenir pauvre et le serviteur de tous a plus de peine à accomplir sa volonté qu'à se bâtir une fortune et à se faire un nom... Jamais dans le monde on n'a eu tant de peur d'un homme allant pieds nus et le dos couvert d'une casaque de méchante laine. Quoi ! quand, ami passionné de ce siècle, né au plus profond de ses entrailles, nous lui avons demandé la liberté de ne croire à rien, il nous l'a permis. Quand nous lui avons demandé la liberté d'aspirer à toutes les charges et à tous les honneurs, il nous l'a permis... Mais aujourd'hui que, pénétré des éléments divins qui remuent aussi ce siècle, nous lui demandons la liberté de suivre les inspirations de notre foi, de ne plus prétendre à rien, de vivre pauvrement avec quelques amis touchés des mêmes désirs que nous, aujourd'hui nous nous sentons arrêté tout court, mis au ban de je ne sais combien de lois, et l'Europe presque entière se réunirait pour nous accabler, s'il le fallait !... C'est à l'opinion publique que je demande protection et je la lui demande contre elle-même, s'il en est besoin. »

Le Français aime l'audace et devant l'assurance avec laquelle Lacordaire en appelait à l'opinion nulle protestation n'osa s'élever.

Lacordaire revêtit l'habit de saint Dominique avec deux Français, à Rome, au couvent de la Quercia, dont le nom, par un singulier rapprochement, rappelle celui de la Chesnaie. Après une année de probation, le Dominicain reprit en hâte le chemin de Paris, désireux de montrer à la France sa robe blanche et sa chape noire.

Il y eut bien plus d'une surprise, même plus d'un murmure, mais les témoignages de sympathie furent encore plus nombreux que les marques d'hostilité. L'impopularité du froc céda devant la popularité de celui qui le portait si noblement.

Le ministre des cultes l'invita à un grand dîner de quarante couverts qu'il donnait à la chancellerie et, pendant le repas, on vit un ancien garde des sceaux de Charles X se pencher vers son voisin pour lui dire : « Quel étrange retour des choses de ce monde ! Si, quand j'étais ministre, j'avais invité un Dominicain à ma table, le lendemain la chancellerie eût été brûlée ! »

Mais Lacordaire n'était pas venu en France seulement pour dîner chez les ministres, il voulait montrer dans la chaire de Notre-Dame son vieil habit du moyen-âge.

L'Archevêque — ce n'était plus Mgr de Quélen, mais Mgr Affre — y consentit volontiers.

Sous prétexte de prononcer un sermon en faveur des Conférences de Saint-Vincent de Paul, Lacordaire parut à Notre-Dame le 12 février 1841. On sentait tout ce que cette épreuve avait de solennel. L'affluence était immense ; pas une place n'était vide dans les nefs ni dans les chapelles latérales. « La curiosité était très surexcitée, dit M. d'Haussonville. Le plus grand nombre des auditeurs se souvenaient d'avoir vu, dans cette chaire, un jeune prêtre à la chevelure abondante et bouclée, aux grands yeux ardents, éclairant un visage pâle mais plutôt plein. Ils virent monter un moine à la tête rasée, ceinte seulement d'une couronne de cheveux, aux traits émaciés, mais encore agrandis, tel que le leur avait déjà montré un portrait de Chassériau qui avait été exposé quelque temps auparavant au Salon. « Exposez, avait dit Lacordaire au peintre, c'est encore une manière de faire connaître mon habit. »

Mais lui-même va nous initier à tout l'éclat de son triomphe :

« Je parus enfin à Notre-Dame avec ma tête rasée, ma tunique blanche et mon manteau noir. L'Archevêque présidait ; le garde des sceaux avait voulu se rendre compte par lui-même d'une scène dont personne ne savait bien l'issue ; beaucoup d'autres notabilités se cachaient dans l'assemblée, au milieu d'une foule qui débordait de la porte au sanctuaire (1). J'avais pris pour mon discours un sujet de nature à couvrir de la popularité des idées l'audace de mes pensées. »

Ce sujet c'était la *Vocation de la nation française* ; avec quelle éloquence il raconta pendant plus d'une heure les gestes de Dieu accomplis par les Francs. Puis, étant loin d'avoir épuisé son sujet, mais craignant de dépasser les limites permises, il s'interrompit avec ce rare bonheur :

(1) Dix ou douze mille personnes, au témoignage de *l'Univers* du 16 février 1841.

« — Je suis long peut-être, Messieurs, mais c'est votre faute, c'est votre histoire que je raconte ; vous me pardonnerez si je vous ai fait boire jusqu'à la lie ce calice de gloire. »

Et après avoir raconté les journées glorieuses de notre patrie, il en venait aux heures de chutes humiliantes et d'apostasies lamentables : il donnait à grands traits le tableau du XVIIIe siècle impie :

« Jusque-là, s'écriait-il, quand on attaquait la religion, on l'attaquait comme une chose sérieuse, le XVIIIe siècle l'attaqua par le rire. Le rire passa des philosophes aux gens de cour, des académies dans le salon ; il atteignit les marches du trône ; on le vit sur les lèvres du prêtre ; il prit place au sanctuaire du foyer domestique, entre la mère et les enfants. Et de quoi donc, grand Dieu, de quoi riaient-ils tous ? Ils riaient de Jésus-Christ et de l'Evangile ! Et c'était la France ! »

Et après cette exclamation, l'orateur interrogeait son auditoire :

« Que fera Dieu ?... La France avait trahi son histoire et sa mission ; Dieu pouvait la laisser périr, comme tant d'autres peuples, déchus, par leur faute, de leur prédestination. Il ne le voulut point ; il résolut de la sauver par une expiation aussi magnifique que son crime avait été grand. La royauté était avilie : Dieu lui rendit sa majesté, il la releva sur l'échafaud. La noblesse était avilie : Dieu lui rendit sa dignité, il la releva dans l'exil. Le clergé était avili : Dieu lui rendit le respect et l'admiration des peuples, il le releva dans la spoliation, la misère et la mort. La fortune militaire de la France était avilie : Dieu lui rendit la gloire, il la releva sur les champs de bataille. La papauté avait été abaissée aux yeux des peuples : Dieu lui rendit sa divine auréole, il la releva par la France. »

L'auditoire étant gagné, il pouvait maintenant en toute assurance lui parler du réveil de l'esprit religieux et de la démarche audacieuse qu'il accomplissait à cette heure :

« Messieurs, s'écriait-il, ne voyez-vous pas sous toutes les formes ressusciter l'esprit monarchique, cet esprit qui s'éteignait dans l'ancienne France, avant même que des lois usurpatrices eussent frappé du marteau les vieux cloîtres tant aimés de nos aïeux? Le chartreux, le jésuite, le capucin, le bénédictin rapportent à la France leur dévouement multiple, la prière, la science la parole, la contemplation et l'action, l'exemple de la pauvreté volontaire, le bénéfice de la communauté. Et aujourd'hui même, devant cette foule qui m'écoute et qui ne s'en étonne pas, apparaît sans audace et sans crainte le froc séculaire de saint Dominique... »

L'orateur achevait en s'adressant à Mgr de Quélen :

« Monseigneur, dit-il, la couronne de saint Denis est tombée sur votre tête dans une heure à jamais mémorable, à l'heure où plus que jamais s'opère la réconciliation entre l'Eglise et la France, j'en ai pour garant cette foule qui se presse autour de votre siège. Je prie Dieu, Monseigneur, que vous portiez longtemps cette couronne. Je ne puis oublier qu'à une autre époque je fus soutenu dans cette chaire par vos conseils et votre affection. L'occasion solennelle de vous en remercier m'avait manqué jusqu'aujourd'hui, je la saisis avec joie. Je me félicite de me retrouver sous les mêmes auspices, au jour où je viens inaugurer l'ordre et l'habit des Frères Prêcheurs en face de mon pays, et vous achèverez, Monseigneur, de couronner ce moment de ma vie en répandant sur nous votre bénédiction. »

La cause était gagnée au tribunal souverain de l'opinion publique ; les ordres religieux avaient reconquis droit de cité en France. Jamais, dit un historien, victoire plus complète n'avait été remportée par la puissance d'un seul homme, sur les préjugés d'un temps et d'un pays.

Qu'il nous suffise de marquer d'un mot les étapes successives de cette brillante victoire : création d'une première maison à Nancy en 1843 et d'une seconde à Chalais en 1844 ; fondation d'un noviciat à Flavigny en 1848 ; enfin érection de la Province Dominicaine de France dont Lacordaire fut le premier Provincial.

« Mais c'est une mesure trop étroite du succès obtenu par Lacordaire, que la place aujourd'hui conquise par l'Ordre de Saint-Dominique, avec ses trois provinces de France, de Toulouse et d'Occitanie, avec ses dix-huit maisons du Grand-Ordre, et ses six maisons du Tiers-Ordre, avec ses six cents profès ou novices, et surtout avec ses prédicateurs dont le renom et la popularité remplissent la chaire française. Son œuvre a été plus large, car il a été le véritable restaurateur des Ordres monastiques dans notre pays. Sans doute, à ne s'attacher qu'aux dates, on pourrait dire que le noviciat des Jésuites à Montrouge ou l'abbaye des Bénédictins à Solesmes ont existé avant la première maison des Dominicains à Nancy. Mais si les Ordres monastiques sont aujourd'hui intimement mêlés à la vie religieuse, et même, par l'éducation, à la vie générale de la France, si non seulement Dominicains, mais Capucins, Prémontrés, Oblats, Eudistes, bien d'autres qu'on pourrait citer se promènent aujourd'hui librement en France, s'ils y vivent au grand jour, s'ils y ont fait preuve d'une vigueur indestructible, c'est à Lacordaire qu'ils le doivent, parce qu'il leur a communiqué quelque chose de sa tranquille audace, de sa persévérance hardie, et parce que, le premier, il leur a enseigné à revendiquer la liberté du moine au nom des droits du citoyen (1). »

Depuis le retrait volontaire de Lacordaire partant pour Rome, la chaire de Notre-Dame était occupée par le R. P. de Ravignan qui y donnait chaque année la station du Carême : en 1843, Mgr Affre offrit au P. Lacordaire d'y prêcher la station de l'Avent. « Il parut beau au Dominicain de montrer deux apôtres partageant, sans ombre de rivalité, le fraternel empire de la parole de Dieu. »

Louis-Philippe, cependant, s'en effraya et manda l'Archevêque aux Tuileries pour essayer de l'intimider ; celui-ci tint ferme :

« — Sire, dit-il, j'ai donné ma parole au P. Lacordaire ; je ne pourrais maintenant la lui retirer sans me déshonorer aux yeux de mon diocèse et de toute la France.

« — Eh bien ! Monsieur l'Archevêque, reprit le roi, sachez que s'il arrive un malheur vous n'aurez ni un soldat ni un garde national pour vous protéger. »

Ce que l'intimidation n'avait pu obtenir on le demanda à la persuasion, et Madame Swetchine fut chargée, — bien à contre-

(1) D'HAUSSONVILLE, *loc. cit.*, p. 123.

cœur, — de proposer au Dominicain de revêtir un habit de prêtre séculier. Lacordaire tint bon et répondit par une lettre pleine d'une noble fierté qui fait plaisir à lire :

« J'irais, disait-il, donner dans Notre-Dame à nos ennemis le spectacle d'un religieux qui a peur après avoir affiché le courage, qui se cache après s'être montré, qui demande grâce et merci en raison de son déguisement volontaire ; cela n'est pas possible. Plus la situation est grave, plus les catholiques attendent de ma parole une éclatante revanche, moins je dois leur préparer une si douloureuse surprise. Il vaut mieux cent fois se taire que trahir leurs espérances. La religion n'a pas besoin de triompher ; elle peut se passer de ma parole à Notre-Dame. Dieu est là pour la soutenir et l'honorer dans l'opprobre ; mais elle a besoin que ses enfants ne l'humilient pas eux-mêmes et ne déshonorent pas ses épreuves. »

Et il terminait en disant :

« Le caractère est ce qu'il faut toujours sauver avant tout, car c'est le caractère qui fait la puissance morale de l'homme. »

Cependant le Maître général des Dominicains étant intervenu, Lacordaire consentit à revêtir le rochet et la mozette de chanoine par-dessus son costume de moine et c'est dans ce bizarre accoutrement qu'on le força quelque temps de paraître en chaire à Notre-Dame.

Le courageux orateur prêcha pendant neuf années consécutives et prononça dans cette chaire soixante-treize conférences. — Après avoir examiné les effets de la doctrine catholique sur l'esprit, sur l'âme et sur la société, il en arriva à parler de l'Eglise, dépositaire de cette doctrine, et du Fondateur de l'Eglise, c'est-à-dire Jésus-Christ. C'est alors qu'il prononça ces paroles d'une éloquence si merveilleuse :

« ... Messieurs, il y a un homme dont l'amour garde la tombe ; il y a un homme dont le sépulcre n'est pas seulement glorieux, comme l'a dit un prophète, mais dont le sépulcre est aimé. Il y a un homme dont la cendre, après dix-huit siècles, n'est pas refroidie ; qui chaque jour renaît dans la pensée d'une multitude innombrable d'hommes ; qui est visité dans son berceau par les bergers et par les rois, lui apportant à l'envi, et l'or, et l'encens, et la myrrhe. Il y a un homme dont une portion considérable de l'humanité reprend les pas sans se lasser jamais, et qui, tout disparu qu'il est, se voit suivi par cette foule dans tous les lieux de son antique pèlerinage, sur les genoux de sa mère, au bord des lacs, au haut des montagnes, dans les sentiers des vallées, sous l'ombre des oliviers, dans le secret des déserts.

« Il y a un homme mort et enseveli, dont on épie le sommeil et le réveil, dont chaque mot qu'il a dit vibre encore, et produit plus que l'amour, produit des vertus fructifiant dans l'amour. Il y a un homme attaché depuis des siècles à un gibet, et cet homme, des milliers d'adorateurs le détachent chaque jour du trône de son supplice, se mettent à genoux devant lui, se prosternent au plus bas qu'ils peuvent sans en rougir, et là, par terre, lui baisent avec une indicible ardeur les pieds sanglants.

« Il y a un homme flagellé, tué, crucifié, qu'une inénarrable passion ressuscite de la mort et de l'infamie, pour le placer dans la gloire d'un amour qui ne défaille jamais, qui trouve en lui la paix, l'honneur, la joie et jusqu'à l'extase. Il y a un homme poursuivi dans son supplice et sa tombe par une inextinguible haine, et qui, demandant des apôtres et des martyrs à toute postérité qui se lève, trouve des apôtres et des martyrs au sein de toutes les générations.

« Il y a un homme enfin, et le seul qui ait fondé son amour sur la terre, et cet homme, c'est vous, ô Jésus ! vous qui avez bien voulu me baptiser, m'oindre, me sacrer dans votre amour, et dont le nom seul, en ce moment, ouvre mes entrailles et en arrache cet accent qui me trouble moi-même et que je ne me connaissais pas. »

Après cette page incomparable, que peut-on citer de Lacordaire, sinon quelques fragments où sa grande âme se révèle en toute sa mesure ?

C'est d'abord la peinture du vice honteux qui défigure non

seulement l'âme, mais tous les traits extérieurs du jeune homme :

« Messieurs, n'avez-vous pas rencontré de ces hommes qui, à la fleur de l'âge, à peine honorés des signes de la virilité, portent déjà la marque des flétrissures du temps ; qui, dégénérés avant d'avoir atteint la naissance totale de l'être, le front chargé de rides précoces, les yeux vagues et caves, les lèvres impuissantes à peindre la bonté, traînent sous un soleil tout jeune une existence caduque ? Qui a fait ces cadavres ? Qui a touché cet enfant ? Qui lui a ôté la fraîcheur de ses années ? Qui a mis sur sa face des siècles honteux ? N'est-ce pas ce sens ennemi de la vie des hommes ? Victime de sa dépravation, le malheureux a vécu solitaire, et d'un pied méprisé il s'en va porter son corps au tombeau où ses vices dormiront avec lui et déshonoreront sa cendre jusqu'au dernier des jours. »

Le mal a des effets semblables sur les nations, et pour être plus étendus, ils n'en sont que plus terribles :

« Quand vous regardez l'histoire de notre pays et que vous y voyez tous ces noms illustres qui en étaient la couronne, couronne de baron, couronne de comte, couronne de marquis, couronne de duc, toutes ces vieilles couronnes qui formaient la couronne totale du pays, et qu'ensuite regardant ces races dans le présent, vous en trouvez qui plient sous le fardeau de leur antiquité, enfants dont l'épée maniée par leurs pères avait étendu les frontières de la patrie et de la vérité, et qui ne peuvent plus rien ni pour l'une ni pour l'autre, il ne vous est pas difficile d'en connaître la cause. Le vice a passé dans ces races et en a rongé les fibres vives. Il n'épargne pas même les nations. Un temps vient, et pour quel peuple n'est-il pas venu tôt ou tard ? un temps vient, où l'histoire civilisée succède à l'histoire héroïque ; les caractères tombent, les corps diminuent, la force physique et morale s'en va d'un même pas, et l'on entend de loin le bruit du barbare qui s'approche et qui regarde si l'heure est venue d'enlever du monde ce vieillard de peuple. Quand cette heure a sonné, quand un pays se sent trembler devant la destinée, qui a passé sur lui? Quel souffle a tari sa vie? Toujours le même, Messieurs ; la mort n'a jamais qu'un grand complice. Ce peuple s'est abâtardi dans les homicides joies de la volupté ; il a versé son sang goutte à goutte, et non plus par flots, sur les champs féconds du dévouement ; or, il y a du sang versé de la sorte une vengeance inévitable, celle que subissent dans la servitude et la ruine toutes les nations finies. »

La flagellation du vice lui suggérait le portrait d'un apostat trop célèbre, Luther :

« Au XVIe siècle, dans un coin de la Saxe, il se trouva un homme qui eut la pensée de nous réformer, et certes il en avait le droit plus qu'homme de son temps ; car il avait reçu de Dieu une éloquence qui jaillissait de ses lèvres ou qui tombait de sa plume avec une égale fécondité : âme ardente, capable de retenir par l'amour autant que de subjuguer par la doctrine, et à qui rien ne manquait dans le caractère pour assurer la puissance de son esprit ; ajoutez que c'était un cénobite. L'Eglise l'avait pris au siècle, couvert d'un froc, jeté sous le cilice et la cendre ; il avait senti la verge heureuse de l'obéissance, les joies de l'humilité, et ce mélange d'une belle nature avec une forte grâce l'avait merveilleusement préparé pour rendre compte aux autres de tous les dons du ciel, devenus plus grands pour avoir passé par son cœur. Quoi de plus? Un homme de génie, un orateur, un écrivain, un moine, toutes les puissances et toutes les gloires dans cette jeune main ! Laissons-le faire son œuvre !

« Il a fini, Messieurs... ; mais où est-ce que je le retrouve? Non plus au foyer sacré de la tente cénobitique, mais à l'âtre d'une maison vulgaire, les pieds étendus vers un feu domestique, une femme à côté de lui ! Lui, deux fois consacré vierge par l'onction du sacerdoce et les serments du cloître ! Lui qui avait été fait Christ par l'Eglise, et qui n'avait pas trouvé l'Eglise assez pure pour lui ! Le voilà marié et non pas seul. Sa parole a brisé la porte des vieux couvents de la Germanie, elle a troublé la chasteté séculaire du vieillard et celle plus pure encore du jeune homme ; elle a tiré de la tombe toutes les convoitises de la chair. Dieu, par la doctrine catholique, n'avait pas seulement élevé ses prêtres à la continence absolue ; il en avait inspiré le goût et fait le don à mille autres. Il avait préparé, pour chaque misère du monde, une virginité qui devait en être la mère et la sœur : cet homme a tout détruit. Il a desséché le sacerdoce dans sa racine même, en lui ôtant les stigmates de Jésus-Christ qu'il doit, par la chasteté, porter dans sa chair crucifiée. Il a rendu au siècle les âmes privilégiées que l'Evangile lui avait ravies, dépeuplé les solitudes où la prière veillait sous la garde de la mortification. »

Telle fut la parole du grand Conférencier dans la flagellation des vices, mais si on l'accuse de chercher la parole à effet, le sujet à sensation, suivons-le sur un terrain moins brûlant, mais où la force de sa dialectique va se trouver un succès non moins complet ; il s'agit de l'immutabilité de nos dogmes :

« ... Quoi ! depuis dix-huit cents ans tous les docteurs et tous les fidèles catholiques, tant d'hommes si divers de facultés, de naissance, de passions, de préjugés nationaux, tous ces papes, tous ces conciles, tous ces livres, tous ces millions d'hommes et d'écrits, quoi ! tous ont pensé et ont écrit la même chose, et toujours ! Cela est-il possible ? mais que pensent-ils donc ? que disent-ils donc ? Ecoutez : ils disent qu'il y a un Dieu en trois personnes, qui a fait le ciel et la terre ; que l'homme a manqué à la loi de la création ; qu'il est déchu et corrompu jusqu'à la moelle des os ; que Dieu, ayant eu pitié de cette corruption, a envoyé la seconde personne de lui-même sur la terre ; que cette personne s'est faite homme, a vécu parmi nous, et est morte sur une croix ; que par le sang de cette croix volontairement offert en sacrifice, le Dieu-Homme nous a sauvés ; qu'il a établi une Eglise, à laquelle il a confié, avec sa parole, des sacrements qui sont une source de lumière, de pureté et de charité ; où tous les hommes peuvent boire la vie ; que quiconque s'y abreuve vivra éternellement, et que quiconque s'en sépare, en repoussant l'Eglise et le Christ, périra éternellement. Voilà la doctrine catholique, ce que disent aujourd'hui comme hier, au nord et au midi, à l'orient et à l'occident, ses papes, ses évêques, ses docteurs, ses prêtres, ses fidèles, ses néophytes, idées fondamentales aussi bien qu'immuables, parce qu'elles décident de toute la direction active des intelligences qui en font profession. Trouvez-moi, maintenant, une éclipse à cette immutabilité ; trouvez-moi une page catholique où ce dogme soit nié en tout ou en partie ; trouvez-moi un homme qui, s'en étant écarté, n'ait pas été à l'instant chassé de l'Eglise, eût-il été le plus éloquent des hommes, comme Tertullien, ou le plus élevé des évêques, comme Nestorius, ou le plus puissant des empereurs, comme Constance et Valens. Trouvez-moi un homme à qui la pourpre, ou le génie, ou la sainteté aient servi contre les anathèmes de l'Eglise, une fois qu'il a eu touché par l'hérésie à la robe sans couture du Christ ?

« Certes le désir n'a pas manqué de nous prendre ou de nous mettre en faute contre l'immutabilité. Car quel privilège pesant à tous ceux qui ne l'ont pas : une doctrine immuable, quand tout change sur la terre ! une doctrine que des hommes tiennent dans leurs mains, que de pauvres vieillards, dans un endroit qu'on appelle le Vatican, gardent sous la clef de leur cabinet, et qui, sans autre défense, résiste au cours du temps, aux rêves des sages, aux plans des rois, à la chute des empires, toujours une, constante, identique à elle-même ! Quel prodige à démentir ! quelle accusation à faire taire ! Aussi tous les siècles, jaloux d'une gloire qui dédaigne la leur, s'y sont-ils essayés. Ils sont venus tour à tour à la porte du Vatican, ils ont frappé du cothurne ou de la botte ; la doctrine est sortie sous la forme frêle et usée de quelque septuagénaire, elle a dit :

« — Que me voulez-vous ? — Du changement. — Je ne change pas. — Mais tout est changé dans le monde : l'astronomie a changé, la chimie a changé, la philosophie a changé, l'empire a changé ; pourquoi êtes-vous toujours la même ? — Parce que je viens de Dieu, et que Dieu est toujours le même. — Mais sachez que nous sommes les maîtres : nous avons un million d'hommes sous les armes, nous tirerons l'épée ; l'épée qui brise les trônes pourra bien couper la tête d'un vieillard et déchirer les feuillets d'un livre. — Faites, le sang est l'arome où je me suis toujours rajeunie. — Eh bien, voici la moitié de ma pourpre, accorde un sacrifice à la paix, et partageons. — Garde ta pourpre, ô César, demain on t'enterrera dedans, et nous chanterons sur toi l'*Alleluia* et le *De profundis*, qui ne changent jamais. »

« J'en appelle à vos souvenirs, Messieurs; ne sont-ce pas là les faits ? Aujourd'hui encore, après tant d'essais infructueux pour obtenir de nous la mutilation du dogme public qui fait notre unité, qu'est-ce que l'on nous dit? Qu'est-ce que toutes les feuilles spirituelles et non spirituelles qui s'impriment en Europe ne cessent de nous reprocher ? « Mais ne changerez-vous donc jamais, race de granit? ne ferez-vous jamais à l'union et à la paix quelques concessions ? Ne pouvez-vous nous sacrifier quelque chose, par exemple, l'éternité des peines, le sacrement de l'Eucharistie, la divinité de Jésus-Christ? ou bien encore la papauté, seulement la papauté? Dorez au moins le bout de ce gibet que vous appelez une croix ! » Ils disent ainsi : la croix les regarde, elle sourit, elle pleure elle les attend : *Stat crux dum volvitur orbis*. Comment changerions-nous? L'immortalité est la racine sacrée de l'unité; elle est notre couronne, le fait impossible à expliquer, impossible à détruire ; la perle qu'il faut acheter à tout prix, sans laquelle rien n'est qu'ombre et passage, par laquelle le temps touche à l'éternité. Ni la vie ni la mort ne l'ôteront de nos mains ; empires de ce monde, prenez-en votre parti ! *Stat crux dum volvitur orbis.* »

La prédication du P. Lacordaire dans la chaire de Notre-Dame se poursuivit jusqu'en 1851 ; alors pressentant que cette chaire ne devait plus le revoir, il termina la station par cet adieu solennel :

« Encore qu'une nouvelle carrière me fût préparée par Dieu et par mon dévouement pour vous, je ne puis me défendre de vous parler comme si je vous adressais des adieux. Permettez-le moi, non comme un pressentiment de l'avenir, mais comme une consolation.

« Je dis une consolation, parce que j'éprouve en moi deux

sentiments contraires : l'un de joie d'avoir achevé avec vous une œuvre utile au salut de plusieurs, et de l'avoir achevée dans le siècle que l'on a nommé le siècle des avortements ; l'autre de tristesse, en songeant qu'une œuvre ne s'achève pas par un homme sans qu'il y laisse la plus belle partie de soi-même, les prémices de sa force et la fleur de ses ans. Le Dante commence ainsi sa divine épopée : « Du milieu du chemin de la vie, je m'éveillai seul dans une forêt profonde. » Je suis parvenu, Messieurs, à ce milieu du chemin de la vie où l'homme se dépouille du dernier rayon de sa jeunesse et descend par une pente rapide aux rivages de l'impuissance et de l'oubli ; je ne demande pas mieux que d'y descendre, puisque c'est le sort que l'équitable Providence nous a fait, mais du moins, à ce point de partage des choses d'où je puis voir encore une fois les temps qui vont finir, vous ne m'envierez pas la douceur d'y jeter un regard, d'évoquer devant vous, qui fûtes les compagnons de ma route, quelques-uns des souvenirs qui me rendent si chers et cette métropole et vous.

« C'est ici, quand mon âme se fut rouverte à la lumière de Dieu, que le pardon descendit sur mes fautes, et j'entrevois l'autel où, sur mes lèvres fortifiées par l'âge et purifiées par le repentir, je reçus pour la seconde fois le Dieu qui m'avait visité à l'aurore première de mon adolescence. C'est ici que, couché sur le pavé du temple, je m'élevai par degrés jusqu'à l'onction du sacerdoce, et qu'après de longs détours où je cherchais le secret de ma prédestination, il me fut révélé dans cette chaire, que depuis dix-sept ans vous avez entourée de silence et d'honneur.

« C'est ici qu'au retour d'un exil volontaire, je rapportai l'habit religieux qu'un demi-siècle de proscription avait chassé de Paris, et que, le présentant à une assemblée formidable par le nombre et la diversité des personnes, il obtint le triomphe d'un unanime respect. C'est ici qu'au lendemain d'une révolution, lorsque nos places étaient encore couvertes des débris du trône et des images de la guerre, vous vîntes écouter de ma bouche la parole qui survit à toutes les ruines, et qui, ce jour-là, soutenue d'une émotion dont nul ne se défendait, fut relevée de vos applaudissements.

« C'est ici, sous les dalles voisines de l'autel, que reposent mes deux premiers archevêques, celui qui m'appela tout jeune à l'honneur de vous enseigner, et celui qui m'y appela, après qu'une défiance de mes forces m'eut éloigné de vous. C'est ici, sur ce même siège archiépiscopal, que j'ai retrouvé dans un troisième pontife le même cœur et la même protection. Enfin, c'est ici qu'ont pris naissance toutes les affections qui ont consolé ma vie, et que, homme solitaire, inconnu des grands, éloigné des partis, étranger aux lieux où se presse la foule et se nouent les relations, j'ai rencontré les âmes qui m'ont aimé.

« O murs de Notre-Dame, voûtes sacrées qui avez reporté ma parole à tant d'intelligences privées de Dieu, autels qui m'avez béni, je ne me sépare point de vous ; je ne fais que dire ce que vous avez été pour un homme, et m'épancher en moi-même au souvenir de vos bienfaits, comme les enfants d'Israël, présents ou en exil, célébraient la mémoire de Sion. Et vous, Messieurs, génération déjà nombreuse en qui j'ai semé peut-être des vérités et des vertus, je vous demeure uni pour l'avenir comme je le fus dans le passé, mais si un jour mes forces trahissaient mon élan, si vous veniez à dédaigner les restes d'une voix qui vous fut chère, sachez que vous ne serez jamais ingrats, car rien ne peut empêcher désormais que vous n'ayez été la gloire de ma vie et que vous ne soyez ma couronne dans l'éternité. »

A quarante-neuf ans, en pleine maturité de son incomparable talent, Lacordaire descendait de cette chaire dont l'Empire allait pour toujours le tenir éloigné. Son œuvre était accomplie !... à Paris du moins, car l'éloquent Dominicain évangélisa la province avec un égal succès.

A Bordeaux, l'enthousiasme fut tel, quatre mois durant, que vingt ans après, l'Archevêque qui avait invité Lacordaire à prêcher dans sa métropole, disait : « Les effets produits par cette parole ont été immenses et durables. L'esprit public de Bordeaux est changé depuis cette époque. »

Même succès à Nancy, à Grenoble, à Lyon. En cette dernière ville, la station excita une sorte de frénésie. Dès cinq heures du matin, quoique le Père ne parlât qu'à une heure du soir, l'église était comble et un jour le prédicateur fut reconduit en triomphe à sa demeure. Lacordaire évangélisa aussi Strasbourg, Liège, Toulouse et Marseille ; partout il fut acclamé comme le roi de la chaire.

Toute cette éloquence n'est pas entièrement perdue pour nous ; dans les loisirs de la retraite l'orateur a revu l'ensemble de son œuvre et a publié un grand nombre de ses conférences. Sans doute, a-t-on dit, c'est de la lave refroidie, mais quel feu encore ! elles ont la vie et elles la donnent.

« Mes paroles, dit Lacordaire en la préface, arriveront au lecteur froides et décolorées ; mais quand, au soir de l'automne, les feuilles tombent et gisent à terre, plus d'un regard et plus d'une main les cherchent encore, et fussent-elles dédaignées de tous, le vent peut les emporter et en préparer une couche à quelque pauvre dont la Providence se souvient au haut du ciel. »

Ces conférences sont encore un régal à la lecture ; mais elles font regretter de ne pas les avoir entendues.

« Alors, dit un bon juge, elles subjuguaient ; car à la sympathie, l'action oratoire ajoutait l'autorité. Dans la perspective de la chaire, l'ensemble dominateur de la personne de l'orateur l'emportait sur tout le reste. De ses traits délicats on ne voyait que les grandes lignes, accentuées et sévères. L'éclair de son regard, trop pénétrant ailleurs, était là dans la note juste. Sous les plis du manteau, ses formes élancées offraient plus de plénitude et de force. Il paraissait plus grand que nature. La première impression qu'il produisait était celle de la surprise mêlée d'attrait que suggère un être étrange et fort. Tout perpétuait cette impression, geste, intonation, débit, attitude générale.

« Le geste était à la fois instinctif et réfléchi. Sobre au début, lent, contenu, accentué, il s'élargissait avec le sujet. Tout à coup les bras s'ouvraient en croix, ou bien ils décrivaient une vaste courbe. Une émotion sincère, profonde, inspirait, soutenait, expliquait l'effet de la ligne. Le geste avait une valeur morale. L'âme et le corps agissaient de concert. Aux instants pathétiques, les mains s'agitaient par des frémissements incertains et semblaient secouer sur l'auditoire la flamme d'une torche. Je ne sais quel rayonnement partait alors de cette main, se croisait avec l'éclair du regard et traçait autour de la tête comme une auréole prophétique (1). »

Plus que le geste encore, la voix soutenait le charme. « C'était une voix merveilleuse : un peu faible et voilée au début, elle s'élevait et se développait peu à peu. Elle devenait pleine et sonore, tout en demeurant mesurée et souple, et se prêtait à toutes les nuances de la pensée, à l'éclat comme à la douceur, à l'ironie comme à la tendresse. Elle vibrait jusque dans les coins les plus reculés des sanctuaires où elle se faisait entendre. Elle allait aux entrailles, et y provoquait ces frissons sacrés que l'accent de l'homme se donnant tout entier provoque toujours chez l'homme.

« Mais le grand secret de son action c'était surtout cette passion, à la fois débordante et contenue, qu'on sentait en lui, cette ardeur de l'homme qui ne poursuit point un succès personnel mais celui de sa cause, et dont l'élan n'est point refréné par les entraves et les artifices de la préparation.

« Lacordaire était en effet au plus haut point improvisateur. Ce n'est pas qu'il eût l'outrecuidance intellectuelle, devant entretenir des matières les plus graves le premier auditoire du monde, de monter en chaire sans avoir préparé son discours. Mais cette préparation chez lui était tout intérieure et abstraite. C'était le fruit de ses méditations de la veille, parfois du matin même, méditations qu'il entremêlait de prières ardentes, et qui étaient plus mystiques que littéraires.

« De ces méditations rien d'écrit ne sortait jamais, sauf un canevas très court. Le plan seul était déterminé à l'avance mais seulement dans les grandes lignes, jamais dans les détails. Quant à la forme il s'en fiait à l'inspiration du moment (2). »

(1) M. Foisset, t. II, p. 561.
(2) D'Haussonville.

V

Une parole comme celle de Lacordaire avait besoin de toute sa liberté pour se mouvoir à l'aise.

En vain il avait quitté Paris et continuait en province la série de ses triomphes : le pouvoir prit ombrage des hardiesses de son langage et le Dominicain sentit l'espionnage s'attacher à ses pas. Trouvant cette situation intolérable, il préféra renoncer à la parole publique.

« Je compris, déclara-t-il sur son lit de mort, que dans mon langage j'étais aussi une liberté, et que mon heure était venue de disparaître avec les autres (1). »

Il descendit donc de sa chaire et comme jadis Bossuet et Fénelon, le grand orateur du XIXe siècle se fit éducateur et ensevelit son génie dans l'humble école de Sorèze (1854).

Déjà cet ami de la jeunesse avait songé à appliquer les Frères Prêcheurs à l'œuvre de l'enseignement ; mais la règle du grand Ordre avec ses jeûnes, son abstinence perpétuelle, son office canonique, ne pouvait convenir au ministère dévorant du professorat. Le P. Lacordaire greffa donc une branche nouvelle sur le vieux tronc dominicain, et lui donnant la règle plus accommodante du Tiers-Ordre de saint Dominique, il l'appela le *Tiers-Ordre enseignant.*

C'est avec ces nouveaux collaborateurs que Lacordaire dirigea l'école de Sorèze, où il était entré avec le désir d'y vivre et d'y mourir.

Il y vécut, aimant et dirigeant cette jeunesse qu'il traitait avec le même respect que jadis son auditoire de Notre-Dame. Tous les quinze jours il donnait à ces jeunes gens un sermon soigné comme ses conférences des plus beaux jours. Il restait sans

(1) *Mémoires.*

cesse à leur disposition et leur ouvrait toute grande la porte de son appartement.

« On frappait, raconte un de ses collaborateurs, c'était un élève : l'œil du Père s'illuminait à son insu ; nous savions tous qu'il fallait céder la place. L'enfant s'agenouillait ; le Père lui demandait s'il était bon, quelles étaient ses pensées, levait devant ses yeux, d'une main grave et pure, les premiers voiles de la vie, élevait par l'échange de ses pensées, les pensées du jeune homme et ne le laissait pas aller sans la promesse, au moins, d'un effort vers le bien jusqu'au retour. Rien ne primait, à ses yeux, ce droit de ses élèves sur sa personne. J'ai vu mille fois la gloire et l'amitié faire, pour ainsi dire, antichambre, tandis qu'il posait, à chaque mot, la plume qui écrivait *Ozanam*, pour être tout entier à un enfant (1). »

Et quand venait pour ces jeunes gens le moment de quitter Sorèze et d'entrer dans la vie, il les prenait sur son cœur et leur disait des paroles ardentes comme celles-ci :

« Messieurs, vous rentrez dans le monde ; soyez-y des hommes... Ayez une opinion surtout, ayez-en une... De grâce comptez-vous pour quelque chose, sachez vouloir et vouloir fièrement. Ce n'est pas d'orgueil qu'il s'agit, c'est de dignité. Dans notre siècle, presque personne ne sait vouloir. Pour moi, si je pouvais en quelque chose contribuer à former des hommes qui sauraient vouloir, je croirais avoir beaucoup fait pour ma patrie et pour mon Dieu... »

Et un autre jour il leur jetait à la face cette maxime superbe :

« Si un homme ne rend pas le son du sacrifice, quelle que soit la pourpre qui le couvre, détournez la tête et passez : ce n'est pas un homme. »

C'est ainsi que l'orateur de Notre-Dame achevait son œuvre de réconciliation entre l'Eglise et la France. Qu'allait faire celle-ci pour l'en récompenser et se contenterait-elle du témoignage muet de son admiration ?...

Ce fut un beau jour que le 24 janvier 1861. Ce jour-là, dit Mgr Ricard, un moine vêtu de la robe blanche de saint Domi-

(1) P. Mourey.

nique, venait s'asseoir au milieu de l'applaudissement universel, dans les rangs de l'illustre Compagnie, où il y a un demi-siècle à peine, le nom de Dieu, vainement dissimulé sous celui de l'Etre suprême, n'excitait qu'un sourire d'incrédulité et de moquerie. Et ce moine, l'orateur religieux le plus éloquent de son siècle, un des guides les plus admirés et les plus suivis des générations contemporaines, ce moine qu'environnaient la popularité et la gloire, était accueilli sur le seuil de l'éminente assemblée par un protestant, M. Guizot.

La fête fut magnifique ; l'impératrice voulut assister au tournoi. L'éloquent récipiendaire se présenta devant l'Académie « comme un symbole de la liberté acceptée et fortifiée par la religion » ; sa parole captiva l'assemblée et les salves d'applaudissements témoignèrent de l'enthousiasme des assistants.

Quant au héros, il regarda en sortant du côté de Sorèze et échappa à Montalembert qui voulait le retenir.

« — Non, je ne puis, répondit-il, cela ferait manquer la confession de quelques-uns de mes enfants ; non, je ne puis : on ne peut calculer l'effet d'une communion de moins dans la vie d'un chrétien. »

Et sur l'heure il se mit en chemin, faisant deux cents lieues pour ne pas priver ses enfants des secours de sa paternité spirituelle. C'est ainsi qu'il avait acquis le droit de leur dire, dans la dernière allocution qu'il leur adressa, d'une voix éteinte, peu avant sa mort :

« — Si mon épée s'est rouillée, Messieurs, c'est à votre service. »

Quelques mois plus tard, en effet, le 21 novembre de cette même année 1861, Lacordaire s'éteignait et la chaire de Notre-Dame se couvrait d'un voile noir pour porter le deuil du grand orateur qui l'avait illustrée.

MONTALEMBERT

Sa Jeunesse. — Lamennais et « l'Avenir ». — Le Pair de France. Le Champion de l'Eglise et de la Liberté.

(1810-1870)

Quelle heureuse époque que celle où la jeunesse de 1835, après avoir tressailli dans les fibres les plus secrètes de son âme au pied de la chaire de Lacordaire, pouvait courir au Luxembourg pour applaudir la vibrante parole de Montalembert !

Orateur de premier ordre, il l'est lui aussi, comme Lacordaire ; défenseur de la foi, il l'est comme le glorieux Dominicain ; s'il ignore les triomphes enthousiastes de Notre-Dame, il rencontre à la Chambre des Pairs des succès enivrants.

Son talent et son noble caractère lui créent une situation sans précédent : n'appartenant à aucun parti, il inaugure la politique chrétienne, impose aux adversaires les plus acharnés le respect des catholiques et s'immortalise en attachant son nom à la conquête de la liberté d'enseignement.

I

Charles de Montalembert naquit à Londres le 15 avril 1810.

Rien de plus français cependant que son noble talent et son généreux caractère, mais à l'émigration son père, Marc-René, avait épousé Elise Forbes, d'une vieille famille anglaise.

L'enfant avait de qui tenir. Un de ses ancêtres, le fameux marquis de Montalembert, fut le Vauban du XVIIIe siècle et descendait de ce vaillant que François Ier mentionnait aux derniers beaux jours de la chevalerie française :

« Nous sommes quatre gentilshommes qui combattrons en lice contre tous allants et venants de France : Moi, Sansac, Montalembert et la Chastaigneraie. »

Depuis les Croisades jusqu'à la guerre de Sept ans, le sang des Montalembert a coulé sur tous les champs de bataille pour la gloire de la France et du roi. C'est donc à bon droit que nous entendrons plus tard le noble Pair revendiquer le titre de « fils des Croisés. »

En attendant, son enfance est confiée à son aïeul maternel, M. James Forbes, comte de Grenard, en Ecosse, savant remarquable qui écrivit de sa main plus de cent cinquante in-folio et auteur en particulier des *Oriental Memoirs*.

C'est à cet homme de bien, anglican austère, très attaché à sa foi et à sa patrie, ainsi qu'à tous les grands devoirs de la vie, que Charles est redevable de cette passion de l'étude qui caractérise son enfance, et plus tard de cet amour de la vérité en même temps que de la politique qui rempliront son existence.

Charles n'a qu'un an, que déjà son aïeul lui dédie le plus beau de ses livres en ces termes exquis : « Quand on aime, le travail devient délicieux. Pourrais-je donner à mes efforts un but plus cher que vous-même, mon enfant ? » Plus tard, il lui apprend à lire, à écrire, lui donne les éléments du latin et du grec, et quand il l'amène en France, à peine âgé de six ans, il lui signale surtout la frivolité de ce peuple « qui fréquente le théâtre plutôt que l'église, » de Paris, « un monde sans âmes, » de ses habitants, « êtres éphémères, absorbés dans leurs plaisirs du jour, insouciants de l'avenir et mettant Dieu à l'arrière-plan. »

La maxime que M. Forbes ne cesse de répéter à son petit-fils est celle-ci : « Bien remplir son devoir est le comble du bonheur humain. » Or le devoir c'est ce que commande la religion. Aussi l'enfant répond-il gravement à une marchande qui lui offre des pêches le dimanche, à la porte de l'église : « Madame, nous n'achetons jamais rien le dimanche ! »

Cependant, à son grand regret, l'aïeul doit se séparer de Charles et l'envoyer en pension. L'enfant a huit ans et le voilà avec M. Forbes sur la route qui conduit au collège de Fulham. L'émotion gonfle les deux cœurs.

« Nous partîmes, raconte M. Forbes, et lorsque nous fûmes à moitié chemin entre Londres et Fulham, observant ce qu'il regardait autour de lui, je lui demandai ce qu'il cherchait. Il me répondit « qu'il voulait voir s'il y avait encore des maisons sur la route. » Comme je lui disais que nous étions bien seuls, il me jeta ses deux petits bras autour du cou et cachant son visage sur mon épaule me dit avec un gros sanglot et d'une voix entrecoupée :

« — Eh bien, cher grand papa, puisque vous m'avez appris qu'il fallait toujours dire la vérité et que je ne devais rien vous cacher, je vous supplie de répondre vous-même avec vérité à la question que je vais vous faire. »

Je le lui promis et il me dit alors :

« — Vous savez, cher grand-père, que lorsque papa et maman sont partis, ils m'ont laissé ici pour être votre enfant. Et maintenant, jusqu'à ce que nous les retrouvions, vous et moi nous sommes tout l'un pour l'autre. Dites-moi donc, — mais dites-le-moi bien vrai — depuis que je suis venu de Paris, ai-je été tout à fait ce que vous désiriez, et ce que vous attendiez que je fusse ? et m'aimez-vous autant que lorsque nous étions là tous ensemble ? »

C'en était trop pour moi. Cependant je pus lui assurer avec vérité qu'il avait été tout, et au-delà de tout ce que j'attendais de lui.

« — Alors, dit-il, je suis l'enfant le plus heureux du monde, et je ne verserai pas une larme en vous quittant. »

Il tint sa parole (1).

Quelle scène charmante ! Cette route solitaire éclairée par le soleil d'avril, cet enfant dont le jeune cœur déborde, ce vieillard

(1) Mme Craven, *M. de Montalembert*.

non moins ému et qui se prépare, en le quittant, à subir une *épreuve peu commune*. Que peut-on imaginer de plus doux que cette expansion d'une part, cette émotion contenue de l'autre, et quel cœur ne serait attendri de ces paroles du pauvre grand-père : « C'en était presque trop pour moi (1) ! »

Ce fut en effet trop pour l'aïeul ; à quelques mois de là il recevait du père de Charles une lettre qui lui donnait le coup mortel. « L'éducation tout anglaise de Charles, y disait le comte de Montalembert, ne peut se prolonger... Charles doit être Français : sa destinée est d'être un homme en France. »

Le père avait raison, mais l'aïeul pour qui cet enfant grave, pensif, affectueux, reflétait sa vivante image, ne put se consoler. Il répondit à sa fille : « Cette décision me fait beaucoup souffrir ! »

Il souffrit tant qu'il en mourut et expira dans les bras de son petit-fils le 1er août 1819. Charles n'avait jamais vu la mort : on se figure sa stupeur, son désespoir devant le corps inanimé de ce doux vieillard qu'il aimait tant et qu'il n'avait jamais quitté.

La mort de M. Forbes modifia profondément la vie de Charles : c'en était fait des joies de la vie de famille et à la maison de l'aïeul succéda la froide atmosphère d'un lycée parisien.

Il n'est pas surprenant que la nature délicate de l'enfant n'ait eu à en souffrir amèrement ; il garda toujours rancune à ces collèges de Paris qu'il appellera : « vraies prisons, murées entre deux rues, dominées partout par des toits et des tuyaux de cheminée, avec deux rangées d'arbres étiolés au milieu d'une cour pavée ou sablée, et une malheureuse promenade tous les huit ou quinze jours à travers les guinguettes des faubourgs.

Au lycée, Charles de Montalembert fit pourtant une précieuse rencontre dans l'abbé Busson qui fut le père de son âme et le gardien de sa vertu. Madame de Montalembert voulut connaître ce prêtre dont son fils disait tant de bien ; elle aussi en subit le

(1) M. Oliphant, *Memoirs of count de Montalembert.*

charme et au bout de quelques mois elle abjurait l'anglicanisme pour embrasser la vraie foi.

Charles suivit de près toutes les phases de cette heureuse conversion ; sa précoce gravité permit de l'y mêler, et il en reçut les plus utiles impressions.

« — Je me rappelle très bien, racontera-t-il plus tard, que ce fut en écoutant et en transcrivant de ma main d'enfant les éclaircissements réclamés par ma mère, que je fus porté à réfléchir pour la première fois aux preuves historiques de la religion et à prendre du goût pour ce genre d'études. »

Ce fut un beau jour que celui où Charles, s'approchant pour la première fois de la table eucharistique, y fut accompagné par sa mère convertie. Aussi en rentrant de l'auguste cérémonie, il écrivit dans son journal ces paroles étonnantes :

« — Pour la première fois j'ai compris qu'il pouvait être doux de mourir !... »

Avec l'âge la passion de l'étude se développait chez l'enfant. Dévoré par une véritable fièvre de travail, il lit, annote et transcrit tous les chefs-d'œuvre des littératures latine, française et anglaise. Il n'a pas d'autres distractions que les livres, et sa mère, qui n'a pas hérité des goûts studieux de M. James Forbes, s'efforce de mettre obstacle à tant d'assiduité. Elle l'entraîne dans ses promenades à travers Paris, le laissant dans sa voiture pendant qu'elle rend ses visites, ou bien elle fait surveiller la chambre de son fils le soir, et pour échapper aux reproches, celui-ci doit placer un matelas devant sa porte pour intercepter la lumière et prolonger ses veilles à loisir.

« On se figure que j'ai besoin de distractions, lisons-nous dans son journal à cette époque, et l'on cherche à me jeter dans des futilités et une paresse qui me font horreur. »

Du lycée Bourbon, Charles passe à Sainte-Barbe où ses camarades s'appellent Bouillet, Duruy, Désiré Nisard, le général Fleury, M. de Melun. Le jeune rhétoricien déclame devant eux les discours de Fox et de Burke, il les passionne par ces accents splendides de l'éloquence anglaise qu'ils ignorent. On le désigne déjà comme un futur orateur, comme un maître ; mais quand on s'aperçoit qu'il est chrétien, alors son étoile pâlit et les vexations commencent.

Rien n'égalait le cynisme de ces nourrissons de l'Université : « Dans la conversation des jeunes gens que je fréquente, écrit-il, et qui sont ce qu'il y a de mieux, il y a une impiété et une impureté qui m'effraient. » Un jour ils mettent aux voix l'existence de Dieu, et Dieu n'obtient qu'une voix de majorité !...

Presque seul contre tous, Charles tient bon sans faiblir pendant deux ans. « Combien étions-nous de jeunes gens chrétiens, a-t-il écrit, même dans les collèges les mieux famés ? A peine un sur vingt. Quand nous entrions alors dans une église, est-ce que la rencontre d'un de ces jeunes gens des écoles, d'un de ces hommes du peuple qui aujourd'hui remplissent nos temples, ne produisait pas presque autant de surprise et de curiosité que la visite d'un voyageur chrétien dans une mosquée d'Orient ? »

A l'âme aimante de Charles, Dieu envoya pourtant dans cette maison marâtre un jeune homme énergique et pur comme lui avec lequel il put parler de ce qui est beau, de ce qui est bon. Il s'appelait Léon Cornudet. Entre ces deux âmes également belles s'établit une de ces fortes amitiés chrétiennes qui élèvent, épurent, sanctifient la jeunesse et la rendent capable des grandes choses.

Les *Lettres à un ami de collège* ne sont que le recueil publié de leur correspondance. Rien de jeune, mais en même temps de noble et de grand, comme les sentiments qui y sont exprimés :

« Ton souvenir n'est jamais plus présent à mon esprit que lorsque je pense à Dieu ! »

« Mieux vaut périr à la fleur de l'âge, jeune de sentiments et d'innocence, que de se souiller par des passions impures ou de s'abaisser aux idées déshonorantes d'intérêt. »

Charles aime sa patrie, la charte, la liberté, mais « la vérité est encore plus pour moi que la liberté. » Il est prêt à mourir pour sa foi, pour son Dieu : « La couronne du martyr me semble bien au-dessus même de celle du patriote. »

Dès longtemps il a signé de son sang, malgré les remontrances de Cornudet, sa profession de foi religieuse et politique. Car il ne fait rien à demi. La Charte, l'Eglise et la Liberté : voilà les nobles causes que le jeune chevalier s'engage à défendre jusqu'à la mort.

Après avoir communié, les deux amis qui vont se séparer, rédigent un pacte d'amitié qu'on chercherait vainement dans les annales de tous les peuples :

« Dieu, y lit-on, nous a comblés de bienfaits; il nous a fait naître dans un pays libre; il nous a mis en état de profiter des lumières de notre siècle ; il a sanctifié notre vie par la religion; il l'a embellie par l'amitié. Notre reconnaissance ne pourra jamais égaler sa miséricorde; mais du moins pourrons-nous lui en donner un témoignage, en consacrant notre vie à sa gloire et à sa volonté...

« *Nous aimerons Dieu de tout notre cœur et notre prochain comme nous-mêmes*. Dans un siècle où l'on méconnaît les vérités sublimes du christianisme et où l'on se joue de ses mystères, nous sacrifierons toutes nos inclinations, nous surmonterons toutes les oppositions pour lui rester fidèles. Nous observerons exactement les lois divines, et le respect humain ne nous entraînera jamais à des complaisances coupables. Nous tâcherons de pratiquer une charité universelle et les malheureux seront toujours l'objet de nos soins et de notre compassion. Sincèrement convaincus, nous bannirons de notre esprit les doutes que pourrait y élever une raison faible et orgueilleuse...

« Nos mœurs seront exemptes de tout reproche; pratiquant ouvertement la religion et dévoués au culte de la liberté, nous ne souillerons pas cette sorte de sacerdoce par des désordres qui nous dégraderaient autant qu'ils nous rendraient malheureux...

« Aujourd'hui, nous avons confirmé cette consécration à Dieu et à la patrie, ce pacte d'amitié, par l'acte le plus auguste de notre religion. Nous l'offrons à Dieu dans toute la pureté de nos âmes, et nous espérons qu'il ne rejettera pas cet élan de deux jeunes cœurs vers la vertu, la liberté et l'amitié. »

Quelle belle jeunesse que celle qui prend au pied des autel de si nobles engagements! Celle-là n'inspire aucune inquiétude.

Au reste après la religion, l'étude est la noble gardienne de la vertu de Montalembert. Veut-on savoir quel est à cette époque l'emploi de son temps? Voilà son règlement ou son ordre du jour de philosophie :

Lever à quatre heures et demie. En gagnant cinq minutes chaque matin sur sa toilette, il a au bout de l'année, traduit du grec les œuvres complètes d'Epictète.

De cinq à six heures, il alterne entre l'étude de la philosophie grecque dans Xénophon et celle de l'histoire d'Allemagne dans Pfeffel.

A six heures, après un court intermède accordé à un poète, il fait son devoir de mathématiques.

A sept heures et demie, déjeuner et récréation avec ses condisciples.

De huit heures jusqu'à dix, classe de mathématiques suivie d'une demi-heure de récréation.

De dix heures et demie à midi un quart, étude ou classe de physique.

Puis le dîner.

A midi trois quarts, répétition de chimie deux fois par semaine, le mardi et le vendredi ; les autres jours récréation passée avec un ami.

De deux heures à quatre heures un quart, classe de philosophie.

A quatre heures un quart, goûter et récréation.

De cinq à six, lecture d'ouvrages de philosophie.

De six heures à sept heures et demie, devoir de philosophie.

A sept heures et demie, récréation ou prolongation de l'étude dans sa chambre.

A huit heures et demie, souper et prière.

A neuf heures, notre jeune collégien rentré dans sa chambre lit un poète grec ou latin, puis étudie l'histoire grecque dans Thucydide ou Xénophon jusqu'à dix heures.

Alors, jusqu'à onze heures, c'est le tour de l'histoire d'Allemagne dans Pfeffel ou dans Schiller (1).

(1) Cité d'après le P. Lecanuet.

Un tel programme scrupuleusement rempli se passe de commentaires. Et cependant n'allons pas croire que c'est une tâche momentanée que le jeune homme s'est imposée et qui bientôt va faire place à un doux *far niente*. Non, pour Montalembert l'étude est un besoin : viennent les vacances, et voilà comment il occupera ses loisirs.

Cette année-là — 1827 — il est à la Roche-Guyon, chez M. de Rohan ; et son bonheur, en septembre, consiste à se perdre au fond des bois, un livre à la main, dans de longues et solitaires promenades.

« Vois un peu ce que j'aurai lu pendant ce mois passé à la Roche : d'abord Byron tout entier, ce qui n'est pas peu de chose ; Delolme, *De la Constitution anglaise*, livre excellent et très important ; l'*Odyssée* en entier, vingt-quatre chants, un par jour ; Thomson ; Cowper ; les lettres de Pline ; les *Lettres Provinciales ;* la *Vie de saint François-Xavier,* par Bouhours ; trois volumes du *Mercure ;* enfin la partie poétique de l'*Excerpta* grec. Qu'en dis-tu (1) ? »

Et quand Charles est fatigué de lire, il monte sur un tertre ; alors, préludant à ses triomphes oratoires, il interpelle avec véhémence les grands arbres de la forêt :

« Tu rirais bien si tu me voyais livré, pendant mes promenades, à une de mes occupations favorites, la déclamation. Souvent, au milieu d'un bois, je commence une improvisation fougueuse contre le ministère ; et puis, avec ma vue basse, je tombe nez à nez sur quelque bûcheron ou quelque paysanne, qui me regardent d'un air ébahi et me croient sans doute échappé d'une maison de fous. Moi, couvert de honte, je me sauve à toutes jambes, puis je recommence à gesticuler et à déclamer. »

Rien de surprenant que l'étudiant, rentré à Sainte-Barbe, y passe avec succès l'épreuve du baccalauréat et remporte même un prix d'honneur au Concours général. Aussi il sort du collège avec une certaine inquiétude voyant tout à coup toute tâche s'évanouir.

Alors il rêve de dévouement, de services rendus, de sang

(1) *Lettres à un ami de collège.*

versé sur les champs de bataille. Rien n'égale le ravissement de son enthousiasme et il s'émeut au souvenir des héros qui ont donné glorieusement leur vie pour la patrie :

« Quand j'y songe ? écrit-il. A vingt et un ans, William Pitt était député de son pays ; à vingt-trois, ministre des finances ; à vingt-quatre, premier ministre. Il conserva cette dignité éminente pendant vingt-trois ans, à un petit intervalle près ; et jamais la gloire et la prospérité de l'Angleterre ne furent plus éclatantes que pendant cette époque. Mais on ne dévoue pas impunément sa vie entière au service de la patrie : à quarante-sept ans, le corps du grand homme était épuisé. Son cœur, son esprit étaient jeunes encore de vertus et de talents ; mais ses facultés physiques n'existaient plus : vingt-six ans de travaux et de fatigues les avaient complètement usées ; il s'était sacrifié pour sa patrie. Aussi, lorsque en présence des deux chambres et de tout ce que l'Angleterre comptait de plus grand et de plus illustre, on descendit ses restes sacrés dans le caveau où reposaient ceux de son père l'immortel Chatham, le roi d'armes put s'écrier avec raison : *Non sibi, sed patriæ vixit.* Y eut-il jamais d'éloge plus sublime ? »

Et le jeune homme au cœur ardent ajoute :

« Nous n'aspirons pas à égaler ce martyr du dévouement civique ; Dieu ne permet qu'à bien peu d'hommes de venir ainsi jeter dans tous les cœurs l'amour et l'admiration. Mais sans égaler ses talents, ne pourrions-nous point égaler son patriotisme ? Pourquoi nos concitoyens ne diraient-ils point sur nos tombeaux : *« Ils ne vécurent point pour eux mais pour la patrie »* ?

En attendant, Charles, ses études terminées, doit répondre à l'appel de son père et se rendre à Stockholm où le comte de Montalembert remplit à la cour de Suède les fonctions de ministre plénipotentiaire. Ce nouveau milieu ne le satisfait qu'à demi ; le monde ne lui offre que bien peu d'attraits.

Par bonheur, il trouve des compensations dans la vie de famille et en particulier dans l'affection de cette chère sœur Elise dont la riche nature a tant de points de ressemblance avec la sienne.

Mais depuis quelques mois cette jeune fille si douce, si attirante par le charme de sa frêle et pure jeunesse, « fléchit comme une fleur épanouie dont la tête devient trop lourde » ; son front pâli a déjà revêtu les teintes de la mort.

« Mourir ! s'écrie Charles, ah ! je ne puis admettre cette idée ! Ce soir je l'entendais si bien parler suédois. Cette langue si belle par elle-même redoublait d'harmonie sur ses lèvres. Après avoir tant brillé, tant conquis de cœurs à Stockholm, est-il possible qu'elle disparaisse pour jamais de la terre? »

Et cependant, ajoute-t-il un autre jour :

« Je suis poursuivi de l'idée que cette jeune et charmante enfant est une de ces émanations célestes destinées seulement à apparaître sur la terre, sans avoir le temps d'y connaître le bonheur par elles-mêmes, ni de rendre heureux ceux qui les entourent... »

En effet de jour en jour le mal s'aggrave et les médecins ordonnent un climat moins rigoureux : on se dirige donc vers l'Italie. Il s'agit de parcourir six cent cinquante lieues dans un pays étranger et par un temps affreux.

Au bout de deux mois, les voyageurs épuisés arrivent à Besançon le 2 octobre. Le lendemain, tout était fini, et Montalembert écrivait à Cornudet :

« Mon ami, mon meilleur, mon bien-aimé ami, prends entre tes mains le cœur de ton ami et console-le : tout est fini ! Aujourd'hui, à midi, mon Elise, ma sœur unique, est montée au ciel après une agonie de douze heures ; ses derniers instants ont été doux et paisibles ; elle s'est endormie dans le Seigneur sans angoisses, sans effort... Réveillé à minuit par la nouvelle de son danger, je l'ai trouvée dans des convulsions violentes et dans une insensibilité complète qu'elle conserva jusqu'à l'heure de sa mort. C'est le duc de Rohan qui lui a administré hier, comme par une prévoyance miraculeuse, le sacrement de pénitence. C'est lui qui a lu les prières des agonisants à côté de son lit, qui a placé le crucifix entre ses mains mourantes. Il nous assure qu'elle est au ciel ; je le crois du fond de mon cœur... Elle est morte, elle est là, gisant sur un lit de douleur, deux Sœurs de Charité à ses côtés. Mon Dieu ! vous m'êtes témoin que j'achèterais par le sacrifice de toute ma jeunesse encore une année de sa vie... »

Montalembert a pleuré jusqu'à la fin de sa vie cette sœur dont il avait reçu le dernier soupir. Il lui fit élever un monument de pierre « qu'il visita pendant quarante ans avec une piété touchante, dit Mgr Besson. S'il passait à quelque distance de Besançon, il se détournait de sa route pour revoir cette tombe si chère. Il lui portait des fleurs et des prières. »

II

Pour distraire sa douleur et se préparer à son rôle de défenseur de la liberté, Montalembert partit pour l'Irlande : cette nation toujours sympathique à la France lui réservait le spectacle des moyens par lesquels l'éloquence, unie à la foi, peut arriver à émanciper un peuple.

Son cœur frémit à la vue de soixante mille Irlandais célébrant la victoire électorale du grand O'Connell et chantant l'hymne national : « Les hommes de Clare savent que la liberté est fille de la Religion.»

« — J'assiste, s'écrie-t-il, à la résurrection d'un peuple »; et cet élan, il l'envie pour sa patrie. Mais voilà qu'à l'heure où il écrit ces lignes, lui arrive de France une feuille publique inconnue jusqu'alors ; en gros caractères, on y lit sur la première page ces mots étranges : Dieu et Liberté !

C'est l'*Avenir,* le journal de Lamennais et de Lacordaire. Montalembert parcourt d'un œil avide toutes les colonnes et son intérêt s'accroît à mesure que sa lecture se poursuit ; quand il termine, ce n'est pas de la joie seulement qu'il éprouve, c'est de l'enthousiasme.

Eh quoi ! il voit réalisées sous ses yeux, et d'une manière inattendue, toutes les idées chères à sa jeunesse : oui, voilà — il le sent — le terrain sur lequel il doit essayer ses forces au service de la patrie, et sur-le-champ il écrit à Lamennais pour lui offrir sa collaboration :

« Tout ce que je sais, dit-il, tout ce que je peux, je le mets à vos pieds. »

Le directeur de l'*Avenir* lui répond :

« Je serai heureux de vous être associé pour la défense de la plus belle cause pour laquelle les hommes puissent combattre : Dieu et la liberté... Quelque sujet que vous vouliez traiter, l'*Avenir*, Monsieur, vous ouvrira toujours ses colonnes. »

Mais déjà, sans attendre cette réponse, Montalembert a pris le chemin de la France ; il accourt, dit le P. Lecanuet, et arrive chez Lamennais « dans un petit salon enfumé de la rue Jacob où il rencontre le Maître pour la première fois. En voyant entrer ce bel adolescent aux longs cheveux blonds, aux regards brillants d'enthousiasme et de pureté, et dont l'angélique visage rappelait assez la figure de ces étudiants d'Université tour à tour joyeux et rêveurs qu'on voit dans les romans d'outre-Rhin, l'œil en arrêt sur les étoiles, Lamennais a tressailli jusqu'au fond de l'âme. Il est bien plus séduit encore lorsque Montalembert lui ouvre son âme débordante de foi et de vaillance, altérée de dévouement et d'idéal, ornée de connaissances au-dessus de son âge par leur étendue et leur variété. Jugeant quelle précieuse recrue Dieu lui envoie, le directeur de l'*Avenir* ne néglige rien pour se l'attacher ; il l'embrasse ; il l'enveloppe de tendresse ; sans le laisser respirer, il l'entraîne sur la cime élevée de ses idées et lui entr'ouvre de brillantes perspectives de combats et de victoires pour Dieu et la liberté. Quand le jeune homme se retire, il est presque fasciné et écrit dans son journal : « Quel bonheur ! Mes plus belles illusions vont se trouver remplies ! Voilà peut-être la journée la plus importante de ma vie. »

Le jeune homme a raison ; de ce jour sa vie est orientée et nous entrons dans l'exorde de sa mission chevaleresque.

Son premier cri de guerre est un article sur la révolution de Pologne ; en dépit d'une ardeur juvénile, on y sent déjà la main d'un maître :

« Enfin, s'écrie-t-il, elle a jeté son cri de réveil, enfin elle a secoué ses chaînes, et en a menacé la tête de ses barbares oppresseurs, cette fière et généreuse Pologne, tant calomniée, tant opprimée, tant chérie de tous les cœurs libres et catholiques. Puisse-t-elle reprendre sa place parmi les nations du monde, cette nation qui a si longtemps lutté pour sa liberté et qui a gardé pure et sans tache l'antique foi de ses pères! Le monument sacrilège que le XVIIIe siècle nous a légué est effacé de la carte de l'Europe ; l'œuvre impie du congrès de Vienne est anéantie : les peuples asservis et les croyances outragées reconquièrent leurs droits. On ne verra plus l'impitoyable diplomatie distribuer les hommes comme de vils bestiaux, et vendre la foi des nations au plus offrant. Dieu a laissé dormir quinze ans sa colère : elle est debout maintenant. Rois de l'Europe, rois sans foi, sans amour, rois qui avez oublié Dieu, tous vous serez atteints, tous vous connaîtrez la faiblesse de ces trônes où vous avez cru vous asseoir sans lui. Libre et catholique Pologne, patrie de Sobieski et de Kosciusko, toi qui fus au XVIIe comme au XIXe siècle l'héroïne du catholicisme défaillant, nous saluons ta nouvelle aurore, nous te convions à la sublime alliance de Dieu et de la liberté (1). »

Ensuite parurent successivement ses *Lettres sur le Catholicisme en Irlande* qui stigmatisèrent à jamais l'oppression anglaise et où on rencontre ce beau portrait du prêtre irlandais qu'il avait vu de près :

« ... Voyez-le, une pureté virginale sur le front, et dans le cœur une inépuisable tendresse, courant de cabane en cabane, pour porter partout des consolations et des remèdes, passant des journées dans le confessionnal ou à l'école, franchissant les distances les plus longues et les obstacles les plus pénibles : ou bien, voyez-le encore, dans son blanc surplis, debout devant l'autel, s'entretenant avec ses frères de tous leurs intérêts temporels et spirituels, et leur parlant l'antique langue irlandaise, si poétique, si pure, si expressive, la seule des langues européennes qui n'ait point de paroles triviales ou grossières, le seul débris qui reste à l'Irlande de son ancienne et puissante origina-

(1) *Avenir*, 12 décembre 1830.

lité. C'est dans ce mystérieux langage, ignoré des riches et des protestants, que le prêtre s'associe à tous les besoins et à toutes les affections des pauvres, qu'il leur prêche l'oubli des haines, la tolérance des injures, la résignation aux maux du pays et à la domination étrangère qui ne saurait durer toujours, résignation qui leur sera comptée dans le ciel.

« C'est lui qui est le dépositaire des droits de la commune, et qui sait jusqu'où il faut porter le joug et quand il faut le secouer ; c'est lui qui juge la plupart des procès, et nul n'oserait violer son arrêt ; c'est lui que les gendarmes protestants viennent chercher quand il faut réprimer une émeute ou découvrir un crime ; enfin c'est encore lui qui conduit les paysans aux élections, quand il faut voter pour un ami du pays et de la vieille religion. Sa vie se passe ainsi dans le mâle exercice des vertus les plus actives : la régularité et la simplicité de cette vie la prolongent souvent au delà des bornes ordinaires, et il ne meurt que plein de jours et de vertus. Mais souvent aussi il est enlevé au milieu de sa course bienfaisante, et surtout à l'époque de ces fièvres épidémiques qui viennent, à la suite de la famine et de la pauvreté, dévaster périodiquement les basses classes du peuple.

« C'est alors que son double devoir de médecin et de prêtre l'appelle vingt fois par jour dans un sale réduit où gisent les malheureux fiévreux, au milieu de leurs nombreux enfants, de leurs animaux domestiques, de leurs ustensiles de ménage, tous amoncelés sous une hutte infecte, et très souvent dans une cave souterraine où l'air ne pénètre que par un soupirail. Le médecin recule devant ces asiles de la mort, mais le prêtre papiste y pénètre. Il s'incline sur la couche pestiférée pour y recevoir la dernière confession du mourant, sa bouche boit à longs traits la contagion : chaque aveu, chaque sanglot est un souffle mortel ; mais qu'importe au prêtre de Dieu si, rentré chez lui, il se couche, languit à son tour et meurt? il a sauvé une âme à Dieu, et le feu de la charité divine ne s'est éteint dans son cœur qu'avec la vie. »

Vinrent ensuite des pages émues sur les sépultures du Mont-Valérien, menacées de destruction. C'était là que reposait le cœur de sa sœur bien-aimée et ce souvenir doubla la violence de l'attaque :

« Ah ! s'écrie Montalembert, hommes venus avec l'orage et que l'orage ne respectera point, elle vous était donc bien à charge, cette croix qui, du haut du Calvaire, planait à la fois sur Saint-Cloud et sur Neuilly, sur les vaincus et sur les vainqueurs ! Elle vous importunait donc rudement, cette pieuse ardeur des fidèles qui enveloppaient la montagne dans les replis de leur foule nombreuse, et qui accouraient pour y pleurer sur une poussière aimée ! Ah ! malheureux, que vous sert d'affliger ainsi les catholiques ? Croyez-vous désarmer ainsi la fureur républicaine ? Quand vous leur aurez jeté pour pâture la foi des peuples et la croix de Dieu, qu'y gagnerez-vous ? Un peu plus de leur mépris et la perte de notre attachement, qui n'attendait qu'un mot de vous pour vous être acquis, un mot qui nous eût faits libres et qui vous eût faits grands. Et vous, catholiques, voilà ceux qui réclament votre docile obéissance ! Regardez-les, ils mettent à l'encan le temple où vous allez prier. Ecoutez-les, ils crient : Tu ne dormiras point à côté de ceux que tu as aimés ! »

Nous ne pouvons suivre Montalembert dans toute sa carrière de rédacteur de l'*Avenir*, quelque éphémère qu'elle fût ; il partagea toutes les gloires de Lamennais et de Lacordaire, il partagea tous leurs dangers. Un jour même ce fut sur sa tête que se dirigea l'attention de toute la France. Ce fut le jour du procès de l'Ecole libre devant la Chambre des Pairs. Cette journée est inoubliable : c'est la plus belle de la jeunesse de Montalembert.

Aussi, comme il s'y est préparé ! Le matin après s'être confessé à Lamennais, il a communié dans l'église de Saint-Germain-des-Prés, demandant à Dieu « que sa parole ne fût pas impuissante sur le cœur de ses juges, que sa gloire et sa sainte religion retirassent quelque profit de ce qu'il allait faire. » Une seule pensée de tristesse traverse son âme, c'est le regret du père qu'il vient de perdre et dont la mort l'a conduit devant cette solennelle juridiction.

L'heure est venue, et il pénètre au Luxembourg. Tous les

regards se tournent vers lui, toutes les lorgnettes sont braquées, les tribunes regorgent de monde.

Le chancelier commence l'interrogatoire et adresse les questions d'usage. Alors on voit se lever un tout jeune homme, vêtu de grand deuil. On lui demande son nom ; sa voix se fait entendre grave et simple :

« — Charles de Montalembert, maître d'école et pair de France. »

Ces mots sont accueillis par un murmure d'étonnement où se mêle la sympathie.

Les plaidoiries commencent, puis vient le réquisitoire du procureur, et enfin la parole est à Montalembert. Son visage est pâle, sa voix tremble d'émotion, mais son cœur reste tranquille et fier.

« Pairs de France, dit-il, la tâche de nos défenseurs est accomplie ; la nôtre commence... A nous accusés, il appartient maintenant de parler le langage de nos croyances et de nos affections, celui de notre cœur et de notre foi, le langage catholique. »

Puis, après avoir invoqué la mémoire de son père, le prévenu demande à la Chambre pardon de son extrême jeunesse :

« Messieurs, en ce moment solennel, je me sens presque accablé par le poids de la responsabilité que j'ai prise sur moi. Je sais que par moi-même je ne suis rien, je ne suis qu'un enfant ; et je me sens si jeune, si inexpérimenté, si obscur, que pour m'encourager il ne faut rien moins que la pensée de la grande cause dont je suis ici l'humble défenseur. Aussi, ai-je pour me soutenir devant vous, et le souvenir des paroles prononcées pour cette même cause, dans cette même enceinte, par mon père, et la conviction que c'est ici une question de vie ou de mort pour la majorité des Français, pour vingt-cinq millions de mes coreligionnaires ; et le cri unanime de la France pour la liberté de l'enseignement ; et les vœux unanimes de ces quinze mille Français dont nous avons nous-mêmes déposé les pétitions à l'autre Chambre ; et les droits des milliers de familles dont les rejetons germaient là où l'arbitraire n'a plus laissé que des déserts : en un mot l'image d'un passé cruel à réparer, et par-dessus tout le nom que je porte, ce nom qui est grand comme le monde, le nom de catholique... »

Et avec une audace superbe le jeune homme faisait sa profession de foi :

« ... Il y a encore dans le monde quelque chose qu'on appelle la foi ; elle n'est pas morte dans tous les cœurs : c'est à elle que j'ai donné de bonne heure mon cœur et ma vie. Ma vie... une vie d'homme, c'est, aujourd'hui surtout, bien peu de chose ; mais ce peu de chose, consacré à une grande et sainte cause, peut grandir avec elle ; et quand on a fait à une cause pareille l'abandon de son avenir, j'ai cru et je crois encore qu'il ne faut fuir aucune de ses conséquences, aucun de ses dangers.

« C'est fort de cette conviction, que je parais aujourd'hui pour la première fois dans l'assemblée des hommes. Je sais trop bien qu'à mon âge on n'a ni antécédents ni expérience; mais à mon âge comme à tout autre on a des devoirs et des croyances. J'ai dû, j'ai voulu être fidèle aux unes comme aux autres. J'ose espérer que je l'ai été... »

Après ce fier début, l'attaque pouvait commencer :

« Je me suis élevé contre l'Université à trois titres différents : comme jeune homme, comme Français, comme catholique. — Jeune homme et encore étudiant, je me suis senti plus à même que tout autre de m'élever contre elle, puisque je vis encore sous son régime, puisque chaque jour je reçois ses leçons, et qu'ainsi j'ai d'elle une connaissance plus récente et plus intime que tout autre. Je ne me sens aucune gratitude pour l'instruction qu'elle m'a donnée, puisque cette instruction m'a été imposée, puisqu'elle me l'a vendue à prix d'argent... Au contraire, à peine sorti de ses collèges, j'ai l'âme encore fraîchement remuée des douloureuses émotions que j'y ai reçues et je ne puis m'empêcher de gémir sur le sort de tant d'âmes contemporaines de la mienne ou plus jeunes encore et livrées si longtemps et de si bonne heure à d'effroyables dangers. J'ai fait alors avec ma conscience et mon Dieu un pacte solennel : je me suis promis de contribuer pendant toute ma vie et de toute ma force à la ruine de cet enseignement oppressif et corrupteur : ce pacte solennel, religieux, irrévocable, je commence à le remplir aujourd'hui devant vous. C'est donc le souvenir de ce que j'ai récemment vu, récemment souffert qui maîtrise aujourd'hui ma pensée, et qui, des bancs de l'école où je siégeais il y a peu de jours, m'amène aujourd'hui sur le banc des prévenus. »

Le masque ainsi levé, Montalembert s'identifiait avec tous les catholiques de France, et réclamait surtout à ce titre une liberté qu'après tout la Charte lui promettait mais que l'Université ne pouvait lui fournir, celle d'élever leurs enfants dans la crainte de Dieu et le respect de sa morale :

« Si l'impiété et l'oppression n'étaient que dans les lois, nous pourrions les éluder et nous sauver ; mais la gangrène est dans les institutions, dans les collèges, dans tout ce que l'Université a fondé, dans tout ce qu'elle a protégé, partout où elle veut que nous jetions nos enfants et que nous la payions pour les y voir flétrir...

« Catholiques, nous sommes las de ces sacrifices impies ; nous sommes las de prostituer ainsi à la créature de la Convention et de l'Empire ce que nous aimons le plus au monde ; nous vous redemandons leur honneur, leur pureté, leur foi, leur vertu. Vous n'oseriez refuser à des juifs, à des protestants, le fruit de leur amour ; vous n'oseriez rester sourds aux cris de leurs cœurs. Pourquoi faut-il que nous, catholiques, nous soyons sans refuge et sans secours ? Vos lois nous proclament la majorité du peuple français : ah ! pour Dieu ! ôtez-nous ce vain titre, et rendez-nous à ce prix les libertés que nul n'a le droit de contester à la minorité la plus chétive ! »

A ces attaques le pouvoir avait essayé de répondre en disant qu'il préparait une loi ; mais la loi se faisait toujours attendre et les catholiques subissaient toujours le joug :

« Eh bien ! notre patience s'est lassée, nous avons trouvé que c'était trop longtemps se jouer de nous, trop longtemps nous assujettir à un régime plus exécrable, plus perfide que celui de Julien l'Apostat. Lui, le plus cruel et le plus adroit persécuteur de notre religion, excluait, il est vrai, les chrétiens des écoles publiques ; mais il ne songea jamais à fermer les leurs. Jamais il ne les précipita de force dans les écoles païennes, pour les y dépouiller à son aise de leurs mœurs et de leur foi !... »

Puis il arrivait à la péroraison de son discours qui en est la partie la plus remarquable :

« Le monde, dites-vous, s'est retiré de nous. Eh bien ! nous sommes restés seuls, aussi seuls qu'on peut l'être avec dix-huit siècles de souvenirs et une expérience immortelle. Mais que ceux qui répudient ces souvenirs et qui dédaignent cette espérance, nous laissent au moins la liberté dans notre abandon et notre solitude ; qu'ils n'aillent pas s'effaroucher de nos chétifs efforts, et, par prudence, qu'ils défendent à leur épouvante de trahir leur faiblesse. De deux choses l'une : ou nous avons pour nous la vérité et le droit, et alors ils doivent au moins les respecter ; ou nous ne sommes que des êtres égarés, impuissants, trahis par la destinée et par l'avenir ; alors pourquoi accélérer notre dernier soupir, pourquoi conjurer par votre despotisme contre notre agonie? Ah ! si notre foi doit mourir, souffrez au moins que nous lui choisissions un tombeau et que ce tombeau soit la liberté du monde !... »

En entendant ces accents de haute éloquence, l'assemblée frémissait : désormais on s'occupait peu de la sentence rendue par les pairs, la cause était gagnée devant l'opinion. Le jeune orateur n'ajouta plus qu'un mot :

« J'en ai dit assez, nobles Pairs, pour vous prouver que ma foi religieuse m'a surtout guidé dans cette entreprise ; j'en ai dit assez, je l'espère, sinon pour justifier, du moins pour expliquer ce qu'il peut y avoir d'étrange dans cette tentative d'un écolier de vingt ans. J'ai maintenant toute confiance en votre jugement et en celui de l'opinion publique. Je me féliciterai toute ma vie d'avoir pu consacrer ces premiers accents de ma voix à demander pour ma patrie la seule liberté qui puisse la raffermir et la régénérer. Je me féliciterai également toujours d'avoir pu rendre témoignage dans ma jeunesse au Dieu de mon enfance. C'est à lui que je recommande le succès de ma cause, de ma sainte et glorieuse cause ; je la dis glorieuse, car elle est celle de mon pays ; je la dis sainte, car elle est celle de mon Dieu. »

Epuisé d'émotion, Montalembert s'assit sur son banc d'accusé, mais ce fut pour y recevoir les félicitations d'un grand nombre de pairs. La salle était subjuguée, et ce moment fut vraiment une date dans l'histoire catholique: « Ce fut l'une des heures les plus fécondes de notre siècle, » a-t-on dit.

Dans tout l'éclat de son triomphe, Montalembert parcourut une partie de la France pour recueillir des adhésions à l'*Avenir* et à la politique que le journal inspirait. Partout il fut accueilli par des ovations.

Hélas! ce bonheur devait être bien éphémère. A Lyon on lui remit des lettres de Lacordaire et de Lamennais qui lui annonçaient la suspension du journal et l'invitaient à les accompagner à Rome. C'en était fait de l'*Avenir*, et Montalembert restait enseveli dans son triomphe (1).

Il prit donc le chemin de Rome, mais le cœur serré et ne sachant trop ce qu'il allait y faire. Nous avons redit ailleurs ce triste voyage. Incertain entre Lamennais et Lacordaire, Montalembert pencha toujours du côté du Maître, jusqu'à ce qu'un jour enfin la terrible déclaration de l'auteur des *Paroles d'un Croyant* vint rompre la chaîne qui l'unissait à lui depuis si longtemps.

Ah! ce fut avec bien de la peine qu'il se sépara de celui qu'il admirait et aimait tant : à vingt reprises différentes, il s'y reprit pour le sauver et empêcher sa chute. Il compromit son nom, sa réputation..., il ne garda pour lui que sa conscience.

Enfin, troublé jusque dans ce dernier retranchement, il jura de rester fidèle à l'Eglise et envoya au Saint-Siège un acte de soumission parfaite.

Et maintenant tout est fini avec Lamennais; mais non je me trompe... Lamennais était pauvre. A ce moment de sa vie, Montalembert n'était pas riche non plus; cependant il s'imposa le devoir filial de subvenir aux besoins de celui qu'il avait un moment considéré comme le père de son intelligence et de son cœur.

(1) M. Foisset, *loc. cit.*, p. 94.

III

Il semble que c'est toute une vie que nous venons de raconter, et cependant le héros de tous ces évènements n'a pas encore vingt-cinq ans. La place de Montalembert est déjà marquée à la Chambre des Pairs, mais sa jeunesse lui en interdit l'entrée, et en attendant l'heure de servir son pays, il s'en va par le monde demander aux peuples les grandes leçons de l'histoire.

C'est à l'Allemagne qu'il s'adresse; mais écoutons plutôt un épisode de ce voyage qui nous a valu un livre célèbre :

« Le 19 novembre 1833, un voyageur arriva à Marbourg, ville de la Hesse électorale, sur les bords charmants de la Lohn. Il s'y arrêta pour étudier l'église gothique qu'elle renferme, célèbre à la fois par sa pure et parfaite beauté, et parce qu'elle fut la première de l'Allemagne où l'ogive triompha du plein cintre dans la grande rénovation de l'art au XIIIe siècle. Cette basilique porte le nom de Sainte-Elisabeth, et il se trouva que c'était le jour même de sa fête. En l'honneur de ce jour, et contre l'habitude protestante, l'église était ouverte ; de petits enfants y jouaient en sautant sur des tombes.

« L'étranger parcourut ses vastes nefs dévastées. Il vit, adossée à un pilier, la statue d'une jeune femme en habits de veuve, au visage doux et résigné, tenant d'une main le modèle d'une église, et de l'autre faisant l'aumône à un malheureux estropié. Plus loin, sur des autels nus, et dont nulle main sacerdotale ne vient jamais essuyer la poussière, il examina curieusement d'anciennes peintures sur bois à demi effacées, des sculptures en relief mutilées, mais, les unes comme les autres, profondément empreintes du charme naïf et tendre de l'art chrétien.

« Il y distingua une jeune femme effrayée, qui faisait voir à un guerrier couronné son manteau rempli de roses; plus loin ce même guerrier, découvrant avec violence son lit, y trouvait le Christ couché sur la croix ; plus loin encore, tous deux s'arrachaient avec une grande douleur des bras l'un de l'autre; puis on voyait la jeune femme, plus belle que dans tous les autres sujets, étendue sur son lit de mort, au milieu de prêtres et de religieuses qui pleuraient; en dernier lieu des évêques déterraient un cercueil, sur lequel un empereur déposait sa couronne.

« On dit au voyageur que c'étaient là des traits de la vie de sainte Elisabeth de Hongrie, souveraine de ce pays, morte, il y avait six siècles à pareil jour, dans cette même ville de Marbourg, et enterrée dans cette même église. Au fond d'une obscure sacristie on lui montra la châsse d'argent couverte de sculptures qui avait renfermé les reliques de la Bienheureuse jusqu'au moment où l'un de ses descendants, devenu protestant, les en avait arrachées et jetées au vent.

« Sous le baldaquin de pierre qui couvrait autrefois cette châsse, il vit que chaque marche était profondément creusée; et on lui dit que c'était là la trace des pèlerins innombrables qui étaient venus s'y agenouiller autrefois, mais qui, depuis trois siècles, n'y venaient plus. Il sut qu'il y avait bien dans cette ville quelques fidèles et un prêtre catholique, mais ni messe ni souvenir quelconque pour la sainte dont c'était ce jour-là même l'anniversaire. La foi qui avait laissé son empreinte profonde sur la froide pierre, n'en avait laissé aucune dans les cœurs.

« L'étranger baisa cette pierre creusée par les générations fidèles, et reprit sa course solitaire; mais un doux et triste souvenir de cette sainte délaissée, dont il était venu, pèlerin involontaire, célébrer la fête oubliée, ne le quitta plus. Il entreprit d'étudier sa vie (1). »

En sortant de l'église, le pèlerin, qui n'était autre que Montalembert, demanda chez un libraire un ouvrage sur sainte Elisabeth. Il ne s'en trouva qu'un, écrit par un fonctionnaire protestant. A ces données insuffisantes, Montalembert joignit les recherches les plus minutieuses dans toutes les bibliothèques de l'Allemagne; il compulsa tous les manuscrits, recueillit toutes les traditions, et de ce long et consciencieux travail sortit la *Vie de sainte Elisabeth*, par laquelle Montalembert est devenu le rénovateur et le père de l'hagiographie contemporaine.

(1) Montalembert, *Introduction de l'Histoire de sainte Elisabeth.*

Pendant ce pieux travail, le temps avait marché, on était arrivé en 1835 et Montalembert avait vingt-cinq ans. C'était l'âge requis par la Charte.

Ce fut le 14 mai qu'il prêta serment, et aussitôt il s'élança à la tribune. Les contemporains ont gardé le souvenir de ce brillant début.

« Quel spectacle plein d'intérêt, dit M. Nettement, lorsqu'on vit se lever, au milieu de la Chambre des Pairs, composée presque exclusivement des débris de tous les régimes, d'hommes blanchis dans les affaires, rompus à la politique, et chez qui l'expérience avait éteint l'enthousiasme, ce jeune homme ardent, enthousiaste, impétueux, qui venait troubler, par l'accent d'une voix passionnée, le calme décent, la réserve élégante et la convenance expérimentée, pleine de savoir comme de savoir-vivre, mais un peu froide, des discussions habituelles, en revendiquant, au nom des générations nouvelles et de celles de l'avenir, les droits et les intérêts de la religion qu'on disait n'avoir de partisans que parmi les vieillards, et de vie que dans le passé !

« La Chambre des Pairs elle-même, malgré les dissemblances d'âge, de tempérament intellectuel, ou peut-être à cause de ces dissemblances, vit, avec une curiosité bienveillante, naître dans son sein cette jeune éloquence dont la primeur rajeunissait sa maturité et donnait à ses séances un intérêt inaccoutumé ; dans la nature des sentiments que lui inspira M. de Montalembert, il y eut, bien entendu, en faisant la part de la différence des hommes, des temps et des situations, quelque chose de l'effet que produisit sur Madame de Maintenon, dans sa sage vieillesse, l'apparition du jeune duc de Fronsac, tout brillant d'esprit et d'ardeur, dans sa verte adolescence. Elle se sentit pleine d'indulgence pour les privautés que devait prendre cette éloquence, dont elle se parait comme d'un de ses joyaux les plus précieux, tout en trouvant qu'il était monté de manière à faire sentir de temps en temps ses aspérités. »

La position prise par le jeune Pair était assez étrange. Dans l'Assemblée trois chefs se partageaient l'opinion : M. Guizot représentait les intérêts de conservation intérieure et extérieure ; M. Thiers, les idées démocratiques compatibles avec l'établissement de 1830; M. Berryer, les principes traditionnels de la France et sa politique permanente. Montalembert, se mettant à l'écart de ces trois partis, ne représenta que les intérêts catholiques.

Dès son premier discours il prenait nettement position. « Complètement en dehors de tout parti, et, j'ose le dire, de toute passion politique, dominé par des convictions étrangères à nos luttes quotidiennes, bien moins préoccupé des questions agitées à la surface de la société que du travail intérieur qui s'opère dans son sein, je n'apporte ici qu'un sentiment..... celui de la douleur pour le passé et de l'inquiétude pour la tranquillité future du pays. »

Ces paroles, il les prononçait le 8 septembre 1835; elles traçaient tout son programme, et on peut dire qu'il y fut fidèle jusqu'à la fin de sa carrière. Cette attitude d'indépendance lui permit au reste de flageller toutes les fautes, à quelque parti qu'elles appartinssent; c'est ainsi qu'il raillait à la face de tous ses auditeurs les régimes disparus.

« ... Qu'a-t-on vu en France depuis cinquante ans? Cinq ou six gouvernements différents qui se sont succédé, renversés les uns les autres avec une incroyable facilité, et qui avaient tous péri dans l'estime et dans l'affection du pays avant de périr par le fait. Tous ces gouvernements, on l'a dit mille fois, ont succombé par leur propre faute; tous se sont suicidés.

« ... C'est parce que tous, après avoir commencé par rendre hommage à la volonté publique, ils ont fini par ne consulter que leur propre orgueil, leurs propres intérêts ou leurs propres idées, pour se faire une sorte d'atmosphère exclusive, en dehors de laquelle rien de vrai ni de juste ne pouvait, selon eux, respirer? Oui, tous ont tenté de ployer la société et le pays à leurs volontés, de les modeler à leur image; tous l'ont tenté, par des voies différentes, à la vérité; mais leur tendance à tous a été la même, et elle les a conduits tous à leur tombeau.

« La République a commencé; ses lois, à l'entendre, n'étaient que l'expression de la raison affranchie des vérités éternelles, selon les besoins à l'époque; alors aussi le serment était une chose sacrée, surtout le serment de haine à la royauté; ce qui n'a pas empêché la République, avec ses lois et ses serments, de descendre dans le néant chargée de l'exécration du monde. L'Empire est venu ensuite, lui aussi avec une religion politique qu'il avait même eu soin d'entremêler à la religion catholique dans les catéchismes de ce temps-là. Il avait le plus puissant auxiliaire que la France reconnaisse, la gloire ; mais elle ne le sauva pas. L'Empereur avait voulu que tout se tût autour de son trône, et la France lui obéit si bien, que lorsqu'au jour de l'infortune il l'appela à son secours, pas une voix ne répondit à la sienne. Il avait cru flétrir les droits de la conscience et de l'intelligence sous le nom d'idéologie, et au jour de sa chute il put voir cette même idéologie s'élever triomphante pour en profiter. Enfin la Restauration, comme chacun sait, comme chacun l'a vu, avait aussi son cercle d'idées inviolables et sacrées, dans lequel elle voulait à toute force enfermer le pays ; et, comme chacun l'a vu, elle est tombée tristement, convaincue d'une ignorance et d'une incapacité sans excuse. »

Ces flèches lancées de tous les côtés de la Chambre à l'adresse de tous les partis ne laissèrent pas que d'étonner les Pairs un peu confus, mais on accorda à la jeunesse de l'orateur un franc parler dont il profita. Au reste, cette ardeur juvénile n'était pas sans expérience et sans savoir : on s'en aperçut bientôt quand on vit son nom mêlé à toutes les questions importantes. La liberté de la presse, les affaires de Pologne, de Belgique, de Suisse, l'émancipation des noirs, la loi sur la réglementation du travail des enfants et des femmes dans les manufactures, lui fournirent l'occasion de nombreux discours qui firent de lui un des membres les plus écoutés de l'Assemblée. Mais de plus grands débats l'attendaient et c'est sur un terrain plus élevé que nous voulons le suivre.

En l'année 1844, il prononça trois discours remarquables sur des sujets pour lesquels il était préparé de longue main et qui mettaient en jeu les plus hauts intérêts. Il s'agissait de la liberté de l'Eglise, de la liberté d'enseignement et de la liberté des ordres monastiques, trois institutions qui lui tenaient également au cœur et qu'il défendit avec une égale éloquence.

Le 16 avril il vengeait ainsi les droits du clergé :

« Chose étrange, Messieurs, dans un pays comme celui-ci, où les plaintes et l'opposition sont, en quelque sorte, le pain quo-

MONTALEMBERT.

tidien de la publicité et de la presse, où la vie publique, je l'ai déjà dit, n'est qu'une espèce de murmure continuel, chaque fois qu'il arrive au moindre citoyen d'élever une plainte contre ce qui le gêne ou l'opprime, aussitôt il rencontre de nombreuses sympathies, de vives sollicitudes s'attachent à sa personne, et de nombreux encouragements lui sont décernés. Mais chaque fois qu'un évêque, qu'un prêtre, qu'un catholique élève la voix et proteste au nom de son opinion, de sa conscience, aussitôt une meute acharnée de journalistes, d'avocats, de procureurs généraux, de conseillers d'Etat se déchaîne contre lui ; on cherche à présenter soit comme un forfait, soit comme une grave inconvenance chez lui, ce qui est le droit naturel et habituel des autres citoyens. Comme si l'épiscopat, le sacerdoce constituaient en France une obligation de mutisme et de servitude ; comme si la profession franche et sincère du catholicisme devait entraîner l'obéissance passive à tout ce que veut ou à tout ce que pense le Gouvernement ; comme si ce grand corps catholique de quatre-vingts évêques, de cinquante mille prêtres, de plusieurs millions de fidèles, qui existe dans ce pays depuis quinze siècles, devait être exclu de cette liberté de la plainte qui est le droit commun et l'apanage de tous les Français.

« Il est cependant temps de s'entendre. Quand nous ne disions rien, on disait de nous : Ils conspirent dans l'ombre ; ils se livrent à des intrigues souterraines. Sous la Restauration, on chantait : *Hommes noirs, sortez de dessous terre.* Et quand nous sommes sortis, quand nous avons dit ce que nous étions et ce que nous voulions, on s'écrie : Quelle audace ! Quelle insolence ! Sous les monarchies absolues, quand les catholiques se taisent, on dit : Ils sont les complices de l'absolutisme. Dans les pays de liberté, quand les catholiques cherchent à adopter les institutions et les allures du peuple et du siècle où ils vivent, on les injurie de plus belle : Regardez, dit-on, ces catholiques, ils font des livres ; ils écrivent des lettres ; il y en a un qui a dit qu'il était Dominicain ; un autre a écrit qu'il est Jésuite ; des évêques ont même eu l'audace de s'écrire par la poste ; ils font ce que M. le Ministre des Cultes appelle un concert... »

Et à ce propos l'orateur apprenait au Gouvernement, qui semblait l'ignorer, ce que c'est qu'un évêque :

« Il y a, Messieurs, disait-il, une déplorable confusion d'idées sur la nature du sacerdoce et de l'épiscopat. Non, mille fois non, l'évêque n'est pas fonctionnaire, le prêtre n'est pas fonctionnaire. Elle est fausse, elle est erronée, l'opinion de ceux qui ne voient dans un évêque qu'une espèce de préfet en soutane, un commissaire de haute police morale... Les évêques, aux yeux des catholiques, et ils sont faits après tout pour les catholiques, ils ne sont pas faits pour ceux qui, d'après une expression fameuse, n'en usent pas ; les évêques sont commis par Dieu au gouvernement de l'Eglise ; ils ont reçu mission d'en-haut pour diriger nos consciences et pour les troubler au besoin... Le Roi les désigne, il les choisit ; mais ce n'est pas de lui qu'ils tiennent leur pouvoir, la loi reconnaît leur autorité, mais ce n'est pas elle qui la crée ! Ils tiennent cette autorité de Dieu, ou ils ne la tiennent de personne. C'est là leur croyance et la nôtre. »

S'apercevant que ce langage fait bonne impression sur ses auditeurs qui l'écoutent étonnés mais respectueux, il poursuit :

« Messieurs, je demande la permission de vous raconter une courte histoire.

» Un jour il y eut un évêque nommé Basile ; ce n'était point un jésuite ni un ultramontain, car il vivait au IVe siècle. Ce Basile avait eu des contestations avec l'Etat de son temps, c'est-à-dire avec l'empereur Valens, sur une question qui n'importait certes pas plus au salut des âmes que ne lui importe l'éducation des générations futures, dont il s'agit aujourd'hui. L'Empereur le fit menacer par un de ses ministres, qui s'appelait Modeste, comme qui dirait le ministre des cultes de ce temps-là. *(On rit.)*

« Ce ministre, voyant Basile lui répondre avec fermeté et publiquement, s'écria : « On ne m'a jamais parlé avec cette arrogance. » Basile lui répondit : « C'est que sans doute vous n'avez jamais rencontré un évêque. » Et il ajouta : « Nous sommes les gens du monde les plus humbles, non seulement envers l'Empereur, mais envers le dernier des hommes ; mais quand il s'agit de Dieu, nous ne regardons que lui seul. »

« Que ce Modeste ait été étonné du langage que lui tenait un évêque, trois ou quatre cents ans après Jésus-Christ, cela était naturel ; mais ce qui ne l'est pas, c'est cette surprise perpétuellement renouvelée de tous les préfets du prétoire, de tous les ministres, de tous les procureurs généraux et autres politiques de ce genre, qui depuis quinze siècles se trouvent en présence des résistances épiscopales. Il faut répéter toujours la même chose : *Nunquam in episcopum incidisti.* Vous n'avez donc jamais rencontré d'évêque, c'est-à-dire vous avez eu affaire à des intrigants, à des ambitieux, quelquefois à des honnêtes gens, mais jamais à des hommes qui croient tenir leur mission d'en-haut, et qui ont une responsabilité envers Dieu. Et maintenant que vous les rencontrez, vous ne comprenez pas leur langage... »

Ceci posé, il avait beau jeu pour ridiculiser la sentence comme d'abus portée contre un évêque par le Conseil d'Etat :

« ... Pour exercer cette répression morale, il faut deux choses au pouvoir qui se l'arroge : l'autorité morale et la compétence. Or, ces deux choses manquent également au Conseil d'Etat en matière ecclésiastique.

« Comment un pontife catholique reconnaîtrait-il sur des faits de conscience et de discipline, d'administration de sacrements, l'autorité d'un Conseil qui peut être composé d'hommes sans aucune religion ? Et conçoit-on quelque chose de plus absurde que la compétence de protestants, de juifs, de catholiques laïques, qui seraient à coup sûr fort embarrassés si on les invitait à réciter les commandements de Dieu et de l'Eglise, et qui prononcent sur le refus des sacrements dont ils n'usent peut-être jamais ? Dans la dernière déclaration d'abus, on a déclaré que l'évêque de Châlons avait troublé les consciences. Or, de deux choses l'une, ou les consciences en question sont catholiques, ou elles ne le sont pas. Si elles ne le sont pas, elles ne peuvent être troublées par un évêque et n'ont pas besoin d'être rassurées. Si elles le sont, ce n'est pas à vous qu'elles reconnaîtront le droit ou le pouvoir de les guérir.

« ... Je le demande à tout homme de bon sens, disait-il avec sa fine et mordante ironie, y a-t-il une idée plus risible que celle d'une conscience assez délicate pour être troublée par les dires d'un évêque, et en même temps assez facile pour être rassurée par un rapport de M. le vicomte d'Haubersart et une ordonnance de M. Martin (du Nord) ? (*On rit.*)

« Oui, je défie qu'on me trouve en France un seul homme qui se dise : Hier, j'étais troublé, mon évêque avait dit des choses qui m'inquiétaient ; mais aujourd'hui, M. d'Haubersart et M. Martin ont parlé : me voilà tranquille. (*Nouvelle hilarité.*)

« On sent si bien l'impuissance de ces remèdes, qu'on vous pousse à faire des lois nouvelles, des lois implacables pour réprimer notre audace. Eh bien ! faites-les : nous ne les redoutons pas. Vous ne pourrez rien faire qui soit nouveau pour nous. Nous avons passé par toutes les tyrannies du monde, et nous leur avons survécu.

« Après tout, nous ne sommes pas des parvenus nés d'hier ; nous sommes d'une vieille race dont l'histoire est bien connue. Elle est là pour nous encourager et pour éclairer nos persécuteurs. Nulle Assemblée n'aura jamais en France la popularité de la Constituante, la toute-puissance de la Convention, le prestige de gloire de l'Empire. Or, il y a parmi nous des hommes qui ont vu passer les constituants, les terroristes et Napoléon. On a essayé du schisme en 1791, de l'échafaud en 1793, des déportations en 1797, des prisons d'Etat en 1811, et rien n'a prévalu contre eux. Faites donc des lois, si bon vous semble ; elles seront exécutées peut-être, mais elles seront à coup sûr impuissantes. La conscience est hors de l'atteinte des légistes, et vous n'êtes pas de taille à vaincre dans une lutte qui n'a porté bonheur ni à Mirabeau, ni à Robespierre, ni à Napoléon. »

Et l'orateur lançait à la face de la France cette magnifique déclaration sur la force et la fierté des catholiques :

« ... Messieurs, il faut bien vous le persuader, le catholicisme ne craint ni les violences de l'émeute, ni les violences de la loi. Dans la lutte qui commence, et qui ne finira pas, croyez-le bien, par le vote de tel ou tel projet de loi, il s'agit non pas d'une question de parti, mais d'une question de conscience. On n'en finit pas avec les consciences comme avec les partis. On vous dit d'être implacables ou inflexibles ; mais savez-vous ce qu'il y a de plus inflexible au monde ? Eh ! ce n'est ni la rigueur des lois injustes, ni le courage des politiques, ni la vertu des légistes : c'est la conscience des chrétiens convaincus.

« Permettez-moi de vous le dire, Messieurs, il s'est levé parmi vous une génération d'hommes que vous ne connaissez pas. Qu'on les appelle néo-catholiques, sacristains, ultramontains, comme on voudra, le nom n'y fait rien, la chose existe. Cette génération prendrait volontiers pour devise ce que disait, au dernier siècle, le manifeste des généreux Polonais qui résistèrent à Catherine II :

« Nous qui aimons la liberté plus que tout au monde, et la religion catholique plus encore que la liberté.

« Nous ne sommes ni des conspirateurs, ni des complaisants ; on ne nous trouve ni dans les émeutes, ni dans les antichambres ; nous sommes étrangers à toutes vos coalitions, à toutes vos récriminations, à toutes vos luttes de cabinet, de partis ; nous n'avons été ni à Gand, ni à Belgrave-Square ; nous n'avons été en pèlerinage qu'au tombeau des apôtres, des pontifes et des martyrs ; nous y avons appris, avec le respect chrétien et légitime des pouvoirs établis, comment on leur résiste quand ils manquent à leurs devoirs, et comment on leur survit. Nés et élevés au sein de la liberté, des institutions représentatives et constitutionnelles, nous y avons trempé notre âme pour toujours. On nous dit : Mais la liberté n'est pas pour vous, elle est contre vous ; ce n'est pas vous qui l'avez faite. Il est vrai que la liberté n'est pas notre œuvre, mais elle est notre propriété ; et qui oserait nous l'enlever ? A ceux qui nous tiennent ce langage nous répondrons : Mais vous, avez-vous fait le soleil ? Cependant vous en jouissez. Avez-vous fait la France ? Cependant vous êtes fiers d'y vivre. Eh bien ! la liberté c'est notre soleil, il n'est donné à personne d'en éteindre la lumière... »

Et de hauteur en hauteur, Montalembert s'élevait à cette péroraison qui a immortalisé son nom :

« ... Dans cette France accoutumée à n'enfanter que des gens de cœur et d'esprit, nous seuls, nous catholiques, nous consentirions à n'être que des imbéciles et des lâches ! Nous nous reconnaîtrions à tel point abâtardis, dégénérés de nos pères, qu'il nous faille abdiquer notre raison entre les mains du rationalisme, livrer notre conscience à l'Université, notre dignité et notre liberté aux mains de ces légistes, dont la haine pour la liberté de l'Eglise n'est égalée que par leur ignorance profonde de ses dogmes ! Quoi ! parce que nous sommes de ceux que l'on confesse, croit-on que nous nous relevions des pieds de nos prêtres tout disposés à tendre les mains aux menottes d'une légitimité anticonstitutionnelle? Quoi! parce que le sentiment de la foi domine dans nos cœurs, croit-on que l'honneur et le courage y aient péri? Ah! qu'on se détrompe.

« On vous dit: *Soyez implacables!* Eh bien! soyez-le, faites tout ce que vous voudrez et tout ce que vous pourrez ; l'Eglise vous répond par la bouche de Tertullien et du doux Fénelon : *Nous ne sommes pas à craindre pour vous, mais nous ne vous craignons pas.* Et moi, j'ajoute au nom des catholiques laïques, comme moi catholiques du XIXe siècle : Au milieu d'un peuple libre, nous ne voulons pas être des ilotes; nous sommes les successeurs des martyrs, et nous ne tremblons pas devant les successeurs de Julien l'Apostat; NOUS SOMMES LES FILS DES CROISÉS, ET NOUS NE RECULERONS PAS DEVANT LES FILS DE VOLTAIRE. »

Ce dernier mot fit fortune; il devint le cri de ralliement et sacra son auteur chef de parti. Encouragé par le succès, Montalembert se multiplia. Il parut cent fois à la tribune sans se lasser, et sut répondre à toutes les attaques.

Le 8 mai 1844, il s'agissait d'interdire l'enseignement aux membres des congrégations religieuses proscrites par les lois révolutionnaires. Montalembert monta à la tribune et aussitôt on ne manqua pas de le traiter de jésuite :

« ... Je ne suis, s'écria-t-il, ni l'élève ni le chevalier des Jésuites, comme on veut bien le dire; je suis l'élève de l'Université et je ne prétends être le chevalier de personne, si ce n'est de la religion et de la liberté. (*Mouvements divers.*) Aussi est-ce la liberté que je viens défendre devant vous, et la liberté la plus sacrée, celle de la conscience et de la vertu.

« ... Les ordres religieux, Messieurs, que vous condamnez préventivement et sans les entendre, sont un élément essentiel du libre développement de l'Eglise. Il y a eu des moines même avant la paix de l'Eglise, dans les déserts de la Thébaïde, depuis et partout, sous tous les régimes, dans tous les climats. Partout où le christianisme a été prêché et reconnu, il a couvert le monde de monastères. Dans une foule de pays, en Allemagne, en Angleterre et dans les royaumes du Nord, la foi chrétienne a été introduite uniquement par des religieux. Ailleurs et partout, je le répète, jusqu'à la révolution française, on a toujours vu l'Eglise accompagnée d'ordres monastiques. C'est là le résultat incontestable de l'histoire de quinze siècles. Ce qu'on n'a vu nulle part et jamais, c'est une Eglise, comme l'Eglise de France, telle que vous la voudriez, c'est-à-dire bornée à des évêques et à des prêtres séculiers, et dépouillée de la force et de la gloire qu'elle a toujours trouvées dans le clergé régulier.

« ... Les ordres monastiques d'hommes ont rempli le monde de leurs travaux et de leur gloire ; ils ont été le fruit le plus pur et le plus fécond de l'enthousiasme religieux ; ils ont donné à l'Eglise ses plus grands Papes, tels que saint Grégoire le Grand, Sixte-Quint et Pie VII lui-même ; ses plus grands docteurs, tels que saint Bernard et saint Thomas d'Aquin ; ses plus saints évêques et ses plus ardents apôtres, tels que saint Anselme et saint Vincent de Paul.

« Ils ont rendu au monde, à la société temporelle, des services non moins signalés ; au milieu des désordres et des ténèbres qui suivirent la chute de l'empire romain, ils ont été le phare qui indiquait aux peuples nouveaux, à vingt générations successives, la lumière, la sécurité et la paix. Ils ont défriché la moitié de l'Europe, de la France surtout, où plus de cinquante villes actuellement existantes doivent leur existence, leur nom même à des moines ; ces mêmes hommes qui maniaient si vigoureusement la pioche et la charrue, rentraient dans leurs cellules pour y cultiver toutes les branches de l'esprit humain. Ils nous ont conservé le dépôt et la tradition de toutes les sciences, tous les manuscrits des littératures antiques, toutes les chartes et tous les documents de notre histoire nationale, en un mot tous les éléments de cette culture intellectuelle où leurs ennemis vont chercher des armes contre eux. En outre, ils ont conservé et cultivé tous les arts sans exception, et ils ont semé sur le monde des monuments gigantesques, dont les seules ruines excitent encore l'admiration et la surprise.

« Enfin ils avaient trouvé le secret d'une charité si persévérante et si abondante à la fois, que le paupérisme n'est apparu dans le monde que depuis leur ruine. (*Réclamations et mur-*

mures.) Messieurs, j'ai dit le paupérisme et non la pauvreté, et je maintiens que le paupérisme n'a paru que depuis la destruction des moines. Voilà ce qu'ils ont fait pour le monde pendant douze à quinze siècles. Et ils ont fait tout cela sans jamais employer la contrainte, par le seul empire de la liberté et de l'amour, en vertu d'un seul principe, l'abnégation de soi pour l'amour de Dieu, avec une seule méthode bien simple, l'obéissance, et en vue d'un but unique, le salut de leurs âmes. »

Et pour montrer les services que, en plein XIXe siècle, les ordres religieux pouvaient rendre à la France, l'orateur évoquait deux figures dont la gloire s'imposait :

« Daignez, Messieurs, remarquer ce qui se passe autour de vous. La chaire chrétienne a toujours été une des gloires de la France, même sous le point de vue intellectuel et littéraire. Eh bien ! quel est le phénomène qu'elle vous présente aujourd'hui ?

« Deux hommes, rivaux par l'éloquence, mais profondément unis par leur affection réciproque, par le but de leurs travaux, par l'analogie des révolutions de leur vie : l'un dont la parole bondit comme un torrent impétueux, entraîne et terrasse par des élans imprévus et invincibles ; l'autre qui, comme un fleuve majestueux, répand les flots de son éloquence, toujours harmonieuse et correcte : l'un qui domine et ébranle par l'enthousiasme, portant jusqu'au fond des cœurs les plus rebelles des éclairs de foi, d'humilité et d'amour ; l'autre qui persuade et émeut autant par le charme que par l'autorité, et qui redresse les intelligences en purifiant les âmes ; tous les deux, le Dominicain et le Jésuite, enchaînant successivement d'année en année, au pied de la plus haute des tribunes, des milliers d'auditeurs attentifs, charmés, surtout étonnés de s'y trouver ; tous les deux rendant ainsi à la chaire française un éclat, une popularité et une gloire qu'elle n'avait pas connus depuis les jours de Massillon.

« Eh bien ! ces deux hommes, l'honneur de la France catholique, ces deux hommes dont je chercherais difficilement les rivaux et surtout les supérieurs à aucune autre tribune, soit politique, soit littéraire, ces deux hommes, vous les proscrivez, vous les déclarez incapables d'être maîtres d'étude, vous leur refusez le droit que vous livrez au dernier de vos bacheliers, et cela dans une loi qui s'appelle une loi de liberté ! Vous les excluez de cet enseignement auquel se livrent impunément tels hommes que je ne veux pas nommer à côté d'eux, et qui ont soulevé tant de scandales ; vous les excluez, eux seuls : je me trompe, eux et les coupables flétris par la justice criminelle du pays, ou flétris au jugement de leurs concitoyens par leur immoralité notoire !

« Et pour quelle cause les excluez-vous ? Leur capacité ne saurait être douteuse ; et d'ailleurs, ils ne reculeraient pas, eux et leurs frères, devant aucune condition de capacité. Est-ce donc leur moralité qui vous inquiète ? Ont-ils commis quelque délit ? Sont-ce des conspirateurs, des ennemis du repos public ? Non, leur vie est aussi irréprochable que leur éloquence est éclatante ; ils ont passé partout en faisant le bien.

« Leur crime, le voici ! C'est d'avoir senti qu'il fallait mettre leur talent, leur énergie, leur dévouement, leur désintéressement même, sous la sauvegarde d'un lien sacré ; d'avoir juré à Dieu de rester chastes, pauvres et obéissants ; c'est d'avoir renoncé aux trois grandes tentations de l'humanité, la chair, l'or et l'indépendance de la volonté : leur crime, c'est de s'être engagés, par des obligations spéciales et inviolables, et jusqu'à la mort, au service de Dieu et du prochain. Voilà leur crime ! Voilà pourquoi des législateurs d'un pays civilisé, qui se disent chrétiens, et qui se révoltent quand on les qualifie d'incrédules, déclarent ces hommes dont je parle, eux et leurs pareils, incapables de veiller sur l'enfance.

« Je ne crains pas de le dire, on n'en ferait pas autant en Turquie. Non, si le Père Lacordaire ou le Père de Ravignan allaient ouvrir une école en Turquie, on ne la fermerait pas, sous le seul prétexte qu'ils se sont voués à Dieu par ces trois vœux qui depuis quinze siècles ont enfanté tant de merveilles.

« Et qui donc a dit aux auteurs de cette exclusion que ces hommes n'ont pas derrière eux d'autres hommes qui leur ressemblent ? Ils appartiennent tous deux à des ordres qui ont rempli le monde de leurs vertus, de leur génie et de leurs martyrs. Où a-t-on pris le droit de tarir le dévouement, l'énergie, le talent, à leur source la plus pure et la plus féconde ? Où donc a-t-on pris le droit de dire, au nom de la France : J'ai assez de force, assez de talent, assez de dévouement comme cela ; je n'ai plus besoin de rien : on dit que ces hommes ont tout cela ; mais peu m'importe, je ne veux pas même en essayer : ils sont Français aussi ; peu m'importe encore, que le sein de la patrie leur demeure fermé ! Ils réclament la liberté et l'égalité : que la liberté soit pour eux une chimère, l'égalité un mensonge ; ou plutôt qu'ils soient libres comme les forçats libérés, égaux aux repris de justice. (*Réclamations.*) Oui, Messieurs, c'est bien cela : les forçats, les repris de justice et les moines, voilà les trois seules catégories que vous excluez. »

Dans cette journée il semble que Montalembert avait atteint les hauteurs de la plus haute éloquence et qu'il ne pouvait planer dans une sphère plus élevée ; quatre ans après, il fut cependant un jour considéré à bon droit comme celui de son triomphe incontestable.

Il s'agissait de la Suisse et de la révolution qui venait de renverser toute idée d'ordre et de justice dans ce petit pays voisin de la France : c'était le symptôme avant-coureur des graves évènements qui allaient éclater sur le sol de la patrie, et, en homme clairvoyant, Montalembert voulait le signaler au pays :

« Messieurs, s'écria-t-il, on ne s'est battu en Suisse ni pour ni contre les Jésuites, ni pour ni contre la souveraineté cantonale ; on s'est battu contre vous et pour vous (*sensation*) et voici comment : on s'est battu pour la liberté sauvage, intolérante, irrégulière, hypocrite, contre la liberté tolérante, régulière, légale et sincère, dont vous êtes les représentants et les défenseurs dans le monde. (*Très bien !*)

« Ce qui était en jeu de l'autre côté du Jura, ce n'était ni les Jésuites ni la souveraineté cantonale : c'était l'ordre, la paix européenne, la sécurité du monde et de la France ; c'est là ce qui a été vaincu, étouffé, écrasé à nos portes, sur nos frontières, par des hommes qui ne demanderaient pas mieux maintenant que de lancer de notre côté des Alpes et du Jura les brandons de la discorde, de la guerre et de l'anarchie. (*Très bien ! très bien !*)

« Ainsi donc, je ne viens pas parler pour des vaincus, mais à des vaincus, vaincu moi-même à des vaincus, c'est-à-dire aux représentants de l'ordre social, de l'ordre régulier, de l'ordre libéral qui vient d'être vaincu en Suisse et qui est menacé dans toute l'Europe par une nouvelle invasion de barbares. (*Sensation.*) »

Et il entrait dans le détail des scènes qui avaient ensanglanté la Suisse :

« Ces fiers vainqueurs, dont on nous fait tant l'éloge, disait-il, savez-vous ce qu'ils ont fait le lendemain de leur victoire ? Ils ont osé écrire, de leur plume sanglante, le nom de saint Vincent de Paul dans un décret d'expulsion, et d'expulsion contre ces sœurs de charité qui sont les filles de saint Vincent de Paul et qui sont l'objet du culte, de l'admiration et du respect du monde entier. Et comment les a-t-on expulsées ? Comme des bêtes fauves, en leur donnant trois fois vingt-quatre heures pour évacuer le canton, sans pensions, sans indemnité, sans pudeur, elles, ces saintes femmes, ces filles non pas de saint Ignace de Loyola, mais de saint Vincent de Paul ! »

Puis, au milieu des marques sympathiques de l'indignation générale, l'orateur poursuit :

« On ne s'est pas arrêté là. Voyez-vous ces hommes armés qui montent par ce défilé des Alpes que beaucoup d'entre vous ont suivi ? Les voilà qui suivent le sentier escarpé que, pendant tant de siècles, des milliers de chrétiens, d'étrangers, de voyageurs ont foulé avec respect et reconnaissance ; ils sont là où la République française s'est arrêtée avec respect ; là où le premier consul Bonaparte avait laissé, pour sa gloire, le souvenir de votre intelligente tolérance ; là où le corps de Desaix, de votre camarade Desaix, a trouvé un tombeau digne de lui !... Et que vont-ils y faire, ces vainqueurs sans combat ? Il faut le dire, ils y vont pour voler, oui, pour voler le patrimoine des pauvres et des voyageurs, de ces moines du Saint-Bernard que des siècles ont entourés de leur respect et de leur amour. »

Vous reconnaissez l'éloquence, dirons-nous, avec M. Nettement : « elle anime, elle vivifie tout ce qu'elle touche ; elle ne raconte point, elle montre ; les lieux, les évènements, les hommes, tout devient présent à sa voix ; les distances disparaissent, les temps s'effacent, le premier consul Bonaparte, Desaix, la République, passent sur le mont Saint-Bernard ; les vieux généraux qui siègent sur les bancs du Luxembourg retrouvent leur jeunesse pour gravir ces pentes escarpées avec Desaix, leur camarade Desaix ; tous cèdent à l'entraînement de cette éloquence qui fait agir tout le monde parce qu'elle agit, et c'est à l'aide de toutes ces voix, après avoir recueilli les suffrages des vivants qui l'écoutent et des morts illustres qu'il vient d'évoquer, que l'orateur va prononcer l'arrêt de cette victoire odieuse, tyrannique, impie :

« Puisqu'on a eu le triste courage, s'écrie-t-il, de venir à cette tribune se moquer des vaincus, qu'on me permette de dire ce que je pense. Oui, la défaite a été honteuse. La vérité m'arrache ce témoignage au détriment même de mes amis ; mais savez-vous quelque chose de plus honteux que cette défaite ? C'est la victoire (*vives acclamations*), cette victoire remportée, sans combat, par dix contre un, victoire qui se présentera à la postérité flanquée d'un côté par une sœur de charité expulsée, et de l'autre par un moine du Saint-Bernard, spolié, chassé et insulté par ces lâches vainqueurs. (*Nouvelles acclamations approbatives.*) »

Puis, élevant encore le débat, l'orateur tire les conclusions de ces terribles bouleversements :

« Savez-vous, s'écrie-t-il, ce que le radicalisme menace le plus ? Ce n'est pas au fond le pouvoir : le pouvoir est une nécessité de premier ordre pour toutes les sociétés ; il peut changer de mains, mais, tôt ou tard, il se retrouve debout sur ses pieds. Ce n'est pas même la propriété : la propriété aussi peut changer de mains, mais je ne crois pas encore à son anéantissement ou à sa transformation. Mais savez-vous ce qui peut périr chez tous les peuples ? C'est la liberté. Ah ! oui, elle périt, et pendant de longs siècles elle disparaît. Et, pour ma part, je ne redoute rien tant, dans le triomphe du radicalisme, que la perte de la liberté.

« Qu'on ne vienne pas dire, comme certains esprits généreux, mais aveugles, que le radicalisme c'est l'exagération du libéralisme ; non, c'en est l'antipode, c'est l'extrême opposé ; le radicalisme n'est que l'exagération du despotisme, rien autre chose ! (*très bien ! très bien !*) et jamais le despotisme n'affecta une forme plus odieuse...

« Je me crois, du reste, plus que personne, le droit de proclamer cette distinction, car je défie qui que ce soit de plus aimer la liberté que moi... Je l'ai toujours défendue, je l'ai toujours proclamée. Moi qui ai tant écrit, tant parlé, je défie qu'on trouve une parole sortie de ma plume, ou tombée de mes lèvres, qui ne soit pas destinée à servir la liberté. La liberté ! Ah ! je peux le dire sans phrase, elle a été l'idole de mon âme. Si j'ai quelques reproches à me faire, c'est de l'avoir trop aimée, aimée comme on aime quand on est jeune, c'est-à-dire sans mesure et sans frein. Mais je ne me le reproche pas, je ne le regrette pas ; je veux continuer à la servir, à l'aimer toujours, à croire en elle toujours. Et je crois ne l'avoir jamais plus aimée, jamais mieux servie qu'en ce jour, où je m'efforce d'arracher le masque à ses ennemis, qui se parent de ses couleurs, qui usurpent son drapeau pour la souiller, pour la déshonorer. »

Sur cette déclaration, l'orateur descendit de la tribune pour se livrer à un repos que ses forces réclamaient, et qui devint pour lui le moment des marques d'admiration les plus manifestes. Le président, les ministres et jusqu'au fils du roi, vinrent le féliciter de cette parole magnifique ; amis et adversaires se confondirent dans les mêmes hommages et on assista à un triomphe inouï dans les annales parlementaires. Le ministre qui devait prendre la parole se contenta de dire qu'il n'avait rien à répondre à M. de Montalembert.

IV

Les prévisions de l'éloquent membre de la Chambre des Pairs ne devaient pas tarder à se réaliser : la révolution emporta le trône de Louis-Philippe comme naguère elle avait renversé celui de Charles X, avec cette différence toutefois que les catholiques ne trouvèrent dans cette chute qu'un regain de popularité.

Le nouveau gouvernement leur réserva des faveurs : le clergé prit une part active aux élections. Des neuf cents députés dont les noms sortirent du scrutin, trois étaient évêques, un religieux et plusieurs prêtres, mais la grande majorité était sincèrement libérale. Montalembert fut élu dans le Doubs et reparut comme représentant du peuple à la tribune des assemblées constituante et législative.

Une de ses premières escarmouches fut contre Victor Hugo qui, après avoir sollicité les voix des conservateurs, était passé au camp du radicalisme et affectait des airs de dédain pour les autres membres de la Chambre. Après avoir prononcé des paroles pleines de fiel, il quittait l'Assemblée sans daigner écouter la réponse de ceux qu'il attaquait. Un jour qu'il venait de se livrer à son procédé ordinaire et d'attaquer la papauté, Montalembert s'élance à la tribune et s'écrie :

M. de Montalembert: Messieurs, le discours que vous venez d'entendre a déjà reçu son châtiment dans les applaudissements qui l'ont accueilli. (*Rires à droite, vives réclamations à gauche.*)

Voix nombreuses à gauche : Vous êtes un insolent ; à l'ordre, à l'ordre !

M. le Président (*Dupin*) : Votre exorde n'est pas parlementaire, Monsieur de Montalembert.

M. de Montalembert, dès que le bruit commence à cesser : Puisque le mot de châtiment vous blesse, je le retire et y substitue celui de récompense. (*Rires et approbations à droite Nouvelle et plus bruyante interruption à gauche.*)

M. Jules Grévy et d'autres : C'est encore pire, vous ne devez pas tolérer cela, Monsieur le Président.

M. le Président : L'expression blessante a été retirée.

M. de Montalembert : L'avenir lui garde, à l'honorable préopinant, l'avenir lui garde un autre châtiment... (*Redoublement d'exclamations à gauche.*)

M. le Président : C'est trop personnel.

M. Anthony Thouret : M. Victor Hugo n'est pas là, attendez qu'il y soit! Vous attaquez un absent, ce n'est pas digne de vous.

M. de Montalembert : Il devrait y être; en tous cas, ses raisonnements y sont. (*Tumulte prolongé.*)

M. le Président : Répondez à ses raisonnements, n'attaquez pas sa personne.

M. de Montalembert : Loin de moi la pensée d'attaquer sa personne, mais je ne crois pas qu'on ait le droit, après un discours aussi passionné que celui que vous venez d'entendre, de se dérober par l'absence à la réplique... Du reste, laissez-moi achever ma pensée, vous jugerez ensuite si elle a quelque chose d'injurieux... Voici donc ce que j'annonçais à l'honorable préopinant: Je lui disais qu'un jour peut-être, il irait lui-même à Rome, dans cette ville incomparable, il irait y chercher le repos, le calme, la paix, la dignité dans la retraite, tous ces biens qui ont été assurés à cette cité, depuis tant de siècles, par le gouvernement clérical... et alors il bénira le ciel d'avoir inspiré aux nations chrétiennes de maintenir cet asile inviolable... Et il se repentira d'avoir dit ce que vous venez d'entendre, et ce repentir sera son châtiment; je ne lui en souhaite pas d'autre. »

Après ce préambule, l'orateur entrait dans le vif de son sujet et prononçait un de ses plus célèbres discours. Il s'agissait de Pie IX que l'impiété révolutionnaire venait de chasser de la ville des Papes et de l'intervention que la France devait apporter en cette affaire. L'adversaire avait attaqué les mesures prises par Pie IX et en particulier ses restrictions de la liberté de la presse.

« Je ne sais pas, dit Montalembert, de meilleur moyen de répondre à l'objection qu'on a faite à ce sujet que de citer le mot d'un homme d'Etat anglais en 1814, au Congrès, où l'on discutait sur les institutions, sur la constitution que l'on donnerait à l'île de Malte, qui était une nouvelle acquisition de l'Angleterre. Il disait que l'Angleterre ne donnerait pas à l'île de Malte la liberté de la presse. Comment! lui dit-on, vous, Anglais, qui avez la liberté illimitée chez vous, vous n'aimez donc pas la liberté de la presse?

« — Si fait, répondit-il, je l'aime beaucoup, mais je ne l'aime pas sur un vaisseau de ligne. Eh bien! si un Anglais pouvait comparer l'île de Malte à un vaisseau de ligne, à plus forte raison le monde catholique a-t-il le droit de comparer la ville de Rome à un vaisseau de ligne et d'y maintenir une certaine discipline incompatible avec la liberté de la presse. »

Montalembert comparait ensuite l'administration pontificale à celle des autres Etats et en concluait que dans ces derniers la liberté avait encore plus à souffrir :

« ... Messieurs, disait-il, que s'est-il passé en effet dans le monde depuis quelques années? Croyez-vous que les hommes de sens, de cœur, de conscience, y aiment la liberté, ou croient en elle, croient à la marche ascendante du genre humain, au progrès indéfini de la civilisation et des institutions, comme ils le faisaient il y a deux ou trois ans? (*Mouvement en sens divers.*) Croyez-vous qu'en France, en Europe, partout, les cœurs, les consciences, les intelligences les plus hardies n'aient pas été ébranlées? Croyez-vous qu'une lumière sanglante ne s'est pas levée dans bien des intelligences et dans bien des consciences? (*Nouvelle approbation à droite.*)

« ... Ah! cela est triste, c'est une triste vérité; je conçois la douleur qu'elle vous inspire, elle m'en inspire aussi à moi; mais c'est une vérité, et je défie de la nier. Ce phénomène est universel et je vais maintenant en donner la raison. Pourquoi ce changement? Parce que le nom et le drapeau de la liberté ont été usurpés par d'impurs et d'incorrigibles démagogues qui l'ont souillé et qui s'en sont servis pour faire triompher le crime. (*Violentes exclamations à gauche. Vive approbation à droite.*)

« Pourquoi donc, Messieurs (*l'orateur se tourne vers la gauche*), pourquoi voulez-vous prendre ce que je dis pour vous? (*Rires à droite.*) Laissez-moi donc faire ici de l'histoire.

« ... Je poursuis et je dis que ce sont les forfaits, les assassinats, les crimes commis partout au nom de la liberté, qui ont glacé et désolé les cœurs les plus dévoués à sa cause. Savez-vous ce qui éteint dans les cœurs la flamme rayonnante et féconde de la liberté? Ce n'est pas la main des tyrans. Voyez la Pologne! Depuis trois quarts de siècle, est-ce que cette flamme de la liberté n'y brûle pas inextinguible sous une triple oppression?

Savez-vous ce qui l'éteint? Ce sont eux, eux! ces démagogues dont je parlais tout à l'heure, ces anarchistes, ces hommes qui déclarent partout une guerre impie et implacable à la nature humaine, aux conditions fondamentales de la société, aux bases éternelles de la vérité, du droit et de la justice sociale. Voilà les hommes qui éteignent l'amour de la liberté. (*Nouvelle approbation.*)

« Voyez ce qui se passait en Europe, il y a trois ans. La liberté étendait partout graduellement son empire; les rois venaient tous, tour à tour, en regimbant, je le veux bien... (*on rit*); mais ils venaient tous, tour à tour, déposer en quelque sorte leur couronne aux pieds de la liberté, lui demander un sacre nouveau, une investiture nouvelle. Le Pape lui-même, le symbole vivant de l'autorité, l'incarnation du pouvoir le plus auguste et le plus ancien...

« Pie IX lui-même, le symbole le plus auguste et le plus ancien de l'autorité sur la terre, avait cru pouvoir demander à la liberté, à la démocratie, au progrès, à l'esprit moderne, un rayon de plus pour sa tiare. Eh bien! que s'est-il passé? Vous avez arrêté tout cela, vous avez tout bouleversé, tout détruit; vous avez arrêté, détourné tout ce courant admirable qui nous inspirait, à nous vieux libéraux, comme vous dites, tant de confiance et d'admiration. Ce courant s'est perdu. Vous avez détrôné quelques rois, c'est vrai, mais vous avez détrôné bien plus sûrement la liberté. Les rois sont remontés sur leurs trônes, la liberté n'est pas remontée sur le sien. Elle n'est pas remontée sur le trône qu'elle avait dans nos cœurs. Oh! je sais bien que vous écrivez son nom partout, dans toutes les lois, sur tous les murs, sur toutes les corniches. (*L'orateur montre la voûte de la salle. — Longue approbation et hilarité à droite.*) Mais dans les cœurs, son nom est effacé. Oui, la belle, la fière, la sainte, la pure et noble liberté que nous avons tant aimée, tant chérie, tant servie... (*violents murmures à gauche*), oui, servie avant vous, plus que vous, mieux que vous (*nouvelles rumeurs*); cette liberté-là, elle n'est pas morte, j'espère, mais elle est éteinte, évanouie, écrasée, étouffée. »

Pendant que l'orateur flagellait ainsi la démagogie et le radicalisme, toute la gauche s'agitait et frémissait de fureur, mais imperturbable, Montalembert poursuivait et semblait ne trouver dans les interruptions qu'un nouvel aiguillon pour son éloquence :

« Vous niez, disait-il, vous niez la force morale, vous niez la

Montalembert à la Chambre.

foi, vous niez l'empire de l'autorité pontificale sur les âmes, cet empire qui a eu raison des plus fiers empereurs. Eh bien ! soit ; mais il y a une chose que vous ne pouvez pas nier, c'est la faiblesse du Saint-Siège. Or, sachez-le, c'est cette faiblesse qui fait sa force insurmontable contre vous. Oui, vraiment, car il n'y a pas dans l'histoire du monde un plus grand spectacle et un plus consolant que les embarras de la force aux prises avec la faiblesse. (*Nombreuses marques d'adhésion à droite.*)

« Permettez-moi une comparaison familière. Quand un homme est condamné à lutter contre une femme, si cette femme n'est pas la dernière des créatures, elle peut le braver impunément. Elle lui dit : Frappez, mais vous vous déshonorez, et vous ne me vaincrez pas. Eh bien ! l'Eglise n'est pas une femme, elle est bien plus qu'une femme, c'est une mère... »

A ce cri, une triple salve d'applaudissements accueillit l'orateur : il était difficile de trouver une inspiration plus heureuse, et le lendemain toute la presse rendait hommage à cette éloquence.

Montalembert continua :

« C'est une mère, c'est la mère de l'Europe, c'est la mère de la société moderne, c'est la mère de l'humanité moderne. On a beau être un fils dénaturé, un fils révolté, un fils ingrat, on reste toujours fils, et il vient un moment, dans toute lutte contre l'Eglise, où cette lutte parricide devient insupportable au genre humain, et où celui qui l'a engagée tombe accablé, anéanti, soit par la défaite, soit par la réprobation unanime de l'humanité.

« Figurez-vous, Messieurs, Pie IX en appelant à l'Europe, en appelant à la postérité, en appelant à Dieu contre les violences et contre la contrainte de la France, de la France qui l'a sauvé, et qui viendrait ainsi ajouter la plus ridicule des inconséquences à un crime qui n'a jamais porté bonheur à personne depuis que l'histoire existe. (*Longue approbation.*) »

Ne sachant comment opposer une digue à ce torrent d'éloquence, les interrupteurs essayaient de tous les moyens pour embarrasser la parole de l'orateur ; un moment ils prétendirent le rappeler à la vérité de l'histoire.

« L'histoire, reprit-il, mais elle dira que, mille ans après Charlemagne et cinquante ans après Napoléon ; mille ans après que Charlemagne eut acquis une gloire immortelle en rétablissant le pontificat, et cinquante après que Napoléon, au comble de sa puissance et de son prestige, eut échoué en essayant de défaire l'œuvre de son immortel prédécesseur, l'histoire dira que la France est restée fidèle à ses traditions et sourde à d'odieuses provocations.

« Elle dira que trente mille Français, commandés par le digne fils d'un des géants de nos grandes guerres impériales, ont quitté les rivages de la patrie pour aller rétablir à Rome, dans la personne du Pape, le droit, l'équité, l'intérêt européen et français. (*Applaudissements à droite. — Réclamations à gauche.*)

« Elle dira ce que Pie IX lui-même a dit dans sa lettre d'actions de grâces au général Oudinot :

« Le triomphe des armes françaises a été remporté sur les ennemis de la société humaine. »

« Oui, ce sera là l'arrêt de l'histoire, et ce sera une des plus belles gloires de la France et du XIXe siècle.

« Cette gloire, vous ne voudrez pas l'atténuer, la ternir, l'éclipser, en vous précipitant dans un tissu de contradictions, de complications et d'inconséquences inextricables. Savez-vous ce qui ternirait à jamais la gloire du drapeau français ? Ce serait d'opposer ce drapeau à la croix, à la tiare qu'il vient de délivrer, ce serait de transformer les soldats français de protecteurs du Pape en oppresseurs ; ce serait d'échanger le rôle et la gloire de Charlemagne contre une pitoyable contrefaçon de Garibaldi. (*Vifs et longs applaudissements à droite.*) »

En reproduisant ce discours, le *Journal des Débats* disait le lendemain : « On ne se souvient pas d'avoir entendu dans les assemblées délibérantes de tels applaudissements. »

Pie IX fut tellement ému de ce noble langage qu'il écrivit aussitôt à l'orateur : « Votre discours vivra à jamais dans la mémoire des gens de bien ! »

Et s'associant à cette reconnaissance, la ville de Rome décerna à M. de Montalembert le titre de citoyen romain.

Nous approchons de 1850 et du triomphe suprême du grand orateur : nous voulons parler du vote définitif de la liberté d'enseignement. Depuis de longues années, grâce à une lutte adroite mais constante, l'idée avait progressé ; elle était mûre aujourd'hui, et le talent de ses défenseurs allait en cueillir les fruits. Mais il appartenait à Montalembert, dont toute la vie s'était passée à sonner la charge, de mener pour la dernière fois les troupes à la victoire.

Le 17 janvier il montait à la tribune :

« Messieurs, disait-il, on nous a reproché d'avoir fait un

compromis avec l'enseignement de l'Etat; on nous a reproché d'avoir fait une alliance où nous serions dupes et victimes; on nous a reproché, ce dont nous nous honorons, d'avoir conclu une paix honorable au lieu de perpétuer la lutte. En un mot, on nous a reproché d'avoir substitué l'alliance à la lutte.

« Messieurs, j'ai fait la guerre et je l'ai aimée; je l'ai faite plus longtemps, aussi bien et peut-être mieux que la plupart de ceux qui me reprochent aujourd'hui de la cesser.

« Mais je n'ai pas cru que la guerre fut le premier besoin, la première nécessité du pays. Au contraire, j'ai pensé qu'en présence du danger commun, des circonstances si graves et si menaçantes où nous sommes, et en présence aussi (pourquoi ne le dirais-je pas?) des dispositions que je rencontrais chez des hommes que nous avions été habitués à regarder comme adversaires, le premier de nos devoirs était de répondre à ces dispositions nouvelles. Et c'est à cette pensée honorable que j'ai consacré, depuis un an, toute l'activité et tout le dévouement de mon âme. (*Approbation à droite.*)

« ... Messieurs, on fait la paix le lendemain d'une victoire, on fait la paix le lendemain d'une défaite, mais on la fait surtout, selon moi, le lendemain d'un naufrage... Eh quoi donc! en nous retrouvant ensemble au lendemain du naufrage sur cette frêle planche qui nous sépare à peine de l'abîme, fallait-il, sans nécessité impérieuse, recommencer la lutte de la veille? Fallait-il repousser la main que, tout naturellement, nous étions portés à nous offrir l'un à l'autre? Fallait-il ressusciter toutes les récriminations, tous les ressentiments, même les plus légitimes? Non. Je ne l'ai pas pensé, je ne l'ai pas voulu, je ne l'ai pas fait, et je ne m'en repens pas. (*Très bien! Très bien!*) »

Après ce préambule, l'orateur en arrivait à la vraie question et démontrait que la liberté réclamée était une liberté depuis longtemps désirée par l'Eglise :

« ... L'œuvre que nous avons entreprise, ou du moins la pensée qui nous l'a dictée, est de tout point conforme à l'esprit de l'Eglise, non seulement par les motifs qu'a fait valoir avant-hier avec tant d'éloquence et de force le vénérable évêque de Langres, non seulement parce qu'il y a là pour l'Eglise une occasion de dévouement, et que, comme il l'a si bien dit, partout où il y a du bien à faire, l'Eglise y court ; ce n'est pas seulement pour cette raison : c'est parce que l'Eglise, tout en étant inflexible dans la lutte contre l'orgueil, dépasse toujours ses adversaires, ses rivaux, dans l'esprit de conciliation, quand le moment de la paix est arrivé. Quand on fait un pas vers elle, elle en fait deux vers vous. Voilà le rôle de l'Eglise tel que je l'ai étudié et apprécié dans son histoire. L'Eglise, inflexible contre ce que j'appelais tout à l'heure l'incorrigible orgueil de la fausse philosophie, est pleine de douceur, de sympathie, de tendresse, pour les hommes qui font un pas vers elle. Elle fait tout ce qu'elle peut pour les encourager à faire le second, et elle marche, de son côté, à leur rencontre.

« L'Eglise ne veut jamais humilier personne devant elle, elle n'humilie que devant Dieu. L'Eglise ne dit jamais ces deux paroles que vous entendez tous les jours dans la sphère de la politique : *Tout ou rien,* et : *Il est trop tard.* Elle ne dit jamais : *Tout ou rien,* car c'est le mot de l'orgueil, de la passion humaine qui veut jouir et vaincre aujourd'hui, parce qu'elle doit mourir demain. (*Très bien !*) L'Eglise, comme on l'a tant dit, est patiente parce qu'elle est éternelle, et voilà pourquoi elle ne dit jamais : *Tout ou rien.* Elle ne dit pas non plus : *Il est trop tard*, ce mot coupable et impitoyable, parce que, s'il n'est jamais trop tard pour sauver une âme, il n'est jamais trop tard non plus pour sauver une société qui consent à être sauvée. »

L'orateur demandait donc aux législateurs de vouloir bien rendre à l'Eglise une liberté dont elle usait avec tant de douceur ; il les en conjurait dans un dernier mouvement à raison de leur propre intérêt. Ecoutons cette magnifique péroraison :

« Messieurs, il est impossible de le méconnaître, nous marchons vers l'anarchie. Je me souviens que, dans les premiers temps qui ont suivi la révolution de Juillet, une voix éloquente se fit entendre un jour à la Chambre des Pairs, pour dire cette parole : *Les rois s'en vont.* Eh bien ! si cette voix prophétique pouvait encore se faire entendre, elle dirait aujourd'hui : La France s'en va ! La société s'en va ! L'Europe moderne s'en va !...

« Messieurs, vous connaissez ce fleuve de l'Amérique qui

roule ses ondes à travers les déserts, les villes, les lacs, les forêts, puis, tout à coup, se précipitant avec un irrésistible élan et d'une hauteur effroyable, forme la cataracte la plus formidable du monde, la chute du Niagara. Malheur à ceux qui sont embarqués sur ce fleuve et qui ne s'arrêtent pas à temps pour aborder au rivage ou pour remonter le courant : ils sont engloutis! Eh bien, Messieurs, malheur à nous! car nous sommes embarqués sur un fleuve semblable, et il ne faut pas prêter une oreille bien attentive pour entendre de loin les mugissements de la cataracte qui doit nous engloutir tous. Nous serons engloutis, si nous n'abordons pas au rivage, ou si nous ne remontons pas d'un bras vigoureux le courant du rationalisme et de la démagogie... Or vous ne le remonterez qu'avec le secours de l'Eglise!... »

C'en était fait; la voix de l'orateur était enfin comprise et quatre cents voix votaient cette loi fameuse, la plus célèbre conquête des temps modernes, a-t-on dit. Elle n'est pas l'œuvre d'un seul, assurément; plusieurs grands esprits y ont concouru, mais nul n'y a travaillé avec plus de talent et plus de succès que le comte Charles de Montalembert.

Ce fut là, il semble, sa mission spéciale, et, l'ayant remplie, il disparut peu à peu du théâtre des grandes luttes. Au reste, l'Empire avait étouffé la liberté; les grandes voix devenaient muettes. Comme Lacordaire, Montalembert prit sa retraite.

L'Académie française lui offrit une compensation en lui ouvrant son sein; n'ayant plus à parler, il écrivit encore pour les causes qu'il aimait jusqu'au 13 mars 1870, où, à la veille de nos malheurs, il expira doucement dans les sentiments de la foi la plus vive.

Une des plus nobles figures de ce siècle venait de disparaître, un de ses plus grands orateurs n'était plus.

LE PÈRE DE RAVIGNAN

Sa Jeunesse. — Les Conférences de Notre-Dame. — La Défense de la Compagnie de Jésus.

(1795-1858)

En 1836, Lacordaire quittait la chaire de Notre-Dame et partait pour Rome. L'œuvre si heureusement fondée, allait-elle donc péricliter ?... Non, au futur Dominicain on donna pour continuateur un Jésuite et il se trouva que ce Jésuite, lui aussi, était un prince de l'éloquence.

Moins fulgurante que celle de Lacordaire, sa parole était aussi convaincante, plus persuasive et allait laisser dans cet auditoire toujours aussi nombreux des fruits non moins durables.

I

Gustave-Xavier de Ravignan naquit à Bayonne, le 1er décembre 1795.

On était encore aux mauvais jours de la Terreur et ce fut dans le mystère d'une chambre isolée que le futur Conférencier de Notre-Dame reçut le premier sacrement de la foi catholique.

Après les premières années de l'enfance, Gustave dut quitter le château de ses pères pour venir commencer à Paris les études sérieuses auxquelles le baron de Ravignan le destinait. Répondant en tout aux espérances que sa jeune intelligence faisait déjà concevoir, l'enfant fit quatre classes dès sa première année de collège : septième, sixième, cinquième et quatrième. L'année suivante, entrant en troisième, il y tenait encore le premier rang.

Le travail était pour Gustave un utile préservatif car la moralité n'était pas le côté brillant de la pension où il se trouvait. Le directeur y donnait des bals où figuraient ses élèves, les conduisait au spectacle comme à un exercice littéraire, et s'inquiétait assez peu des mauvais livres qui circulaient dans la maison.

Ce milieu n'était donc pas sans danger pour un enfant de onze ans : grâce cependant à la protection céleste et à l'énergie de sa nature, Gustave sut se poser et se maintenir dans des conditions si périlleuses, il résista aux défections des uns, aux instigations des autres, aux entraînements de presque tous, gardant l'esprit de foi et l'amour du devoir (1).

Ainsi en 1809, — avant même sa première communion, — il écrivait à son père :

« Je ne peux plus aller au spectacle, parce que mon confesseur m'a défendu d'y aller davantage... Je prends toutes ces précautions pour ne pas faire un sacrilège. »

Malgré cette résolution bien arrêtée, Gustave reçut une nouvelle invitation. A l'instant il prend la plume, et cette fois il écrit à sa mère avec une fermeté charmante dans un enfant si soumis :

« Madame de Luçay a eu la bonté d'envoyer un domestique demander de me mener au spectacle. Je vous avouerai que j'ai renoncé à y aller. Je vous prierai donc de la bien remercier de ma part (car je n'ose le faire) le plus tôt possible. Cependant, si cela vous déplaît, j'en suis fâché, mais je ne veux pas y aller et je n'irai jamais. Pardonnez, ma chère maman, si je vous parle si librement, mais je m'y crois obligé, d'après ce que mon confesseur m'a dit de la religion ; et c'est ainsi que je pense. »

C'est dans ces sentiments que, le 8 juin 1809, l'enfant reçut son Dieu pour la première fois. Il était tellement ému, tellement

(1) P. de Pontlevoy, *Vie du R. P. X. de Ravignan.*

suffoqué par les larmes que, ayant été chargé de lire les actes qui précèdent le moment solennel, il lui fut impossible de se faire entendre et un de ses camarades dut prendre sa place.

Le jeune de Ravignan avait déjà quatorze ans ; à quelques jours de là, — sa sœur aînée ayant épousé le général Exelmans,— on le pressa d'entrer comme page dans la maison de l'Empereur : c'était la route de la fortune. L'adolescent eut la sagesse de ne pas s'engager avant de réfléchir et, après réflexion, il répondit :

« Me voilà décidé à ne pas entrer dans les pages, parce qu'on n'en peut sortir que militaire, et que cette carrière ne me convient pas du tout. Je suis naturellement tranquille, l'étude du cabinet me convient, j'ai assez de goût pour la diplomatie. »

Ces dernières lignes montrent que l'appel de Dieu ne s'était pas encore fait entendre : la Providence cependant préparait ses voies, mais en attendant le jeune de Ravignan était le jouet des évènements.

Il commençait l'étude du droit quand, avec 1814, arriva l'invasion qui fit fermer les écoles. L'année suivante ne fut pas plus heureuse : les Cent-Jours ramenaient Bonaparte, et Ravignan crut devoir à son nom de mettre son courage et son dévouement au service de la chose publique : il s'enrôla dans les volontaires et, après avoir mis ordre aux affaires de sa conscience sous la direction de l'abbé de Frayssinous, il courut en Espagne.

La campagne ne fut pas heureuse ; à la fatale rencontre de Hélette, le jeune volontaire faillit périr victime de son héroïsme. Les troupes royales, surprises dans une embuscade, allaient être accablées par le nombre. L'infortuné Barbarin, qui les commandait, venait d'être frappé, et il était au moment d'être pris pour être passé par les armes. Gustave le voit, s'avance sous le feu, s'expose à tous les coups pour couvrir son chef, il l'embrasse enfin et veut l'emporter de la mêlée, ou tomber avec lui. Mais le malheureux commandant, poussé par un sentiment généreux à un acte désespéré, dégage un de ses bras, se brûle la cervelle et ne laisse qu'un cadavre entre les mains de l'ennemi. Gustave, couvert de sang, abandonne la triste dépouille, et renonçant à une mort inutile, consent à chercher le salut dans la retraite (1).

Pour récompenser sa vaillance, Ravignan reçut de Mgr le duc d'Angoulême le brevet de lieutenant de cavalerie, comme nous l'apprend le billet suivant :

« J'arrive à Bordeaux à franc étrier, envoyé par mon général, pour annoncer son arrivée. Je me porte fort bien. Je suis lieutenant de cavalerie, officier d'ordonnance. Je ne songe pas à continuer de servir... Je pars demain pour Paris. Quel plaisir ! Je ne serai content que lorsque je serai dans mon cabinet à travailler pour le service du roi. »

Ravignan en resta là de ses exploits militaires, et cependant, après des débuts aussi brillants, les siens eussent été satisfaits de lui voir poursuivre une carrière qui semblait lui assurer la gloire. Après avoir prié Dieu, il en pensa autrement et annonça au duc d'Angoulême son désir d'entrer dans la magistrature. Celui-ci se contenta de lui répondre :

« Monsieur de Ravignan, je suis enchanté de votre résolution. Je sais que vous servirez la patrie par la parole aussi bien que par l'épée. »

Et le jeune homme se remit à l'étude du Droit. Il s'y donna avec tant d'ardeur que, en 1817, une place d'auditeur au Conseil d'Etat étant demeurée vacante, il put, malgré sa jeunesse, s'y présenter comme candidat. Il fut élu. Il est vrai qu'on ne lui fit pas un chaleureux accueil.

Qui était-il en effet ? Quels étaient ses antécédents, ses titres ?... Le jeune conseiller, sans se laisser troubler par ces critiques, dont les échos ne manquaient pas de lui arriver, se mit à l'étude et ne tarda pas à être à la hauteur de sa mission.

Il est curieux, dit M. Delinde, de jeter un coup d'œil sur son plan d'étude de cette époque : *Non multa sed multum*, telle est sa devise et, en tête de son ordre du jour, on lit ces mots : *Cum Deo*. Tout est réglé et prévu d'avance. Il commence sa journée à quatre heures, puis il entend la messe et se rend au palais.

(1) P. DE PONTLEVOY, *loc. cit.*, t. Ier.

C'est ainsi qu'il se prépare sans hâter son heure. Elle arriva. Un jour, en l'absence des avocats, une affaire civile fort ingrate est mise inopinément en délibéré.

« — Qui veut se charger du rapport ? » demande M. Séguier.

Puis tout à coup, non sans quelque malice, s'adressant au plus jeune auditeur :

« — Eh bien ! voyons une fois ce que sait faire ce jeune homme que nous ne connaissons pas encore. »

Et les pièces lui sont remises. Au jour marqué, le rapport le plus logique et le plus lucide fut lu devant la Cour avec une facilité d'élocution, une limpidité de voix, une fermeté d'articulation, une gravité et une noblesse qui, dès le début, annonçaient un orateur. Tous les conseillers se regardaient avec étonnement ; un homme venait de se révéler (1).

A partir de ce jour, plusieurs missions délicates, plusieurs rapports importants lui furent confiés. Cependant ces succès, bien faits pour enivrer un jeune homme, le laissaient calme, presque indifférent : c'est que déjà il avait entrevu une voie plus élevée.

A Paris, il existait une pieuse association, devenue célèbre sous le nom de Congrégation : fondée par un Jésuite, le P. Delpuits, elle remontait au commencement de l'Empire. Gustave de Ravignan en devint l'un des membres les plus ardents et les plus dévoués. On se réunissait à certains jours au pied d'un autel dédié à Marie, pour prier et s'exciter au bien. La petite Congrégation, attaquée et calomniée, fut dénoncée au pouvoir, et ces attaques furent une raison de plus pour le jeune auditeur de s'y attacher davantage, car il ne connut jamais les faiblesses du respect humain.

Un jour, dans une réunion, quelqu'un attaque les religieux, surtout les Jésuites. Gustave de Ravignan se fait aussitôt leur champion ; et, se levant vivement, s'écrie :

« — Moi, je serai Jésuite !

« — Eh bien, réplique l'adversaire, tu seras chassé comme eux !

(1) P. de Pontlevoy, t. 1er, p. 40.

« — Soit, je serai chassé, mais je mourrai Jésuite. »

Et il tint parole.

Il ne faudrait pas croire cependant que la piété du magistrat le rendît farouche : il allait de bonne grâce dans le monde et y faisait très bonne figure. De tout l'ensemble de sa personne et de ses manières, ressortait ce qu'on appelle *un grand air*. C'est dans ces occasions qu'il répétait à son frère, quand ils sortaient ensemble, ces paroles si souvent citées :

« — Allons, mon cher, soyons distingués ! »

Il paraissait tenir aux fêtes que sa mère donnait chez elle ; et, à la fin d'une réunion, il la priait de fixer le jour de la suivante.

Grâce à la fermeté de sa volonté, dans ce milieu parfois léger, fait remarquer M. Vivier, sa vertu n'éprouva jamais de vertige, sa conscience ne connut jamais les transactions.

Un jour il assistait à un grand dîner ; auprès de lui se trouvait une jeune personne trop bien et trop peu habillée ; Ravignan restait grave, raide et taciturne.

« — Monsieur, vous n'avez donc pas d'appétit? dit enfin la jeune fille, hasardant une question.

« — Et vous, Mademoiselle, vous n'avez donc pas de honte?» répondit Gustave à demi-voix en se penchant sur son assiette et sans se retourner vers sa voisine qui, à son tour, perdit l'appétit et rêvait encore de cette réplique vingt ans plus tard.

A cette époque, le jeune magistrat se livra à une vie sévère qui altéra sa santé et sembla changer la sérénité de son humeur.

On remarquait des heures, même des journées, où il paraissait pensif et sombre ; on plaisantait en famille sur ce qu'on appelait ses *noirs*, et il était le premier à rire de ces apparentes tristesses. C'était la grâce qui opérait en lui un travail latent.

Ses pensées tournent au grave ; en 1822, on le trouve encore au bal, mais il n'y prend plus part et, en sortant, il écrit :

« Voilà bien les hommes : on danse, on chante, on passe la rivière qui est prise, on dort et on mange. *Pauvres de nous !* Pourquoi donc avoir tant d'orgueil ?... Après tout une seule chose est importante à considérer : ce n'est pas la vie, la fortune, le savoir ; c'est la mort et l'immortalité... Une même pensée m'occupe toujours, je marche en sa présence. Je n'ai pas encore franchi le seuil de la porte ; on veut que j'attende, il faut attendre et mûrir. »

Le jour vint cependant où la baronne de Ravignan reçut la première ouverture des projets de son fils : celui-ci se croyait appelé de Dieu et voulait entrer dans l'Eglise. Ce fut un cri d'effroi qui s'échappa du cœur maternel : ne comprenant rien à cette vocation si extraordinaire et si inattendue, elle se refusait à y croire et à la traiter sérieusement.

Il fallait cependant compter avec la résolution bientôt inébranlable du jeune homme qui, quelques jours après, écrivait à son frère :

« Je suis à peu près décidé à entrer au séminaire... Ma mère se tourmente et me tourmente. Mais tu penses bien qu'une fois ma résolution prise, rien au monde ne m'arrêtera. J'ai parcouru tous les points de vue de mon projet ; si Dieu m'appelle, j'obéirai. »

Mais comment donc s'était révélée une vocation si peu en rapport avec les désirs de sa jeunesse ?... L'auditeur avait-il rencontré quelque déception dans sa carrière ? Non, un brillant avenir se déroulait devant lui.

Dans l'été de 1821, après avoir rempli les fonctions d'avocat général dans la célèbre affaire Cauchois-Lemaire, Gustave de Ravignan fut nommé substitut du procureur du roi à Paris. Cette promotion devait le porter rapidement au rang d'avocat général :

« — Laissez venir ce jeune homme, dit à cette occasion M. le premier président Séguier, mon fauteuil lui tend les bras. »

Les autres magistrats le regardaient aussi comme appelé aux plus hautes dignités. Au dire de tout le monde, il serait devenu, au Palais et à la Tribune sans doute, un de nos grands orateurs, un de nos plus habiles jurisconsultes, premier président, garde des sceaux. Quoi, encore ? Hélas ! que lui en resterait-il aujourd'hui ? Il a été mieux que cela, en n'étant rien de tout cela (1).

(1) P. de Pontlevoy, t. 1er, p. 53.

En attendant, il allait devenir séminariste. Mais, suivons dans son historien l'exécution de cet héroïque projet :

« Le 15 avril, il consentit à accompagner une dernière fois sa famille, qui allait en soirée chez Madame de Vatimesnil. Il demeura presque tout le temps assis à côté d'une pauvre jeune femme déjà souffrante, et qui mourut bientôt après. Il regardait tout ce monde, et, se tournant vers la malade, plusieurs fois il lui dit en souriant :

« — En vérité, il n'y a que vous et moi de raisonnables ici. »

« Le lendemain et le surlendemain, il s'absenta longtemps : c'était l'heure des préparatifs, et on ne savait encore rien. Pendant le repas, il paraissait bien préoccupé, mangeait à peine... Après l'évènement on se souvint d'avoir vu plus d'une fois des larmes dans ses yeux.

« Le dimanche, il dîna en ville et dit à sa mère qu'il irait la rejoindre dans une maison où elle devait passer la soirée. Il n'y parut pas. Sa mère inquiète, sans savoir pourquoi, rentre plus tôt que de coutume. En arrivant, elle apprend qu'il est déjà couché ; elle va aussitôt à sa chambre, y reste quelque temps et en sort très agitée. Gustave venait de lui déclarer qu'il partait définitivement le lendemain matin pour ce voyage dont il lui avait déjà parlé, qu'il serait absent huit jours, qu'il ne donnerait pas de nouvelles pendant cet intervalle, mais qu'il écrirait, s'il ne revenait pas le huitième jour. »

Le huitième jour, Gustave ne reparut point, mais la baronne de Ravignan reçut la lettre suivante :

« *Issy, 5 mai 1822.*

« Ma bien chère Mère,

« Dieu, vous le savez, m'avait inspiré, il y a déjà longtemps, et dans plusieurs occasions, le désir de me vouer entièrement à son service ; et sa bonté ne s'est pas lassée de me protéger.

« Le temps était venu de prendre un parti. D'après l'avis de M. Frayssinous et d'autres ecclésiastiques éclairés, j'ai dû chercher dans la retraite les lumières qui me manquaient. Je me suis rendu à la maison de campagne du séminaire Saint-Sulpice, à Issy. La bonté et l'aménité les plus chrétiennes m'y ont accueilli. Pardonnez-moi, mon excellente mère, de vous avoir caché le motif de mon absence : il le fallait bien ; votre tendresse extrême pour le plus indigne de vos enfants m'était trop connue...

« Dieu a parlé, ma bien bonne mère, j'obéis avec joie. Je le remercie de me retirer du monde... Vous, ma mère, souffrez que votre fils vous le dise, obéissez aussi. Permettez-moi de croire et de savoir mieux que vous-même que les prières d'une mère chrétienne ont appelé de Dieu sur moi la protection spéciale que je ressens...

« Il me reste à remplir un devoir que votre indulgence et votre bonté rendent moins pénible : c'est de vous demander humblement pardon de toutes les peines que je vous ai causées, de ma rudesse, de mon orgueil, de mes impiétés envers vous, ma bonne mère. Pardonnez et bénissez-moi. »

A la lecture de cette lettre, Madame de Ravignan, désolée et non convaincue encore de la vocation de son fils, alla trouver Mgr Frayssinous pour qu'il intervint auprès du jeune homme. Le prélat, avec son affectueuse bonté, la consola, lui répétant :

« — Je vieillis, Madame, votre fils est destiné à me remplacer. »

L'évêque ne savait pas sans doute être si bon prophète.

En même temps qu'il annonçait sa détermination à sa mère, Gustave de Ravignan, pour briser d'un seul coup tous les liens qui l'attachaient encore au monde, prévenait ses chefs et ses collègues. La stupéfaction fut générale. Lettres et visites affluèrent à Issy.

M. de Peyronnet avouait qu'il avait tout fait pour le disputer à Dieu. Et Lacretelle s'écriait :

« — Pour celui-là, on le voit bien, il ne cherche pas les dignités ecclésiastiques. »

Mgr Dupanloup a raconté plus tard l'impression causée à Issy par l'arrivée inopinée du substitut royal :

« Je m'en souviens encore, dit-il ; j'étais jeune alors, j'avais vingt ans, je venais de me dévouer au Seigneur. Lorsque je vis arriver dans le séminaire que j'habitais ce jeune magistrat, si grave, si doux et si ferme, je fus saisi et invinciblement attiré —

et je n'oublierai jamais cette parole, cet accent, qui retentissent encore dans mon âme et qui y resteront à jamais.

« C'était un dimanche : à l'heure de notre récréation, nous vîmes arriver de Paris de jeunes magistrats, des jurisconsultes, des avocats déjà célèbres ; ils venaient réclamer, reprendre celui qu'ils croyaient avoir perdu. Tout à coup, il apparut au haut d'un petit escalier, que je vois encore, dans ce parc, au penchant de la colline, dans cette charmante solitude d'Issy, et, les saluant de loin avec un sourire céleste, il leur dit : *Eh bien ! je vous ai donc plantés là ! c'est fini !* C'était tout dire dans cette aimable et vive énergie du plus familier langage. »

Mais bientôt la solitude d'Issy ne suffit plus au zèle du séminariste ; il lui fallut le noviciat de Montrouge : Gustave de Ravignan voulait décidément être Jésuite. Il annonçait ainsi sa résolution à Mgr Frayssinous :

« Tout est encore et une dernière fois décidé : je serai à Montrouge samedi !... J'accomplis enfin le besoin que j'avais de donner tout ce que je possède à mon frère ; l'acte irrévocable en sera dressé demain... Je serai bientôt, grâce à Dieu, tout à fait pauvre et content... »

Il quitta le séminaire, et Montrouge lui ouvrit ses portes. Il n'avait prévenu ni mère, ni amis. « Messieurs, dit aux séminaristes leur directeur, j'ai à vous faire les adieux de M. de Ravignan. Il avait soif d'obéissance, il est allé se rassasier chez les Jésuites. »

Dans le monde, différents bruits coururent au sujet de cette vocation soudaine ; on parlait de mécompte, de déceptions, etc. Pure invention, le P. de Ravignan a écrit lui-même :

« J'ai eu des préventions contre la Compagnie de Jésus. Pascal et les traditions parlementaires m'avaient trompé, comme bien d'autres. Et, je dois le dire, c'est en quelque sorte malgré moi que je connus la vérité sur les Jésuites... Je n'ai point à dire par quelle voie il plut à la Providence de me faire passer alors, ni quel fut ce travail intérieur de la conscience dont Dieu seul a le secret...

« Mais ce que je puis bien déclarer, c'est que ma conscience fut formée et ma décision prise alors dans la situation la plus complètement libre de toute influence ; il n'a guère été jamais dans ma nature d'en accepter aucune. Ce que je puis encore affirmer, c'est que ce sont les choses qu'on méconnaît, qu'on défigure et qu'on attaque le plus dans les Jésuites, qui me déterminèrent à me faire l'un d'eux. »

II

« Je suis Jésuite et pour toute ma vie, » disait quelques mois après le P. de Ravignan. Nous ne le suivrons pas dans son humble carrière de religieux, puisque aussi bien c'est l'orateur seulement que nous voulons étudier en lui.

Ravignan avait quarante ans quand pour la première fois il parut dans une grande chaire : c'était à Amiens. Le renom de l'ancien magistrat avait attiré à la cathédrale une foule d'élite. L'impression fut profonde et plus d'une âme revint à Dieu.

La magistrature surtout, par son assiduité, parut heureuse de faire valoir le présent qu'elle avait fait à l'Eglise, et fière de retrouver dans l'orateur un ancien et honorable collègue. Il exposa la doctrine catholique avec cette supériorité d'intelligence, cet accent de conviction et ce ton d'autorité qui devaient donner plus tard tant de puissance à sa parole.

Ennemi de toute prétention et de tout éloge, il n'entendait point se donner en spectacle dans une église. Il disait quelquefois :

« — Que ne parlons-nous en chaire comme on parle à la tribune ! Là tous les vrais orateurs sont simples ; ils ne font pas d'esprit et c'est à cause de cela qu'ils en ont. »

A quelques mois de là, le prédicateur, ignorant de l'avenir, s'acheminait vers la grande mission que lui destinait la Providence. Le Souverain Pontife, Grégoire XVI, devait un jour lui décerner le nom d'*Apôtre de Paris*. Or, il était temps de faire avec la grande ville une première connaissance. Paris entendit le P. de Ravignan pendant le carême 1836, et la station de Saint-

Thomas-d'Aquin, fort célébrée par les journaux, appela pour l'année suivante les conférences de Notre-Dame (1).

Devenue silencieuse par le départ de Lacordaire, la chaire de Notre-Dame réclamait un continuateur de l'œuvre inaugurée avec tant d'éclat par le futur Dominicain.

Tout désignait le P. de Ravignan. Mgr de Quélen le demanda. L'humilité du Jésuite s'émut, mais l'obéissance intervint et le religieux se soumit.

« On avait entendu le plus magnifique talent, dit le P. de Pontlevoy, on verra le plus grand caractère. Trop différents l'un de l'autre pour être mis en parallèle, ces orateurs, le P. Lacordaire et le P. de Ravignan, sont trop éminents tous les deux pour que leurs noms se heurtent en se rapprochant. Du reste, le successeur trouvera le moyen de complèter son illustre devancier : la retraite de Notre-Dame sera une création comme les conférences, et l'œuvre du P. Lacordaire ne sera bien couronnée que par celle du P. de Ravignan. »

Quand vint le carême de 1837, l'auditoire, sous la grande voûte de Notre-Dame, fut nombreux et brillant. « Il se composait surtout, dit M. Godefroy, de philosophes, de rationalistes, de matérialistes, de chrétiens indifférents ; l'élite du monde savant était là : l'archevêque de Paris présidait, entouré de prélats et de prêtres distingués. On était impatient de voir et d'entendre ce religieux qui, pour une vie humble et obscure, avait dédaigné tous les avantages de la puissance, de la fortune et du talent. Le P. de Ravignan n'eut qu'à paraître pour s'attirer la sympathie et le respect. Avec une physionomie d'une grande noblesse, il avait les traits saillants de l'ascète et le regard d'un saint : un organe sonore, éclatant ; un geste large, mais sobre et mesuré. L'éloquence coulait de ses lèvres persuasives, adroite, insinuante, toute semée de pièges qui plaisent à l'auditeur, heureux de s'y trouver enlacé.

« Il semblait difficile de succéder à Lacordaire. La poésie, le génie, une action en quelque sorte magique, l'incomparable orateur avait tout à son service. Mais si Lacordaire séduisait, le

(1) P. de Pontlevoy, t. Ier, p. 169.

P. de Ravignan avait le don de convaincre. L'imagination, la couleur, la mise en scène pouvaient laisser à désirer ; mais il s'appliquait davantage à expliquer solidement le fond du christianisme ; il amenait l'incroyant vaincu et changé aux pieds du prêtre qui absout.

« Logicien impitoyable, l'éloquent religieux poursuit le mal dans tous ses retranchements, jusque dans les replis les plus cachés de la conscience humaine. Avec ses raisonnements qui marchent droit au but, avec ses réflexions toujours judicieuses et d'un sens exquis, il confond l'erreur qui se déguise ; il arrache à la passion ses honteux secrets. Il fait retentir à l'oreille du coupable les menaces du châtiment ; mais il a soin de lui montrer aussi la récompense qu'il peut espérer. Toujours, à côté du fouet de la justice inexorable, il place le pardon de l'infinie miséricorde. »

Le sujet choisi pour la première année fut une sorte de philosophie catholique de l'histoire, présentant à grands traits la lutte de l'erreur et de la vérité ; sujet qui fut continué l'année suivante par l'exposition des dogmes fondamentaux, de la personnalité et de l'action divine, contre les abstractions des panthéistes, le déisme vague et le fatalisme, puis de la liberté, de l'immortalité de l'âme et de la fin de l'homme, contre le matérialisme. Il fallait réveiller les vieilles croyances et rétablir les dogmes entachés de tant d'erreurs.

Dès cette première année, l'éloquence de l'orateur obtint les fruits les plus précieux. Il en rendait compte en ces termes, à la fin de la station :

« Le concours a été fort nombreux et très remarquable par la qualité d'un bon nombre de personnages distingués, ministres du roi, passés et présents, pairs, députés, académiciens, protestants notables, étrangers de rang, une foule de jeunes gens.

« J'ai dû avoir des relations avec bien des gens et fort connus. M. de Chateaubriand est venu me voir ; on m'a ménagé deux entrevues avec M. de Lamartine ; des médecins et des savants m'ont demandé des rendez-vous ; quelques-uns se sont confessés. Que de grands hommes ignorants dans la foi et malades d'esprit et de cœur !

« Dieu m'a soutenu, j'ai senti sa grâce et le secours des prières. »

L'année suivante, le succès fut encore plus marqué : à sa grande joie l'orateur, sortant de son rôle de philosophe chrétien, avait pu devenir prédicateur de l'Evangile, et sa parole plus onctueuse touchait les âmes :

« ... M. Valckenaër, savant distingué, membre de l'Institut, écrivain, m'était venu voir l'année dernière, écrit le P. de Ravignan ; nous n'avions pas conclu. Il est revenu. Quarante ans d'oubli, au vu et au su de tout le monde, ont été réparés ; une profession de foi a été faite publiquement en présence des savants du jour. Confession, communion, tout a été complet. J'ai vu un esprit peu ordinaire revenir à goûter combien la foi est belle et combien le Seigneur est doux.

« Un docteur-médecin, fort instruit, qui a voyagé et navigué beaucoup et au loin, demanda à me voir ; la grâce agit en lui très fortement ; il est aujourd'hui fervent chrétien : toute une jeunesse avait été dissipée loin de Dieu et dans les folles rêveries du jour.

« Un riche protestant, ayant sa femme et toute sa famille protestantes, m'avait entendu l'année dernière ; cette année il était pressé par la grâce, mais entravé. Je m'avisai de lui conseiller d'essayer tout d'un coup une confession ; cette idée le fit comme frissonner. Cependant, il s'y décida ; je lui appris le signe de la Croix, etc. Après il me saute au cou tout en larmes, me presse, comme hors de lui : conversion des plus touchantes et des plus vives. Tout était arrêté, disposé en secret, à l'insu de sa femme. Cependant avant l'abjuration, le mari crut devoir s'ouvrir franchement sur ce qui était fait, sur ce qu'il allait faire. Sa femme l'approuve, se réjouit même au delà de toute espérance, se met à lire, et j'espère qu'elle se convertira aussi bientôt. »

Puis, comme aux beaux jours de Lacordaire, c'était la jeunesse qui s'ébranlait ; la jeunesse des écoles et des hautes classes des collèges. Les philosophes du lycée Saint-Louis lui adressaient une lettre de respectueuses félicitations. Les proviseurs amenaient tous leurs grands élèves aux conférences.

LE PÈRE DE RAVIGNAN.

Il est vrai que de grands noms leur donnaient l'exemple : M. de Chateaubriand faisait publiquement ses pâques et traitait longuement cette question dans plusieurs entretiens avec le P. de Ravignan.

Ce succès ne pouvait manquer de réjouir l'âme du pieux orateur ; mais n'étant pas homme à s'enivrer d'un vain triomphe, il chercha à le rendre encore plus complet et plus durable ; c'est alors que Dieu lui suggéra l'heureuse idée d'inaugurer les *Retraites*.

L'idée était hardie, on ne pouvait aller trop vite : la nouvelle œuvre n'allait-elle pas compromettre la première et éloigner des conférences le nombreux auditoire de Notre-Dame ?... Pour écarter cette difficulté, il fut décidé que la retraite se donnerait non pas à Notre-Dame, mais à l'Abbaye-aux-Bois.

On était en 1841 ; la Semaine-Sainte commençait; mais laissons la parole au héros lui-même :

« Le Lundi-Saint au soir, je me rendis à l'Abbaye-au-Bois vers sept heures et demie. Je trouvai une foule et un encombrement extraordinaires ; pas une seule femme ; au reste, je les avais toutes exclues. Depuis près de deux heures tout était plein, et déjà une centaine de personnes s'étaient retirées, ne pouvant pénétrer. Je devais traverser le bas de l'église, je ne pouvais passer. On me reconnut, on me demanda instamment, quoique sans tumulte, d'aller ailleurs. Je le promis.

« De la chaire, je fus frappé de cet entassement d'hommes, jeunes presque tous, et remplissant les issues, les autels ; et nul désordre. »

Rendez-vous fut donc pris pour le lendemain dans une église plus vaste : Saint-Eustache fut désigné. Le lendemain, en effet, dès trois heures, l'édifice était envahi et le sermon, cependant, n'avait lieu qu'à huit heures.

« Je ne sais, écrivait l'orateur quelques jours après, je ne sais si jamais pareil auditoire d'hommes a été vu : ferrures des portes, crénelures des piliers, grilles, tout était couvert d'hommes suspendus ; nef et bas-côtés inondés et pressés plus que de raison ; et le plus profond, le plus religieux silence. Pas un désordre, point de force armée. Trois ou quatre mille voix d'hommes chantant le *Miserere,* le *Stabat.* Ce spectacle m'a touché profondément.

« J'ai pris, dès l'abord, toute la franchise du langage apostolique, et j'ai sans détour parlé de péché, d'enfer, de confession, etc. J'avais donné mon adresse et déterminé six heures par jour, que je donnerais aux hommes qui voudraient me voir ; ils sont venus en foule. J'ai confessé toute la semaine, six et sept heures par jour, des hommes jeunes, âgés, distingués ou du commun, tous fort arriérés...

« Un bon nombre venaient pour me soumettre des doutes, et je leur disais : « Tenez, croyez-moi, il y a un moyen : mettez-vous là. » Et tous, un seul excepté, se sont confessés. »

Ce travail surhumain épuisa les forces de l'orateur : la Passion du Vendredi-Saint l'épuisa et lui enleva son dernier reste de voix. Le lendemain il ne put remonter en chaire, et l'auditoire dut se contenter de la lecture de la lettre d'excuses que le P. de Ravignan avait écrite au curé de Saint-Eustache.

La retraite ayant réussi au delà de toutes les espérances, l'année suivante elle fut établie à Notre-Dame et depuis, chaque année, elle n'a cessé de produire les fruits les plus précieux.

Rien d'émouvant comme ces grandioses cérémonies, vraies manifestations chrétiennes, dues à l'initiative du P. de Ravignan. « Ceux, dit son biographe, qui ont entendu, au commencement de l'exercice du soir, le psaume de la Pénitence alternativement chanté par des voix d'enfants et par la voix de tout un peuple ; ceux qui ont vu, le Vendredi-Saint, à la suite d'un sermon sur la Passion comme un apôtre sait le faire, la procession des saintes Reliques défiler au milieu des rangs pressés, qui s'inclinaient sur son passage ; ceux qui ont assisté surtout à cette communion de Pâques, lorsque trois mille hommes, l'humilité dans le cœur et une sainte fierté sur le front, s'avançaient en bel ordre vers le sanctuaire, où le premier pasteur du diocèse et l'orateur de Notre-Dame se partageaient la joie de leur donner le pain des Anges, ceux-là peuvent dire qu'il n'est pas sur la terre de spectacle plus digne du Ciel. La vieille métropole, témoin de tant de scènes sacrilèges et de royales solennités, eut alors des jours qui la consolèrent de ses opprobres et lui rappelèrent ses plus augustes fêtes. Mais qui pourrait dire dans quelle mesure ces démonstrations, toutes catholiques et presque nationales, ont influé sur les générations contemporaines? Dieu seul, en vérité, juste appréciateur des œuvres, sait la part de mérite qui revient au fondateur des retraites de Notre-Dame. »

Le P. de Ravignan resta maître de la chaire de la métropole, donnant de front conférences et retraites, jusqu'à l'année 1846, époque à laquelle la maladie vint fermer à l'apôtre cette brillante et laborieuse carrière.

Quand on songe aux résultats obtenus, on ne peut nier que le pieux Jésuite n'eût reçu le don de la grande éloquence. « En le lisant, dit son biographe, on pourrait trouver qu'il manque de littérature et de poésie ; on n'y songeait même pas en écoutant sa parole originale et puissante : il prenait le mot qui rendait sa pensée, parlait pour convertir et non pour plaire... Son style était un peu rude et heurté, mais par là même il devenait plus nerveux et plus incisif : il avait de la soudaineté et du trait (1). »

Il possédait en outre une pleine assurance ; un débit dont la chaleur allait toujours croissant et qui, à la fin, s'enflammait et brûlait tous les cœurs ; un accent de conviction auquel il était difficile de résister et qui lui constituait une étonnante autorité. « Cette véritable domination oratoire donnait une majesté incomparable à son exposition, et à sa logique une irréfutable puissance (2). » L'effet se produisait unanime dans l'assemblée ; l'émotion gagnait de proche en proche, à travers tout l'auditoire, les fibres les plus rebelles.

Un jour il eut un de ces mouvements imprévus et soudains qui ne manquent jamais d'électriser l'auditeur. Il venait de peindre à grands traits, avec une extraordinaire véhémence, le malheur volontaire de l'incrédule, ses incertitudes et ses contradictions, ses tristesses et ses craintes, ses regrets et ses désespoirs ; devant ce tableau saisissant de vérité, l'auditoire était atterré. Tout à coup l'orateur s'arrête hors d'haleine, croise ses bras sur sa poitrine, prend une pose assurée, épanouit son

(1) *Vie du R. P. de Ravignan*, t. 1er, p. 220.
(2) *Vie du R. P. de Ravignan*, t. 1er, p. 221.

visage, et avec un accent inimitable laisse tomber ces paroles :

« — Et nous, Messieurs, nous croyons !... »

A ce contraste inattendu, un mouvement court dans l'auditoire, on ne se contient plus, les applaudissements éclatent. Mais l'humilité du prêtre s'alarme, sa religion s'indigne, son regard s'allume :

« — Silence, Messieurs !... » s'écrie-t-il, et de sa voix il couvre le bruit, et de son geste il comprime la manifestation.

Le P. de Ravignan fut donc un orateur, mais si, cherchant à caractériser son genre, nous voulons savoir de quels éléments se compose son éloquence, ce sera moins à ses talents intellectuels qu'à sa conviction religieuse qu'il faudra le demander.

« La personne du P. de Ravignan fut sa plus grande éloquence, a dit le P. de Pontlevoy ; c'était la vertu qui prêchait la vérité. Peut-être ne serait-ce pas assez dans une académie, mais c'est assez dans une église. »

Du reste, le P. de Ravignan possédait d'admirables qualités oratoires : d'abord une pleine assurance, une sorte d'impassibilité, venant bien moins de la confiance du talent que de l'oubli de soi-même et du mépris de la gloire. Qu'on y ajoute le sentiment le plus profond de sa mission, la conviction la plus intime de sa doctrine, il en résultera l'autorité dans la parole portée à sa plus haute puissance. L'autorité dans la parole, voilà bien le trait distinctif et comme le cachet du P. de Ravignan. Ce n'est pas l'étincelle de l'esprit, c'est bien plus que cela ; ce n'est pas l'éclair du génie, c'est peut-être bien mieux encore pour qui doit dompter et maîtriser les consciences : c'est l'empire du caractère. Il aurait eu le monde entier au pied de sa chaire, qu'il n'eût dit ni plus ni moins, ne pensant qu'aux âmes et ne faisant penser qu'à Dieu. Cette véritable domination oratoire donnait une majesté incomparable à son exposition, et à sa logique une irrésistible puissance ; il savait affirmer, et c'était son triomphe...

Un de ses plus beaux moments était son apparition dans la chaire. Après s'être humblement prosterné devant Dieu, il se levait noblement devant les hommes, et, se voyant lui-même comme donné en spectacle au Ciel et au monde, il demeurait longtemps immobile, les yeux baissés, l'air recueilli ; enfin, quand l'auditoire était posé, impressionné par ce silencieux exorde, il commençait ce fameux signe de croix qui lui était particulier, il y mettait du grandiose et de la pompe.

Tout le monde était frappé de cette préparation oratoire. Plusieurs allaient pour le voir autant que pour l'entendre. Un ministre protestant, témoin de ce religieux début et de cette muette éloquence, se prit à dire sous l'impression du moment :

« — Il a prêché sans parler, et le sermon est fini avant d'être commencé. »

On a cité dans le temps cette parole spirituelle : « Quand le P. de Ravignan paraît en chaire, on ne sait vraiment s'il vient de monter ou s'il vient de descendre. »

A l'époque de ses plus grands succès de conférencier, un jour vint où le P. de Ravignan dut monter dans la chaire de Notre-Dame pour remplir une mission qui demandait un autre genre d'éloquence. C'était le mercredi 26 février 1840 ; le Jésuite avait à prononcer l'oraison funèbre de Mgr de Quélen, archevêque de Paris.

Ce jour-là, raconte un témoin, Notre-Dame offrait un spectacle plein d'enseignements : une foule immense se pressant dans la vaste enceinte, un silence profond régnant dans la nef, à chaque instant de nouveaux venus traversant les rangs pour se rapprocher de la chaire ; toutes les professions, toutes les conditions représentées, les gloires des camps, les illustrations de la tribune et des lettres, les puissances de la politique, la jeunesse des écoles, le peuple enfin aggloméré dans les galeries latérales, tel était l'aspect de Notre-Dame dès neuf heures du matin, quoique l'orateur sacré ne dût pas monter en chaire avant midi.

En présence de cette multitude respectuense envahissant silencieusement le sanctuaire, le souvenir d'une autre multitude revenait involontairement à l'esprit : celle-là, ivre de colère, le blasphème à la bouche, se ruait au sac et au pillage de la maison de Dieu ; c'était aussi l'archevêque de Paris qu'elle venait chercher, mais elle venait le chercher pour le mettre à mort. Et maintenant, huit ans à peine passés, comme si ce peuple contenait deux peuples, une multitude non moins nombreuse se pressait aux portes de la cathédrale pour prier où l'autre avait blasphémé, pour entendre l'éloge de l'archevêque mort, là où l'archevêque vivant n'avait échappé qu'à grand'peine aux bras meurtriers.

Il y avait là un contraste aussi éloquent que les voix les plus

Monseigneur de Quélen.

éloquentes ; l'expiation égalait l'outrage, et, avant même que le P. de Ravignan fût monté en chaire, l'oraison funèbre de M. de Quélen était déjà commencée. Telles étaient les réflexions quand parut l'orateur, et, par une de ces fortunes d'éloquence que le talent rencontre seul, son discours funèbre se trouva être le résumé des pensées qui se remuaient dans les âmes. En présence de cette foule, qui méditait sur le contraste des persécutions auxquelles la vie de M. de Quélen avait été en butte, avec les honneurs rendus à sa mort, il prit pour texte cette parole de l'Ecriture : *O mors, bonum judicium tuum !* O mort, ton jugement est bon ! C'était une belle parole que celle-là, prononcée en face de la grande ville entourant de ses hommages, comme d'une suprême expiation, le cercueil de son archevêque (1).

L'orateur eut encore mille occasions brillantes de déployer son éloquence, mais cependant son cœur d'apôtre ne se trouva jamais plus à l'aise, jamais il ne fut plus en possession de tous ses moyens, que dans les retraites de la Semaine-Sainte. Alors tous ses auditeurs sentaient passer, au fond de leur âme, comme une vibration sympathique.

Voici par exemple, pour amener les hommes au confessionnal, comment il terminait une de ses conférences :

« Enfin, Messieurs, le christianisme est vrai, ou il est faux. S'il est faux, expliquez-moi comment il a pu s'accréditer pendant dix-huit siècles. Mais c'est une atroce perfidie dont il est plus que temps de punir les auteurs ; et moi-même qui vous exhorte de toute la force de ma voix, je suis un infâme imposteur, ou pour le moins un absurde fanatique. Et vous-mêmes, pourquoi venir ainsi vous grouper autour de cette chaire, pourquoi me donner ce consolant spectacle que j'ai déjà eu ailleurs et qui m'attendrit toujours ? Si le christianisme est faux, tout est mensonge sur la terre.

« Mais aussi, Messieurs, s'il est vrai, pourquoi balancer ? Pourquoi différer ? Pourquoi rester dans cette lamentable hésitation entre la lumière et les ténèbres ? Courage donc ! Décidez-vous, franchissez les obstacles, combattez vaillamment, la victoire est à vous, je vous la promets de la part de mon Dieu. Si votre volonté est ferme, tout est facile ; si elle ne l'est pas, tout est pénible, tout est angoisses et déchirements : combattez, mais sans regarder en arrière.

« Oh ! peut-être craignez-vous de combattre seuls, la lutte vous semble inégale, au-dessus de vos forces, vous en désespérez. Eh bien ! adjoignez-vous un ami, un confident, un père qui vous aime. Ne suis-je pas là, ne suis-je pas venu pour vous

(1) Alf. Nettement, *Histoire de la Littérature.*

aider, vous éclairer et vous soutenir? Pardonnez-moi ma franchise, ma simplicité d'apôtre, je n'ai pas pu rester toujours dans des questions générales et spéculatives : ma mission, mon devoir, la parole de mon Dieu, m'ordonnent de vous montrer surtout le christianisme positif et pratique, le seul qui donne le pain, le seul qui ouvre les cieux (1). »

A cette pressante péroraison joignons aussi celle de la conférence sur le *Caractère de Jésus-Christ :*

« Avouons-le, Messieurs, de bonne foi, il est impossible de justifier au tribunal de la saine raison la triste indifférence d'un grand nombre d'hommes. Ils ne sauraient la justifier à leurs propres yeux, s'ils voulaient un instant réfléchir sans prévention. Rendus à eux-mêmes et s'interrogeant sérieusement dans le silence des passions, ils retrouveraient leur âme naturellement chrétienne, pour me servir de l'expression d'un ancien. Le Créateur, avec sa divine image, y grava en traits ineffaçables les caractères de l'éternelle vérité ; heureux celui qui consent à les lire seul, retiré à l'écart, comme autrefois Augustin ; qu'il fasse trêve un moment au tumulte et à l'agitation du monde, qu'il élève son cœur fatigué de la poursuite des faux biens vers celui qui se nomme le Père des lumières et le Dieu de toute consolation.

« Une paix inconnue descendra bientôt dans son âme, une clarté céleste attirée par son humble prière viendra le désabuser de ses longues erreurs. Il comprendra mieux alors la véritable grandeur et les glorieuses destinées de l'homme, de l'homme fait pour s'unir à Dieu même, au sein de la gloire et de la béatitude infinie. Les jours qui furent traversés par tant d'orages redeviendront plus purs et plus sereins ; et si la vie lui amenait encore, pendant qu'il habite la vallée de larmes, des vicissitudes et des peines, du moins il saura trouver le remède à ses maux et un appui consolateur dans l'infortune. Fasse le ciel qu'un seul de ces cœurs égarés, plus digne encore d'intérêt que de blâme, daigne en faire sur ma parole la douce expérience. J'ose bien le lui promettre

(1) *Conférences de Notre-Dame*, t. III, p. 144.

de la part de mon Dieu: jusqu'au terme de son pèlerinage ici-bas, il bénira le jour qui l'aura rendu à lui-même, à sa foi, à son Dieu, et au bonheur pour toute une éternité. »

III

A l'heure où, du haut de la chaire de Notre-Dame, le P. de Ravignan attaquait si vigoureusement l'incrédulité et les passions humaines, il dut descendre dans l'arène pour d'autres combats.

Il s'agissait de la suppression légale des Jésuites en France. Le complot avait été merveilleusement ourdi ; toutes les haines étaient amassées, toutes les calomnies préparées ; le pouvoir et la presse marchaient d'accord. Un homme seul gênait leurs desseins.

« Vous n'y entendez rien, disait M. Royer-Collard ; il faut séparer la cause de cet homme d'avec celle de son corps ; car M. de Ravignan a encore la candeur de se croire Jésuite (1). »

Rien ne pouvait être plus sensible à l'orateur de Notre-Dame que cette attaque directe, par laquelle on espérait faire croire qu'il se mettait au-dessus de ses frères et ne faisait plus cause commune avec eux.

Pour mieux protester à l'aise contre cette inique accusation, il se retira dans la solitude de Saint-Acheul et y rédigea ce mémorable plaidoyer en faveur de son ordre, qui a pour titre : *De l'existence et de l'institut des Jésuites.* Cet opuscule arrivait à son heure et il souleva dans le public un bruit immense : on y retrouve réunis le langage de l'ancien substitut et celui du conférencier de Notre-Dame et plus d'une page forme un vrai régal :

(1) F. Godefroy, *Les Prosateurs du XIXe siècle.*

« La prudence a ses lois, commençait le Jésuite, mais elle a ses bornes.

« Dans la vie des hommes, il est des circonstances où les explications les plus précises deviennent une haute obligation qu'il faut remplir.

« Je l'avouerai, depuis surtout que le pouvoir du faux semble reprendre parmi nous un empire qui paraissait aboli, depuis que les haines vieillies et les fictions surannées viennent de nouveau corrompre la sincérité du langage et dénaturer les droits de la justice, j'éprouve le besoin de le déclarer : je suis Jésuite, c'est-à-dire religieux de la Compagnie de Jésus.

« Cette déclaration, je la dois à moi-même ; je la dois à mon ministère, à mes frères dans le sacerdoce, à la jeunesse, à tous les fidèles qui m'honorent de leur confiance ; je la dois à l'Église, à Dieu.

« Je n'apprends rien au plus grand nombre, mais je satisfais au besoin de ma conscience, au besoin de ma position et de ma liberté.

« Il y a d'ailleurs en ce moment trop d'ignominie et trop d'outrages à recueillir sous ce nom, pour que je ne réclame point publiquement ma part d'un pareil héritage. »

Ce langage si fier, si osé et en même temps si digne et si généreux, souleva l'admiration. On s'arracha ces pages où, après ce début vigoureux, l'orateur de Notre-Dame exposait au grand jour ce qu'était la Société à laquelle il appartenait.

« Voilà ce que nous sommes, » concluait-il, et il ajoutait :

« ... Que si je devais succomber dans la lutte, avant de secouer sur le sol qui m'a vu naître la poussière de mes pas, j'irais m'asseoir une dernière fois au pied de la chaire de Notre-Dame. Et là, portant en moi-même l'impérissable témoignage de l'équité méconnue, je plaindrais ma patrie et je dirais avec tristesse :

« Il y eut un jour où la vérité lui fut dite ; une voix la proclama ; et la justice ne fut pas faite ; le cœur manqua pour la faire. Nous laissons derrière nous la Charte violée, la liberté de conscience opprimée, la justice outragée, une grande iniquité de plus; ils ne s'en trouveront pas mieux. Mais il y aura un jour meilleur; et j'en lis dans mon âme l'infaillible assurance, ce jour ne se fera pas longtemps attendre. L'histoire ne taira pas la démarche que je viens de faire. Elle laissera tomber sur un siècle injuste tout le poids de ses inexorables arrêts. Seigneur, vous ne permettrez pas toujours que l'iniquité triomphe sans retour ici-bas, et vous ordonnerez à la justice du temps de précéder la justice de l'éternité. »

L'éloquent religieux saisissait ensuite l'opinion de la question en jeu et terminait par un appel pathétique à la conscience publique. Jamais l'orateur n'avait été plus éloquent :

« ... Jésuite, disait-il, ce nom est mon nom; je le dis avec simplicité : les souvenirs de l'Evangile pourront faire comprendre à plusieurs que je le dise avec joie.

« Catholique et Français, jouissant de tous les droits de citoyen, assuré de la liberté de conscience par la loi fondamentale, j'ai éprouvé un jour le besoin de me rapprocher de la perfection évangélique, autant qu'il pouvait m'être donné de le faire.

« La profession religieuse m'apparut comme la voie de perfection : approuvée par l'Eglise, elle avait en même temps à mes yeux cet autre caractère d'être du domaine exclusif de la conscience.

« Les vœux qui constituent le religieux ne sont pas, il est vrai, reconnus par la loi. Qu'importe? La loi ne s'occupe pas de ces vœux : on peut les faire, elle les ignore; les violer, elle demeure indifférente.

« Mais les proscrire, elle ne le peut pas sans armer le pouvoir de l'inquisition et de l'intolérance les plus odieuses.

« Interdire à des hommes qu'on proclame libres le fait tout intérieur et privé de la vie religieuse, c'est tomber dans une contradiction flagrante, c'est attenter à la liberté de conscience dans ce qu'elle a de plus intime et de plus sacré.

« Aux yeux de l'Etat, des hommes, des prêtres, réunis dans des habitudes communes et purement religieuses, peuvent n'avoir sans doute aucun droit politique ou civil de corporation, et nous ne réclamons rien à cet égard; mais ces prêtres réunis, qui du reste n'exercent au dehors d'autres fonctions que celles qu'ils tiennent, comme tous les autres prêtres, de la juridiction épiscopale, sont légalement inattaquables; ou bien la liberté religieuse est un mensonge, et le droit public des Français, la loi fondamentale, une déception; car alors les paroles ont perdu leur vrai sens, et les mots n'expriment plus leurs idées.

« La Charte a-t-elle proclamé la liberté de conscience, oui ou non?

« La perfection évangélique est-elle un droit de la conscience, oui ou non?

« Eh bien! la vie religieuse n'est que la perfection évangélique : c'est l'enseignement solennel de l'Eglise, comme la liberté de conscience est la promesse solennelle de la Charte.

« Si je veux donc, moi Français, être en France religieux bénédictin, dominicain ou jésuite, de quel droit m'en empêcherez-vous?... »

Immense fut l'impression de cette brochure d'une argumentation si serrée. Elle rallia de nouveaux amis aux Jésuites et força momentanément leurs ennemis à désarmer.

Le P. Lacordaire, qui avait déjà pris la liberté sans la demander, félicita son frère d'armes de l'avoir conquise à son tour. Quelques jours après l'apparition du manifeste, dans une séance solennelle du Cercle Catholique, présidée par Monseigneur l'Archevêque de Paris, il s'écria :

« Si nous étions en Angleterre, je proposerais trois salves en l'honneur du P. de Ravignan. »

Ces paroles furent suivies d'unanimes applaudissements trois fois répétés.

M. Royer-Collard, se trouvant en mauvaise posture, crut prudent de se rallier au nouveau mouvement créé par le manifeste, et il écrivit au P. de Ravignan :

« MON RÉVÉREND PÈRE,

« Votre éloquent plaidoyer me fait comprendre l'énergie de cette création extraordinaire et la puissance qu'elle a exercée. Autant qu'on peut comparer les choses les plus dissemblables, on pourrait dire qu'à la distance de la terre au ciel, Lycurgue et Sparte sont le berceau de saint Ignace. Sparte a passé, les Jésuites ne passeront pas. Ils ont un principe d'immortalité dans le christianisme et dans les passions guerrières de l'homme. »

Ecarté un instant, le danger reparut quelques années plus tard : les noviciats des Jésuites furent supprimés et les Pères dispersés dans des maisons où ils ne pouvaient résider qu'en petit nombre.

C'était l'heure où le Conférencier, épuisé par une trop prodigue dépense de ses forces, était contraint d'interrompre ses prédications. Jusque dans sa retraite la France ne le perdit pas de vue et les honneurs semblèrent le chercher : Mgr de Quélen voulut en faire son coadjuteur, plus tard le Président de la République pensa lui donner la succession de Mgr Affre. D'autre part l'Académie offrit de lui ouvrir ses portes.

Mais le religieux pensait à toute autre chose qu'aux dignités : il employait les restes de sa voix à former des apôtres et inaugurait à Vals, en faveur de ses jeunes frères, un cours d'éloquence sacrée.

En 1848, il voulut reprendre sa carrière de missionnaire, et donna encore quelques stations où l'on retrouve les derniers feux de son zèle.

Mais peu à peu il dut céder devant le mal qui le minait et qui acheva de le consumer, le 26 février 1858.

Ce jour-là l'Eglise perdit un de ses plus éloquents apologistes, un de ses meilleurs défenseurs.

OZANAM

Sa Jeunesse. — L'Homme d'œuvre. — Le Professeur à la Sorbonne.

(1813-1853)

On sait le bien immense que les Conférences de Notre-Dame ont fait à la cause du catholicisme en France : ce que l'on sait moins, c'est à quelle instigation elles durent d'être instituées.

Dans cette création, un tout jeune homme joua un rôle important. Il était encore un inconnu, mais outre qu'il allait attacher son nom à cette œuvre, il devait en créer une autre encore plus retentissante.

Fondateur de la Société de Saint-Vincent de Paul, Ozanam fit de sa parole un instrument éloquent pour la diffusion des idées généreuses et chrétiennes ; professeur à la Sorbonne, sa science et son talent firent pénétrer la religion catholique dans le monde universitaire et la jeunesse des écoles put applaudir enfin un enseignement en parfaite conformité avec la foi de son baptême.

Aussi — aujourd'hui encore — est-il peu de noms qui exercent sur la jeunesse un plus magique prestige que celui d'Ozanam.

I

Frédéric Ozanam naquit à Milan, le 23 avril 1813. Cette ville était alors française et le père de Frédéric l'habitait depuis quatre ans, s'y livrant à l'exercice de la médecine.

Le docteur Ozanam jouissait d'une réputation de science et de dévouement justement méritée. « Lorsqu'en 1813, le typhus fit des ravages effroyables à Milan, il alla s'établir dans l'hôpital militaire, dont les deux médecins venaient de succomber, et, seul, il soigna trois cents malades jusqu'à la fin du danger. L'Empereur lui envoya à cette occasion la décoration de la Couronne de fer (1). »

Instruit et dévoué, le docteur Ozanam était de plus un ferme chrétien. « En passant par les révolutions, par les camps, par les adversités, a dit plus tard le fils rendant hommage à la mémoire de son père, il avait gardé la foi, un noble caractère, un grand sentiment de justice, une infatigable charité pour les pauvres... »

Cet homme de mérite sut choisir pour compagne la fille d'un honorable négociant de Lyon. Douée comme son époux d'une belle intelligence, Madame Ozanam savait goûter les choses de l'esprit ; mais chez elle, les qualités du cœur étaient encore supérieures à celles de l'intelligence : comprenant les besoins du pauvre, elle s'associait aux générosités de son époux, et il leur arrivait souvent, sans s'être donné rendez-vous, de se rencontrer dans la demeure des malheureux.

En 1816, Milan ayant changé de maître, le docteur Ozanam revint avec toute sa famille se fixer à Lyon : Frédéric n'avait que trois ans, mais l'imagination de l'enfant garda un reflet de l'heureux climat qui l'avait vu naître.

« Enfant de la France par le sang, dira Lacordaire, Ozanam l'était aussi de l'Italie par son berceau. Ce n'était pas en vain que la ville de saint Ambroise et celle de saint Irénée avaient uni, pour le baptiser, les grâces de leurs traditions : il avait en lui l'influence de deux ciels et de deux sanctuaires. Lyon lui avait donné l'onction d'une piété grave ; Milan, quelque chose d'une flamme plus vive (2). »

A Lyon, Frédéric fréquenta le collège royal où, dès les premières années, il prit dans sa classe le rang brillant qu'il y

(1) *Œuvres d'Ozanam*, t. x.
(2) LACORDAIRE, *Frédéric Ozanam.*

occupa jusqu'à la fin de ses études : sa rhétorique surtout fut marquée par des succès éclatants qui faisaient présager le distingué professeur de Sorbonne.

Et cependant, à cette époque, l'âme du jeune homme souffrait de la plus terrible épreuve qu'ait jamais connue sa foi de chrétien. La tentation du doute, qui fait tant de victimes, ne recula pas devant cette âme si droite et si simple ; et cet adolescent qui avait reçu avec les plus beaux exemples une éducation si chrétienne, se réveilla un matin l'esprit troublé et le cœur hésitant. Il nous a laissé une phrase qui révèle toute l'anxiété de ce terrible moment :

« Les bruits d'un monde qui ne croyait pas vinrent jusqu'à moi. Je connus toute l'horreur de ces doutes qui rongent le cœur pendant le jour, et qu'on trouve la nuit sur un chevet baigné de larmes (1). »

Cet esprit réfléchi voulait sonder les profondeurs de nos problèmes religieux et il ne savait pas encore par expérience qu'il est des bornes sacrées que la raison ne saurait franchir. Sa foi lui disait de croire, mais son esprit curieux voulait savoir. Alors, nous dit-il, il s'attachait avec désespoir aux dogmes sacrés, mais il lui semblait les sentir se briser sous sa main.

La crise fut cruelle mais courte, et Dieu eut pitié de cette âme aux abois ; il lui envoya un sauveur dans la personne de son professeur de philosophie, l'abbé Noirot.

Ce prêtre éminent que le grand maître de l'Université appelait un jour « le premier professeur de France, » fut pour Frédéric un guide précieux : s'apercevant du travail qui s'opérait dans l'esprit du jeune homme il l'observa de plus près, l'admit dans son intimité et en fit le compagnon ordinaire de ses promenades solitaires aux sentiers escarpés qui entourent la ville de Lyon.

Au contact de cette parole chaude et vivifiante, l'ordre et la lumière se firent dans cette âme troublée et Ozanam sortit de cette épreuve rassuré et fortifié ; dans l'élan de sa reconnais-

(1) *Œuvres d'Ozanam*, t. 1er.

sance, il promit à Dieu de vouer ses jours au service de la vérité qui lui donnait la paix.

Ce n'était pas une vaine promesse. A quelques années de là nous retrouvons Frédéric étudiant à Paris. Le cœur plein de tristesse il a dit adieu au foyer paternel où se sont concentrées jusqu'alors toutes ses affections et où il a trouvé, avec une éducation virile, les plus beaux exemples pour sa vertu. Il est plein d'appréhensions; lui si choyé, si bien guidé par les conseils de la famille, il va vivre seul dans l'immense capitale.

« Ma gaieté passagère, écrit-il à Lyon, dans une de ces lettres qui constituent pour l'étude de sa vie le plus précieux des trésors, ma gaieté passagère a totalement fait naufrage. A présent que me voilà seul, sans distraction, sans consolation extérieure, je commence à sentir toute la tristesse, tout le vide de ma position. Moi, si habitué aux causeries familières, qui trouvais tant de plaisir et de douceur à revoir chaque jour réunis autour de moi tous ceux qui me sont chers, qui avais tant besoin de conseils et d'encouragements, me voilà jeté sans appui dans cette capitale de l'égoïsme, dans ce tourbillon des passions et des erreurs humaines. Qui se met en peine de moi? Les jeunes gens de ma connaissance sont trop éloignés de mon domicile pour que je puisse les voir souvent. Je n'ai pour épancher mon âme, que vous, ma mère, que vous et le bon Dieu... Mais ces deux-là en valent bien d'autres (1)! »

Après cela le jeune étudiant entre dans d'intéressants détails sur son installation :

« Vous désirez savoir tout d'abord où et comment je me trouve. Le voici : je suis établi depuis samedi soir dans ma pension, dans une petite chambre au midi, sur les jardins, fort près du Jardin des Plantes. — « Tu te trouves donc bien? allez-vous dire. » — Pas du tout, je suis fort mécontent, et mes griefs sont nombreux. Je suis éloigné de l'Ecole de droit, des cabinets de lecture, du centre des études et de mes camarades de Lyon;

(2) *Œuvres complètes*, t. x, p. 27.

puis ma maîtresse d'hôtel a l'air d'une rusée commère ; ses paroles et ses manières m'ont fait présumer qu'elle est fort affectionnée pour la bourse des jeunes gens. Enfin, et c'est ma grande raison, la compagnie n'y est point bonne... Ces gens-là ne sont ni chrétiens ni turcs. Je suis le seul qui fasse maigre, et par là même exposé à mille quolibets. Il est fort désagréable de se trouver en pareille société (1). »

La Providence ne pouvait manquer de veiller sur un jeune homme si désireux de se soustraire aux influences pernicieuses ; elle ne tarda pas à le tirer de ce milieu.

Quelque temps après son arrivée, Frédéric alla rendre visite à M. Ampère, dont il avait eu la bonne fortune de faire la connaissance à Lyon. Celui-ci, après l'avoir questionné sur sa nouvelle situation, lui offrit la table et le logement sous son propre toit ; en effet, privé de son fils qui venait de le quitter pour un voyage de deux ans, le vieillard comptait en trouver un second dans Frédéric. C'était pour Ozanam un bonheur inespéré, car outre certains avantages matériels, il devait trouver dans la personne de son hôte, plus qu'un ami, un père et un guide précieux. Aussi avec quelle joie il écrit :

« ... Aujourd'hui, je suis bien mieux, puisque me voici fixé depuis deux jours, chez M. Ampère. Je suis installé dans une belle et bonne chambre plancheiée et boisée, ayant deux portes sur le jardin, une bibliothèque pleine de livres allemands, italiens, voire même suédois et espagnols dont je n'use guère, et quelques bons ouvrages de littérature française, en petit nombre. C'est la bibliothèque de M. Ampère fils (2)... »

Cette hospitalité devait porter les plus heureux fruits dans l'âme du jeune étudiant. En effet, M. Ampère était à la fois le modèle du savant et du chrétien. Homme supérieur dans le domaine de la philosophie, des mathématiques, de l'histoire naturelle et des sciences physiques, il avait une conversation

(1) Lettre de Frédéric Ozanam à sa mère, 7 novembre 1831.
(2) Lettre à son père, 7 décembre 1831.

intéressante et agréable ; mais sa piété était le principal charme de ses entretiens.

« J'ignore, a écrit Lacordaire, comment Ozanam était devenu l'hôte d'un si grand et si rare esprit, soit qu'il le dût à son père, soit à d'autres circonstances ménagées par celui qui rapproche l'hysope du cèdre, et qui permettait aux petits enfants de jouer avec la main du Christ. M. Ampère se prit d'estime et d'affection pour le jeune étudiant que la Providence lui avait envoyé ; il conversait souvent avec lui, le prenait à part dans son cabinet, et lui exposait sa philosophie des sciences ; il le faisait même travailler sous ses yeux, et l'on a conservé des pages écrites à moitié par l'un et par l'autre. Ces entretiens amenaient dans l'âme du savant, à propos des merveilles de la nature, des élans d'admiration pour leur auteur ; quelquefois, mettant sa large tête entre ses deux mains, il s'écriait tout transporté : « Que Dieu est grand, Ozanam ! Que Dieu est grand (1) ! »

Dans ce premier séjour à Paris, Ozanam eut le bonheur d'apprécier d'autres hommes éminents dont il put mettre à profit les précieux conseils. Il avait obtenu d'un de ses compatriotes une lettre de recommandation pour Chateaubriand, mais comme tous les jeunes gens « dont les regards n'ont point plongé trop avant dans les mystères du monde, » il était timide et ne savait trop comment aborder le grand homme.

Ozanam conserva sa lettre en portefeuille pendant plusieurs semaines avant d'oser en faire usage ; « il ne pouvait se résoudre à franchir un seuil qui lui semblait gardé par la gloire elle-même. » Cependant Chateaubriand reçut Frédéric fort aimablement ; il le fit causer de ses projets, de ses études, et brusquement lui demanda, en le regardant en face, s'il allait au théâtre.

Ozanam surpris par cette question qui, pensait-il, lui cachait un piège, hésita avant de répondre. Il avait peur du jugement de l'homme de lettres, et n'osait dire non quoiqu'il eût promis à sa mère de n'y jamais mettre le pied. Mais Chateaubriand qui voyait la vérité dans ce regard de jeune homme pur,

(1) Lacordaire, *Œuvres*, t. VIII.

se pencha vers lui pour l'embrasser en lui disant : « *Je vous en conjure, suivez le conseil de votre mère ; vous ne gagneriez rien au théâtre et vous pourriez y perdre beaucoup.* »

Cette parole fut une lumière pour Ozanam en même temps qu'un soulagement. Bien des fois dans sa jeunesse, il put citer

Ampère.

à ses camarades qui voulaient l'entraîner au spectacle, la réponse de Chateaubriand et il se débarrassait ainsi des importuns. Il n'alla au théâtre qu'une seule fois dans sa vie ; il avait vingt-sept ans et c'était pour assister à une représentation de *Polyeucte.*

Un autre nom commençait aussi à cette époque à jeter son prestige fascinateur sur la jeunesse catholique. Ozanam alla frapper à la porte de Lacordaire ; celui-ci conserva un tel souvenir de cette visite que vingt ans après il la rappelait en ces termes :

« Il me faut traverser bien des années pour retrouver l'heure où je vis Ozanam pour la première fois. C'était dans l'hiver qui liait 1833 à 1834. Il devait avoir vingt ans. Il venait à cette heure comme l'avant-garde de la jeunesse qui devait bientôt, en entourant ma chaire, me relever de mes afflictions.

« Que me voulait-il? Ce n'était pas la lumière de la foi qu'il avait à me demander. Le souffle d'un doute réel n'avait en aucun temps terni la clarté de son âme... Ozanam avait eu ce bonheur de rencontrer au terme de ses études littéraires un maître capable d'éveiller sa raison. Une philosophie élevée, en lui ouvrant sur l'homme les mêmes points de vue que la foi, avait produit dans son intelligence cet accord tout-puissant des révélations et des facultés, qui agrandit et fortifie les unes par les autres, fait du chrétien un sage, du sage une créature qui ne s'enorgueillit ni de la science ni de la vertu. Tel était Ozanam lorsqu'il entra dans ma chambre et s'assit près de mon feu pour la première fois.

« Je ne me rappelle rien qui m'ait frappé dans sa personne. Il n'avait pas la beauté de la jeunesse. Pâle comme les Lyonnais, d'une taille médiocre et sans élégance, sa physionomie jetait des éclairs par les yeux, et gardait néanmoins dans le reste une expression de douceur. Il portait, sur un front qui ne manquait pas de noblesse, une chevelure noire, épaisse et longue, qui lui donnait cet air un peu sauvage que les Latins rendaient, si je ne me trompe, par le mot d'*incomptus*. Sa parole ne m'a point laissé de souvenir. Mais, soit qu'on me l'eût fait remarquer comme un jeune homme d'espérance, soit que la renommée ait depuis ranimé ma mémoire, je le vois très bien au lieu où il était et tel qu'il était.

« Que me voulait-il donc? C'est une grande chose pour un jeune homme que ses premières visites à des hommes qui ne sont pas de son âge, qui l'ont précédé dans la vie, et dont il espère, sans qu'il sache bien pourquoi, un accueil bienveillant. Jusque-là il n'a vécu que des caresses de sa famille et des familiarités de ses camarades; il n'a pas vu l'homme, il n'a pas abordé cette plage douloureuse où tant de flots déposent des plantes amères et creusent d'âpres sillons. Il ignore, et il croit. Ozanam ignorait aussi, et il croyait. Je n'étais pas d'ailleurs un homme pour lui, j'étais un prêtre. L'enfant qui s'est ouvert au prêtre en conserve un instinct de rapprochement, et ce que la femme est pour le cœur qu'agitent les passions, le prêtre l'est pour le cœur qui travaille à devenir pur. Ozanam venait donc à moi parce qu'il était chrétien et parce que j'étais un ministre et un représentant de sa foi, dont il avait ouï parler. Mais il y venait aussi, peut-être, par une sympathie d'un autre ordre, sympathie qui se lisait dans son esprit à tout ce qu'il avait de plus cher au monde, sa foi, sa patrie, la vérité, le bien, l'avenir du christianisme et l'avenir de la vérité (1). »

De ce commerce avec les hommes supérieurs, Ozanam rapportait une ardeur de travail qui consuma sa jeunesse et causera plus tard la fin prématurée de son existence. Mais à l'égal de son esprit, son cœur cherchait un aliment, et l'isolement de la famille était toujours pour lui d'un grand poids : « Me crois-tu heureux? écrit-il à un ami. Oh! non je ne le suis pas! car il s'est fait chez moi une solitude immense, un grand malaise. Séparé de ceux que j'aimais, je sens chez moi quelque chose d'*enfantin* qui a besoin de vivre au foyer domestique, à l'ombre du père et de la mère, quelque chose d'une indicible délicatesse qui se flétrit à l'air de la capitale. Et Paris me déplaît, parce qu'il n'y a point de vie, point de foi, point d'amour; c'est comme une sorte de cadavre auquel je me suis attaché tout jeune et tout vivant, et dont la froideur me glace et dont la corruption me tue. C'est vraiment au milieu de ce désert moral que l'on comprend bien et que l'on répète avec amour ces paroles du Prophète : *Habitavi cum habitantibus Cedar, multum incola fuit anima*

(1) LACORDAIRE, *Œuvres*, t. VIII.

mea! Si oblitus fuero tui, Jerusalem, adhæreat lingua mea faucibus meis! Ces accents de poésie éternelle retentissent souvent dans mon âme, et pour moi cette ville sans bornes où je me trouve perdu, c'est Cédar, c'est Babylone, c'est le lieu d'exil et de pèlerinage, et Sion, c'est ma ville natale avec ceux que j'y ai laissés, avec la provinciale bonhomie, avec la charité de ses habitants, avec ses autels debout et ses croyances respectées (1). »

Des aspirations si chrétiennes surprennent quelque peu sur les lèvres d'un si jeune homme; elles sont le fruit de son éducation profondément religieuse, car c'est toujours à la religion qu'Ozanam demande de remplacer pour lui ce foyer de la famille dont l'absence se fait si cruellement sentir :

« Le dimanche soir se passe souvent comme les autres jours; c'est-à-dire qu'après avoir causé une heure ou deux, je vais m'enfermer dans ma chambre et je m'y désennuie comme je peux. Oh! je vous assure que vous me manquez bien, surtout dans ces moments-là; les lieues qui sont entre vous et moi me semblent bien longues; je pense à ma bonne ville de Lyon, à ceux que j'y ai laissés et que j'aime tant. Je pense à ces soirées des dimanches d'hiver, que je passais au milieu de vous, sous l'aile de la famille, devisant avec mon cher Falconnet de mille choses, en jouant avec lui la fine partie de piquet, qui était quelquefois agréablement interrompue par le vin blanc et les marrons. Aujourd'hui, plus de tout cela... il y a un terme à toutes ces joies enfantines, et les plaisirs naïfs, domestiques, ne sont point pour celui qui vit dans l'isolement de la capitale.

» Ainsi je verrai passer le jour de l'an, ce jour tant aimé, je le verrai célébré autour de moi par une famille heureuse; un bon père accablé de caresses, près d'un foyer où je ne m'asseois qu'à titre d'hospitalité. Je verrai tout cela et je songerai que moi aussi j'ai un excellent père, que j'ai une mère chérie et des frères bien-aimés, et que je ne les embras-

(1) Lettre à Ern. Falconnet, 29 décembre 1831.

serai pas. Oh! si vous saviez tout ce que ces réflexions ont d'amer pour mon âme (1). »

On s'attendrit malgré soi à la lecture de ces lettres en voyant souffrir une âme si délicate; pour tromper son besoin d'affection, il se rattrape sur l'amitié :

« Oui, mon ami, nous sommes frères, frères de foi et d'études, frères d'âge et de projets, destinés à parcourir la même carrière; nos deux vies seront sœurs, elles marcheront ensemble, se tenant compagnie l'une à l'autre et tendant vers le même but. Fils d'un même sang, une même pensée réunit nos jeunes âmes, nos regards se portent vers un même avenir. N'as-tu pas épanché en moi tes sentiments, tes joies et tes douleurs? et moi, ne t'ai-je pas révélé mes plaisirs, mes tristesses, mes espérances? Oui, Dieu nous fit frères, il veut en nous la sainte fraternité de l'esprit, il l'a bénie, il en a fait la condition de nos destinées, qui seront belles peut-être (2). »

Toute sa vie, Ozanam a senti le besoin d'aimer et de s'attacher. Ce sentiment naturel devint au contact de la foi une vertu surnaturelle, la charité.

Ce fut surtout pendant le choléra de 1832 que son affection pour ses amis trouva à s'exercer. Le fléau sévissait dans toute sa violence et avait envahi avec une sorte de fureur la rue qu'il habitait; la Providence veillait sur Ozanam et son hôte, car le côté où se trouvait la maison de M. Ampère était respecté. Le docteur Ozanam voulut rappeler son fils à Lyon, mais celui-ci, préférant ne pas interrompre ses études, resta sur la brèche à une époque où l'épidémie faisait jusqu'à treize cents victimes par jour.

La charité et le zèle d'Ozanam commençaient déjà à produire leur effet et attiraient autour de lui un groupe d'amis : plusieurs avaient de commun avec lui non seulement les talents, mais aussi les sentiments élevés. Ils assistaient aux mêmes cours

(1) Lettre à sa mère, 23 décembre 1831.
(2) *Œuvres*, t. x.

et se communiquaient souvent leurs impressions. Ce fut ainsi qu'ils prirent la résolution de ne jamais laisser attaquer publiquement leur foi.

Plusieurs de leurs professeurs étaient rationalistes et se permettaient souvent d'élever la voix contre la papauté et le clergé. Le groupe d'Ozanam commença par protester ; on éluda leur protestation, mais ils la réitérèrent et on fut obligé d'en tenir compte.

Le combat le plus sérieux fut livré au cours de Jouffroy. Le célèbre philosophe n'avait pas craint de s'en prendre à la révélation elle-même et avait raillé spirituellement les dogmes chers aux catholiques. Ozanam lui écrivit par deux fois pour obtenir une réparation satisfaisante. Les attaques continuaient toujours.

Alors ses amis envoyèrent une adresse collective revêtue de quinze signatures et qui fut remise à M. Jouffroy lui-même. Le professeur ne put cette fois se dispenser de lire la pièce ; elle fut écoutée avec respect par un nombreux auditoire et le philosophe fut obligé d'en venir aux excuses : à l'avenir il respecta le christianisme et évita d'en blesser les croyances.

II

Cependant le cercle de jeunes gens qui s'était formé comme naturellement autour d'Ozanam, s'élargissait de jour en jour.

Son amabilité, son talent, mais surtout son zèle et sa charité le mettaient toujours en avant et il devenait, sans le chercher, le chef de toute cette jeune phalange d'esprits nobles et élevés, qui sentaient le mal de la société de leur temps et voulaient y apporter le remède.

Ils avaient fondé dans ce but une conférence d'études, où ils discutaient les plus intéressantes questions du droit, de la philosophie et surtout de l'histoire. Ils admettaient à leurs réunions des contradicteurs d'opinions très avancées, et ce fut l'occasion de la transformation que subit leur conférence.

Comme Ozanam l'a rapporté plus tard, ces opposants leur jetaient toujours à la face ce reproche : Le christianisme a rendu au vieux monde des services incontestables, nous le proclamons ; mais aujourd'hui de quelle utilité est-il à la société ; que faites-vous, vous catholiques, pour la génération présente?... Cet argument, fort réfutable de prime abord, le devenait moins à la réflexion, surtout pour des jeunes gens qui se sentent forts et veulent dépenser l'énergie dont ils sont capables.

Un ami d'Ozanam vint le trouver et lui dit au sortir d'une de ces réunions : « En effet, que faisons-nous? Nous parlons beaucoup de charité ; faisons-la plutôt et secourons les pauvres. » Ce que cet ami disait, tous les autres le pensaient et sentaient qu'il fallait répondre à l'insolent défi de leurs adversaires.

A côté de la conférence primitive, ils résolurent de fonder une conférence de charité. Qui en eut le premier l'idée? Ozanam peut-être : l'histoire ne nous le dit pas ; cette révolution avait surgi de la pensée commune qu'il ne suffisait pas de parler, mais qu'il fallait agir. Ils allèrent donc trouver la Supérieure d'une maison des Sœurs de Saint-Vincent de Paul, la Sœur Rosalie, d'excellente et vénérée mémoire, et lui demandèrent l'indication de quelques familles pauvres.

Puis, sentant qu'il fallait à leur tête un homme mûr et accepté, ils se rendirent chez M. Bailly, le priant de se faire leur guide et leur conseiller en attendant un autre titre. M. Bailly s'était occupé d'œuvres de jeunesse ; il avait fondé un cabinet littéraire sous le nom de *Société de bonnes Etudes*, dissous depuis un ou deux ans : il aimait les jeunes gens et savait les diriger avec une sagesse et une sollicitude toutes paternelles.

Ozanam et son ami lui exposèrent leurs projets, qu'il accueillit avec empressement, et il voulut bien accepter le rôle important de président qu'il devait occuper, à la satisfaction générale, pendant seize ans.

La conférence de charité était fondée. On était au mois de mai 1833. Huit membres la composaient : nous ne connaissons les noms que de six d'entre eux; ils méritent de rester dans l'histoire des œuvres. C'étaient : MM. Ozanam, Letaillandier, Devaux, Lamache, Lallier, Clavé. Pas un n'avait accompli sa vingtième année : pas un ne pouvait revendiquer pour lui seul l'œuvre qui venait de s'établir; comme le dira un jour Ozanam, c'est Dieu qui avait voulu et qui avait fondé la société.

Tout d'abord on convint de visiter les pauvres chez eux; la Sœur Rosalie fournirait les noms des familles indigentes; on partagerait entre tous le travail des visites. Les ressources étaient fournies par les quêtes hebdomadaires au sein de la petite société et surtout par les travaux des membres et leurs articles dans les journaux catholiques. Saint Vincent de Paul fut choisi comme patron de l'Œuvre; aucun nom, en effet, ne convenait mieux à une association qui voulait avant tout se distinguer par la charité et l'humilité.

A l'occasion de ce choix, Ozanam écrira plus tard une de ses plus belles pages :

« Un saint patron, dit-il, n'est pas une enseigne banale pour une société, comme un saint Denis ou un saint Nicolas pour un cabaret. Ce n'est même pas un nom honorable sous lequel on puisse faire bonne contenance dans le monde religieux : c'est un type qu'il faut s'efforcer de réaliser, comme lui-même a réalisé le type divin qui est Jésus-Christ. C'est une vie qu'il faut continuer, un cœur auquel il faut réchauffer son cœur, une intelligence où l'on doit chercher des lumières; c'est un modèle sur la terre et un protecteur au ciel; un double culte lui est dû, d'imitation et d'invocation.

« Saint Vincent de Paul, l'un des plus récents d'entre les canonisés, a un avantage immense par la proximité du temps où il vécut, par la variété infinie des bienfaits qu'il répandit, par l'universalité de l'admiration qu'il inspira. Les grandes âmes qui approchent Dieu de plus près y prennent quelque chose de prophétique. Ne doutons pas que saint Vincent de Paul n'ait eu une vision anticipée des maux et des besoins de notre époque. Il n'était pas homme à fonder sur le sable et à bâtir pour deux jours. La bénédiction du quatrième commandement est sur la tête des saints ; ils honorent ici-bas leur Père céleste, ils vivront longuement.

« Une immortalité terrestre leur est décernée dans leurs œuvres. C'est pourquoi les Augustin, les Benoît, les Bruno, les François, qui dorment depuis quinze, douze, huit, six siècles dans la poussière, ne cessent pas d'avoir leur postérité spirituelle, leurs représentants debout au milieu des ruines du passé.

« L'astre de saint Vincent de Paul, monté plus tard sur l'horizon, n'est pas destiné sans doute à fournir une moins longue carrière. Marchons à sa lueur : honorons aussi notre père en la personne de ce patron si digne d'amour, et nous vivrons longtemps. Nous verrons peut-être un jour les enfants de notre vieillesse trouver un large abri sous cette institution dont nous avons vu les frêles commencements. Nous surtout, habitants des provinces, nous tressaillirons de joie de pouvoir assurer à nos fils cette hospitalité parisienne qui rassura nos mères. Autour de nous montera, toujours croissant, le flot de la génération catholique, et nous apercevrons le moment où il débordera pour inonder et renouveler la face de notre pauvre patrie (1). »

Au début, la conférence ne chercha pas à susciter de nouvelles adhésions; on eût dit que ces huit jeunes gens gardaient un trésor dont ils étaient jaloux; mais bientôt, plusieurs demandes s'étant présentées, on décida de les accepter et au mois d'août le nombre des membres s'élevait à dix-huit. L'année suivante, ils étaient une centaine. Alors l'association, sans changer de but, parut destinée à rendre d'autres services.

Les jeunes gens qui en faisaient partie étaient à peu près tous des étudiants venus de la province pour compléter leurs études : les œuvres de charité et les bons exemples de leurs

(1) Lettre à M. Lallier, 17 mai 1838.

confrères leur rendaient la vertu plus facile et en faisaient presque nécessairement des chrétiens pratiquants.

Nous trouvons ce plan décrit tout au long dans une des plus jolies lettres d'Ozanam :

« A Paris, nous sommes des oiseaux de passage, éloignés pour un temps du nid paternel, et sur lesquels l'incrédulité, ce vautour de la pensée, plane pour en faire sa proie. Nous sommes de pauvres jeunes intelligences, nourries au giron du catholicisme et disséminées au milieu d'une foule inepte et sensuelle ; nous sommes des fils de mères chrétiennes, arrivant un à un dans des murs étrangers où l'irreligion cherche à se recruter de nos pertes. Eh bien ! il s'agit, avant tout, que ces faibles oiseaux de passage se rassemblent sous un abri qui les protège, que ces jeunes intelligences trouvent un point de ralliement pour le temps de leur exil, que ces mères chrétiennes aient quelques larmes de moins à répandre, et que leurs fils leur reviennent comme elles les ont envoyés.

« Il importait donc de former une association d'*encouragement mutuel* pour les jeunes gens catholiques, où l'on trouvât amitié, soutien, exemples ; où l'on rencontrât, pour ainsi dire, un simulacre de la famille religieuse dans laquelle on avait été nourri ; où les plus anciens accueillissent les nouveaux pèlerins de la province et leur donnassent une espèce d'hospitalité morale. Or, le lien le plus fort, le principe d'une amitié véritable, c'est la charité ; et la charité ne peut exister dans le cœur de plusieurs, sans s'épancher au dehors ; c'est un feu qui s'éteint faute d'aliments, et l'aliment de la charité, ce sont les bonnes œuvres. »

Suivant cette belle théorie, on chercha donc à accroître le plus possible le nombre des adhérents qui devint bientôt considérable, et on dut songer à diviser la réunion en deux conférences.

La première resta sur le territoire de la paroisse Saint-Etienne du Mont, tandis que la seconde émigrait près de l'église Saint-Philippe du Roule. Un troisième essaim s'installait rue Cassette, sur la paroisse Saint-Sulpice.

Ce fut un essor nouveau pour la Société et chaque conférence devint un centre où les recrues furent faciles. Les étudiants, membres des Conférences de Paris, en fondèrent d'autres à leur arrivée dans leur ville natale, et bientôt chaque cité eut la sienne, si bien qu'en 1851 il y avait en France quatre cent quinze conférences établies dans trois cent onze communes.

En 1853, dans le dernier discours qu'il prononça, Ozanam pouvait dire :

« A Paris seulement nous sommes deux mille, et nous visitons cinq mille familles, ou environ vingt mille individus, c'est-à-dire le quart des pauvres que renferment les murs de cette immense cité. »

Aujourd'hui c'est par milliers que se comptent les conférences qui répandent sur les pauvres du monde entier plus de dix millions d'aumônes par an.

Quelle est la cause de ces rapides et incomparables succès?... Dieu seul évidemment qui a fait germer le petit grain de sénevé et l'a fait devenir un grand arbre ; mais le principal instrument dont il s'est servi, c'est, de l'aveu de tous, Frédéric Ozanam.

A dix-sept ans il rêvait déjà de fonder une réunion de jeunes gens. C'est là une idée arrêtée, car dès le 20 novembre 1831, quelques jours après son arrivée à Paris, il écrit à un de ses amis : « J'espère parvenir à fonder la réunion dont je t'avais parlé ; j'ai déjà des données pour cela ; » et quelques semaines plus tard, il reprend ce même thême :

« Tu n'ignores pas combien je désirerais m'entourer de jeunes gens sentant, pensant comme moi ; or je sais qu'il y en a, qu'il y en a beaucoup ; mais ils sont dispersés comme l'or sur le fumier, et difficile est la tâche de celui qui veut réunir des défenseurs autour d'un drapeau. »

Cependant le caractère d'Ozanam convenait à cette mission délicate. Nous avons vu qu'il attirait naturellement à lui, et que les jeunes gens le recherchaient et se groupaient autour de lui. Dans des moments de confidence, il est obligé de nous avouer « qu'on veut faire de lui une sorte de chef de la jeunesse catholique de ce pays-ci. Nombre de jeunes gens, pleins de mérite, m'accordent une estime dont je me sens bien indigne, et les hommes d'âge mûr me font des avances. Il faut que je sois à la tête de toutes les démarches, et, lorsqu'il y a quelque chose de difficile à faire, il faut que ce soit moi qui en porte le fardeau. Impossible qu'il y ait une réunion, une conférence de droit ou de littérature, sans que je la préside ; cinq ou six recueils ou journaux me demandent des articles ; en un mot, une foule de circonstances, indépendantes de ma volonté, m'assiègent, me poursuivent, m'entraînent hors de la ligne que je me suis tracée (1). »

Ces aveux coûtent à son humilité et à sa réserve ; aussi s'en excuse-t-il bien vite : « Je ne te dis point cela par amour-propre : car, au contraire, je sens si bien ma faiblesse, à moi qui n'ai pas vingt et un ans, que les compliments et les éloges m'humilient bientôt, et me donnent presque envie de rire de ma propre importance (2). »

Cette influence était cependant réelle et quoique Ozanam ne se doutât pas de la mission qu'il remplissait, la Providence l'envoyait pour combler un abîme ; « il était l'un des instruments choisis par elle pour relever devant les hommes l'inaliénable honneur de la vérité. C'était là sa mission, le but de sa vie. Il devait être au lendemain de la défaite, l'un des premiers qui en changeraient la signification, le premier ou le second qui, au nom de Jésus-Christ, parviendrait à la sainte puissance d'une popularité sans tache. »

C'est cette popularité qui lui permit d'accomplir un rêve qui était devenu pour lui une tâche : cette tâche, il sut la remplir en exploitant dans ce sens la société d'études qui s'était formée sous une autre inspiration. Il en fit la Conférence de Saint-Vincent de Paul, avec l'aide de ses amis, et il en resta toujours le membre le plus actif.

Il dirigea plus particulièrement la Conférence de Saint-Etienne du Mont ; mais il ne resta jamais étranger à la direction générale ; il travailla au règlement de la société, et parvint à y maintenir

(1) Lettre à Ern. Falconnet, 7 janvier 1834.
(2) *Id.*

l'unité et l'esprit éminemment chrétien qui avait présidé à sa fondation. Pendant toute sa vie, ce fut sa préoccupation constante, son œuvre de prédilection.

« De toutes parts, à l'étranger comme en France, on s'adressait à lui pour demander conseils et directions. Ses lettres contiennent de précieux traits de lumière sur l'esprit généreux qui unissait les conférences naissantes et sur les progrès accomplis dans ce qu'il appelait naïvement « l'art de dévaliser les riches au profit des pauvres. » En 1844, on le pressa d'accepter la présidence générale de la Société : il refusa pour des motifs aussi pleins de délicatesse que purs de tout respect humain. Nommé à la vice-présidence, il remplit ses fonctions avec un zèle croissant jusqu'à son dernier jour (1). »

Une des plus grandes satisfactions de sa vie fut d'être témoin de l'extension merveilleuse de son œuvre et de voir les encouragements qu'elle reçut partout. Pie IX la bénit à différentes reprises, et, en 1855, il consentit à présider en personne l'assemblée générale des Conférences de Rome dans la salle consistoriale du Vatican.

Dans son allocution, il leur promettait non seulement les biens célestes, mais déjà il leur assurait le respect et la faveur du siècle ; car, « chose étrange, en vérité, et pourtant incontestable, le monde, tandis qu'il déprécie toute autre vertu, est prodigue de louange pour les œuvres de charité ! L'humilité, la chasteté, le zèle apostolique ne sont à ses yeux que bassesse, résistance aux lois de la nature, aveugle fanatisme. Ce n'est que pour bénir les effets de la charité que le monde s'unit à vous. Protestants, incrédules, mauvais catholiques confondent ici leurs sentiments avec ceux des vrais justes, et portent aux nues les œuvres charitables qui s'accomplissent parmi vous. »

La Société de Saint-Vincent de Paul restera comme un monument de la foi du XIXe siècle : ce sera l'œuvre par excellence de nos temps laïques ; et celles qui la suivront devront s'incliner devant leur devancière, suivant les belles paroles du comte de Mun fondant ses cercles catholiques d'ouvriers :

(1) C. HUIT, *La vie et les œuvres d'Ozanam.*

« Quand Frédéric Ozanam, à vingt ans, au milieu d'un monde affamé de puissance, de richesses et d'intérêt personnel, appelait à lui ses amis, ses compagnons d'étude, pour tendre avec la sienne leur main aux déshérités de la vie, quand il leur montrait la lutte engagée entre ceux qui ont trop et ceux qui ont peu, et qu'il les adjurait, au nom de leur titre de chrétien, de se jeter entre eux comme des médiateurs, assurément il mettait le doigt sur la plaie, il dénonçait le mal et il ouvrait la voie par où devraient nécessairement passer ceux qui voudraient y porter remède. *Voilà pourquoi l'œuvre d'Ozanam reste l'œuvre maîtresse, et comme l'atelier d'apprentissage où toutes les œuvres sociales vont chercher leurs ouvriers.* »

La fondation de la Société de Saint-Vincent de Paul restera comme le premier titre de gloire d'Ozanam apôtre, mais ce ne sera pas le seul : son titre de chef de la jeunesse catholique de 1830 va lui fournir une nouvelle occasion de manifester son zèle.

A ces jeunes gens, au cœur de feu, à l'âme ardente, il fallait une parole en harmonie avec leurs aspirations ; or il se trouvait qu'à cette époque la chaire chrétienne usait dans son enseignement de méthodes de démonstrations qui leur semblaient surannées. Ils eussent désiré des procédés plus jeunes, plus hardis, plus séduisants pour un public indifférent et ils résolurent de s'en ouvrir directement à l'autorité ecclésiastique.

Ozanam, comme toujours, fut placé à la tête de la députation chargée de se présenter devant l'archevêque de Paris et, dans les premiers jours de juin 1833, il remettait entre les mains de Mgr de Quélen une pétition couverte de cent signatures, qui demandait l'établissement, dans la chaire de Notre-Dame, de conférences capables de détruire les déplorables effets des leçons universitaires. L'archevêque reçut les délégués avec une grande bonté, il les bénit et les félicita de leur zèle, mais il ne crut pas le moment opportun et il réserva sa décision.

L'année suivante les mêmes députés, qui ne se lassaient pas, revinrent à la charge — cette fois-ci avec deux cents signatures, — et insistèrent pour avoir le P. Lacordaire.

« Au même moment la porte s'ouvrit et M. de Lamennais parut. Monseigneur courut au-devant de lui, l'embrassa, le prit par la main, et, se tournant vers les jeunes gens : « Voilà, Messieurs, l'homme qui vous conviendrait ; si la faiblesse de sa voix lui permettait de se faire entendre, il faudrait ouvrir les grandes portes pour laisser entrer la foule, et la cathédrale ne serait pas assez vaste pour contenir tous ceux qui accourraient autour de sa chaire. — Oh ! moi, maintenant, Monseigneur, répondit tristement M. de Lamennais, ma carrière est finie... » Les *Paroles d'un croyant* étaient imprimées et devaient paraître sous peu, mais on ne le savait pas (1). »

Avant de se retirer, les étudiants remirent à l'archevêque un mémoire rédigé par Ozanam, indiquant les questions que la jeunesse catholique désirait voir traiter dans les conférences. On y lisait ces lignes :

« Il est un âge où l'homme, revenu de ses premiers enchantements et quelquefois de ses premières erreurs, éprouve le besoin d'une doctrine certaine qui d'une part affermisse son intelligence, coordonne et vivifie ses premières études en les rattachant à un ordre d'idées supérieur, et d'un autre côté prépare sa vertu en lui traçant des règles de cette vie sociale où il va prendre une position définitive. La religion seule peut lui donner cette virilité d'âme nécessaire pour accomplir sa mission.

« Nous eussions désiré que cet enseignement fût tombé de la chaire sacerdotale, parce que sur les lèvres du prêtre se trouve une grâce qui fortifie et qui convertit. A tous la porte serait ouverte, et ceux qui errent et ceux qui croient, confondus dans la même enceinte, simples auditeurs, recueilleraient en silence la parole sacrée, germe qui grandirait dans leur cœur, fécondé par la méditation.

« Peut-être au milieu de ces jeunes gens réunis autour des mêmes autels, naîtrait un fraternel amour, qui les rapprocherait d'abord et qui, s'épandant ensuite, irait chercher l'indigence au dehors et lui porter secours. Alors, de toutes ces âmes

(1) *Œuvres complètes*, t. x.

rassurées par la foi ou consolées par la charité, s'élèverait un concert de louanges pour Dieu, de filiale reconnaissance pour l'Eglise, et de bénédictions pour celui qui aurait été l'auteur de tout ce bien, pour vous, Monseigneur. »

Mgr de Quélen parut touché, il se montra plus explicite que la première fois, et l'année suivante, le 8 mars 1835, Lacordaire prenait possession de la chaire de Notre-Dame.

L'œuvre des Conférences était fondée ; le P. de Ravignan n'avait plus qu'à la compléter en y joignant la retraite de la Semaine-Sainte suivie de la communion générale du jour de Pâques.

Ah ! ces communions générales, c'était pour Ozanam le jour du triomphe et de l'enthousiasme !...

« Rien de plus beau que l'assemblée, a-t-il écrit après l'une de ces cérémonies : à la sortie la foule se pressait par les trois portes pour couvrir la place. La grande basilique avec sa façade noire et ses tours majestueuses, laissant apercevoir par son portail ouvert la nef illuminée, représentant pour ainsi dire l'édifice sacré de la foi, dont les mystères aussi sont imposants et sévères au dehors, mais recèlent au dedans d'infinies clartés. Aujourd'hui une communion générale d'hommes couronnait les pieux exercices : nos rangs serrés remplissaient la nef du milieu deux fois longue comme celle de Saint-Jean ; il y avait de nobles et riches personnages, couverts de décorations, et à côté d'eux, des pauvres en veste à demi déchirée ; des militaires, des élèves de l'Ecole normale et de l'Ecole polytechnique, des enfants, mais surtout des étudiants en grand nombre. Après la communion qui, donnée par deux prêtres, a duré une heure, un *Te Deum* magnifique a rempli les voûtes, et nous nous sommes séparés profondément émus (1). »

Ce n'est pas un médiocre triomphe pour l'Eglise que cet admirable spectacle de quatre mille hommes se pressant autour de la chaire de vérité, chaque année, pendant six dimanches

(1) *Œuvres complètes*, t. XI.

OZANAM.

consécutifs et pendant les six jours de la Semaine-Sainte. Aucune tribune, que nous sachions, n'a réuni un auditoire aussi nombreux, aussi imposant par sa gravité, par sa science et par le respect religieux avec lequel il écoute. Que d'âmes droites et loyales ont été éclairées par la lumière divine de cette sainte parole ! Que de préjugés sont tombés ! Que de retours sincères où l'indifférence et les plus ardentes passions ont été vaincues ! puis toutes ces éclatantes victoires couronnées par cette magnifique communion pascale qui réunit en un commun banquet cinq à six mille hommes de tout âge et de toutes conditions (1) !

Telle est l'œuvre dont Ozanam a été l'un des principaux instigateurs.

III

Ozanam fut un apôtre, — ses œuvres en sont le plus sûr garant ; — mais par un privilège bien rare de la Providence, il se trouva que ce jeune homme plein de pitié pour les douloureuses réalités de la vie avait « un goût très vif pour les spéculations intellectuelles. » Artiste, poète, philosophe par nature, il avait le culte des lettres et de l'activité de l'esprit.

Le travail était un besoin pour lui et il savait trouver le temps pour tout ; c'est ainsi qu'en poursuivant le doctorat en droit il sut se faire recevoir licencié ès-lettres, permission spéciale de la Providence, car c'était de ce dernier côté qu'il allait trouver sa voie.

En effet Ozanam était professeur de droit commercial dans sa chère ville de Lyon, quand vint à vaquer la chaire de littérature étrangère à la Faculté des lettres. Pensant pouvoir cumuler les deux emplois, il brigua le poste près du ministre de l'instruction publique, M. Cousin, qui jadis lui avait offert une situation dans l'Université.

(1) C.-A. Ozanam, *Vie de Frédéric Ozanam*, p. 219.

La demande d'Ozanam fut agréée, mais à une condition : le ministre venait d'établir un concours spécial pour l'agrégation. C'était une innovation au succès de laquelle il tenait ; il pria donc Ozanam de vouloir bien grossir le nombre des concurrents :

« Ce n'est pas, lui disait-il, que vous puissiez espérer d'y réussir, car vous avez de redoutables concurrents qui se préparent depuis plus d'un an et vous n'avez que cinq ou six mois pour vous mettre en mesure ; mais je désire que ce premier concours soit brillant, et que le plus grand nombre de jeunes gens de talent s'y présentent. Si vous voulez bien me donner cette preuve de bonne volonté, je vous nommerai à Lyon. »

Ozanam se laissa tenter et par la promesse ministérielle et aussi par la voix secrète de sa conscience qui l'attirait dans cette lice glorieuse.

La tâche était effrayante, le programme si étendu, qu'à peine aurait-il le temps d'en prendre une connaissance superficielle. C'étaient tous les génies de l'humanité, depuis Homère et Platon jusqu'à Dante et Tasse, Calderon et Shakespeare, Racine et Schiller, qu'il fallait étudier en détail. Outre les trois langues classiques et les littératures française, latine et grecque, il fallait revoir tous les chefs-d'œuvre des langues anglaise, allemande, espagnole et italienne.

Au reste, la préparation des cours de droit commercial ne devait pas en souffrir. C'est là que nous pourrons admirer toute la puissance de travail et toutes les ressources d'intelligence d'Ozanam. C'est là son coup de maître. Pendant six mois, il put suffire à un labeur de dix-huit heures par jour, il accumulait les connaissances les plus variées, les soumettait, selon son expression, aux profondes élaborations de la chimie littéraire, les infusait, les analysait et se les assimilait comme un breuvage.

Bref, au jour dit, il était aux portes de la Sorbonne, en compagnie de six autres candidats préparés de longue main. Les deux premières épreuves lui semblèrent si imparfaites, qu'il manifesta de suite l'intention de se retirer. Il n'avait pas l'habitude d'une composition rapide et n'avait pu donner qu'un brouillon. Mais l'un des juges l'encouragea secrètement, et aux épreuves orales il se retrouva et reprit l'avance qu'il avait pu perdre.

Un moment cependant le sort se montra sévère ; il eut à traiter une question particulièrement difficile : l'*Histoire des Scholiastes grecs et latins*. Comme il nous le raconte lui-même, « on savait si bien que le candidat n'était nullement au courant de cette spécialité philologique, que la lecture du billet tiré au sort fut accueillie par un rire général de malice et peut-être un peu de vengeance par les nombreux universitaires qui composaient le public. » Ozanam, se sentant perdu et n'attendant plus rien de lui-même, s'abandonna tout entier à la Providence et lui jeta un suprême appel qui fut entendu, car pendant près de deux heures il parla des Scholiastes de façon à intéresser les juges et l'auditoire.

La victoire était gagnée, et le président de ce concours qui n'avait pas duré moins de quinze jours, décernait la palme à Ozanam en ces termes :

« Le candidat nous a semblé mériter le premier rang moins par ses connaissances classiques, fort étendues sans doute, mais égales peut-être chez d'autres, que par sa manière large et ferme de concevoir un auteur ou un sujet, par la grandeur de ses commentaires et de ses plans, par ses vues hardies et justes, et par un langage qui, alliant l'originalité à la raison et l'imagination à la gravité, paraît éminemment convenir au professorat public. »

Ce triomphe fut accueili par des applaudissements unanimes auxquels il cherchait modestement à se soustraire, disant : Si j'ai réussi, je le dois à ma foi, à ma confiance en Dieu, « c'est elle qui amène la pensée, maintient l'harmonie dans l'intelligence, la chaleur et la vie dans le discours. Aussi puis-je dire : « *In hoc vici,* » c'est la cause de mon succès. »

Le résultat de ce triomphe littéraire fut d'ouvrir à Ozanam les portes de la Sorbonne : on l'appelait à y suppléer un de ses juges, le célèbre philologue Fauriel, professeur de littérature étrangère. Ozanam eut un moment d'hésitation ; il ne s'était jamais arrêté à une perspective semblable et n'ambitionnait que de retourner à Lyon à la chaire qui lui avait été promise.

Mais sa place était à la Sorbonne ; il y avait une mission à remplir et ce fut M. Ampère qui eut l'honneur de le persuader et de l'enchaîner à son triomphe.

« Il lui marqua sa place, a dit Lacordaire, avec la sagacité d'un augure et l'autorité d'un maître.

« On était à la fin de 1840, Ozanam avait vingt-sept ans.

« C'est un beau jour que celui où, parvenu à mi-chemin de la vie, tout voile levé, toutes incertitudes dissipées, le front serein et le cœur à l'aise, l'homme a le secret de Dieu sur lui et asseoit la tente où il achèvera de vivre... Ozanam, venu à Paris simple étudiant, avait, en neuf années d'efforts, conquis un rang distingué dans une double carrière, la jurisprudence et les lettres (1). »

Après quelques mois du voyage le plus poétique, — il venait d'épouser Mademoiselle Soulacroix, — le professeur parut dans sa chaire ; en sa personne l'enseignement catholique reprit possession de cette vieille Sorbonne dont les murs n'étaient plus guère habitués à entendre la défense des vieux principes chrétiens.

Ozanam arrivait avec tout un programme nouveau : c'est l'Eglise, proclamait-il, qui a sauvé la civilisation et l'a renouvelée, et pour le démontrer il remontait les âges, preuves en main et documents à l'appui. De l'érudition, de la critique, de l'histoire, — toutes choses nouvelles et modernes, — il faisait des moyens d'apologie. Avec son érudition abondante, précise, avec sa critique impartiale, rigoureuse, avec ses données historiques sincères, complètes, il défendait la cause de l'Eglise et s'écriait d'une voix de triomphateur :

« Il ne faut pas croire que la foi retienne les chrétiens éloignés des connaissances humaines. La religion ne leur permet pas seulement, elle leur recommande la science. »

Mais entrons dans le détail.

(1) LACORDAIRE, *Œuvres*, t. VIII.

Le sujet choisi par Ozanam pour son cours était la *Littérature allemande au moyen-âge ;* il se proposait d'en faire l'histoire générale du XIIe au XVe siècle et de reprendre ensuite l'étude spéciale des principaux ouvrages qu'elle a laissés. Le moyen-âge, c'est l'adolescence de l'humanité chrétienne et les temps nouveaux ont besoin dans leur virilité orageuse de reporter souvent leurs regards sur cette époque vivifiante. Pour cela, Ozanam, négligeant l'autorité parfois suspecte des traditions, remonta jusqu'aux sources, malgré la difficulté de la tâche ; à la suite des Augustin Thierry et des Guizot et avec la plus grande conscience, il apporta dans cette époque de ténèbres le flambeau investigateur et ne se laissa rebuter ni par l'insuffisance des documents ni par la stérilité apparente des résultats ; mais au travail que ceux-ci avaient fait comme lui en érudits et en philosophes, il ajouta la foi du chrétien qui est heureux de révéler et de faire aimer les bienfaits et les grandeurs du christianisme.

Ce fut toujours là l'idée maîtresse qui inspira son travail d'érudition. Ozanam fut donc, avant tout, un studieux et patient investigateur du moyen-âge et du moyen-âge étudié de préférence à son berceau. La tâche était rude : « Ces questions d'origine sont volontiers enveloppées de ténèbres. De toutes parts l'œil n'aperçoit que décombres éclairés d'un jour douteux. Il faut une curiosité et une ardeur peu communes pour s'acharner à arracher à ces siècles obscurs ce qu'ils cachent d'instructif, pour s'enfermer dans ces époques préliminaires d'élaboration, de préparation, d'incubation, si j'ose le dire, où les débris du passé, qui sont en même temps les éléments de l'avenir, fermentent, se confondent, s'amalgament de mille manières. Les poètes n'ont jamais fait défaut pour chanter les vertes forêts, les moissons fécondes et les guérets dorés. Seul, le naturaliste a la patience de suivre pas à pas la lente germination qui, du grain de blé ou du gland jeté en terre et condamné à mourir, tire un épi ou un chêne plein de sève ou de vie (1). »

Telle fut l'œuvre d'Ozanam, et tandis que ses devanciers

(1) C. Huit, *loc. cit.*

dans la même carrière avaient cherché les rapports de la littérature et de la civilisation moderne avec les évènements extérieurs et les vicissitudes politiques, pour lui, il s'attacha au monde des âmes, des idées et des convictions.

Ce but l'amenait directement à cette grande idée qu'il avait nourrie toute sa vie et qui, nous l'avons vu, avait bercé sa jeunesse, la justification du christianisme par l'histoire, et surtout par l'histoire des premiers siècles du moyen-âge.

L'avant-propos placé en tête de ses œuvres nous indique sa pensée tout au long :

« Je me propose d'écrire l'histoire littéraire du moyen-âge depuis le ve siècle jusqu'à la fin du XIIIe, et jusqu'à Dante, à qui je m'arrête comme au plus digne de représenter cette grande époque. Mais dans l'histoire des lettres j'étudie surtout la civilisation dont elles sont la fleur, et dans la civilisation j'aperçois principalement l'ouvrage du christianisme. Toute la pensée de mon livre est donc de montrer comment le christianisme sut tirer des ruines romaines et des tribus campées sur ces ruines une nouvelle société capable de posséder le vrai, de faire le bien et de trouver le beau... Je ne poursuis point la gloire qui ne se donne qu'au génie; je remplis un devoir de conscience (1). »

Puis il fait remarquer ce point trop vrai que, pendant que les catholiques se sont arrêtés à la défense de la doctrine, les incroyants se sont emparés de l'histoire. Ils ont traité l'Eglise en ennemie ou tout au plus lui ont accordé le respect qu'on donne à une grande ruine. « A nous, dit-il, de reconquérir ce domaine qui est à nous, puisque nous le trouvons défriché de la main de nos moines, de nos bénédictins, de nos bollandistes. »

Dans cette croisade contre l'erreur, Ozanam a lutté au premier rang : « Son œuvre peut être comparée à un second *Génie du Christianisme,* moins poétique sans doute, mais aussi plus scientifique que le premier et mieux approprié aux exigences de l'esprit moderne. C'est qu'en effet toute cette histoire littéraire et sociale des temps barbares, esquissée d'une main à la fois si habile et si sûre, n'a qu'un but : mettre en lumière la longue

(1) *Œuvres d'Ozanam*, t. 1er.

et laborieuse éducation dont l'Europe est redevable au catholicisme (1). »

Mais, pour le professeur, la science n'est pas la seule qualité requise ; il faut aussi savoir la communiquer, et ces deux talents se trouvent rarement réunis dans un même homme. A l'un, la patience nécessaire à l'investigation des livres et de l'antiquité ; à l'autre, le feu ardent qui fait jaillir la parole d'une pensée créatrice.

Or, Ozanam, par un singulier privilège de la Providence, « possédait à la fois l'éloquence et l'érudition. L'une lui était aussi naturelle que l'autre (2). » Il était épris d'un égal amour pour la science et pour la poésie ; il animait sa pensée par la chaleur de sa parole et fécondait sa parole par le dur labeur de sa pensée. Ayant à son service les plus heureux secrets de l'art et l'enthousiasme de sa parole convaincue, il soulevait son auditoire par sa brillante imagination, le saisissait par sa raison forte et exercée, et après l'avoir subjugué pendant une heure durant, le rendait à lui-même charmé et instruit.

Ozanam, on le devine, ne trouva pas du premier coup cette puissance communicative ; il dut faire l'apprentissage de la parole publique devant un auditoire distingué entre tous. Plus que personne, il connut les hésitations et les tremblements de l'orateur, tourments qui arrachaient des cris à Cicéron et qu'il traduisait ainsi : « Quel est celui qui, au moment de parler, n'a senti ses cheveux se raidir et ses extrémités se glacer ? »

Ozanam arrivait au cours assez embarrassé ; à peine jetait-il sur l'auditoire un regard timide : ses premières paroles témoignaient de sa gêne ; mais peu à peu, à mesure que le sujet sortait de sa première esquisse et commençait à prendre corps, le regard devenait plus sûr, la parole plus ferme et plus accentuée, le cœur montait aux lèvres, la conviction à l'esprit, et l'auditoire recevait les premières effluves de ce torrent qui bientôt, sous les applaudissements de la salle, rompait toutes ses digues et tombait à flots sur une terre émue et féconde.

(1) C. Huit.
(2) Le P. Lacordaire.

Personne ne goûta plus qu'Ozanam l'attrait du professorat ; c'est qu'il y trouvait l'occasion de dépenser toute son âme, ainsi que le riche trésor qu'elle renfermait. Au déclin de sa vie il écrira : « Je ne connais pas de bonheur plus grand que de parler à des jeunes gens qui ont de l'intelligence et du cœur. Ah ! pauvre Sorbonne ! que de fois je retourne en pensée vers ses murs noirs, dans sa cour froide, mais studieuse, dans ses salles enfumées, mais que j'ai vues remplies d'une si généreuse jeunesse ! »

Toute sa vie, Ozanam se sentit attiré par les jeunes gens. Le secret de cette inclination doit se retrouver dans son grand cœur qui resta toujours jeune et prêt à se livrer.

Aussi au mois d'octobre 1841, accepta-t-il avec empressement la proposition que le P. Gratry, alors directeur du collège Stanislas, lui fit d'adjoindre à sa chaire de Sorbonne celle de professeur de rhétorique dans ce collège.

C'était une somme considérable d'heures d'études ajoutées à celles qui remplissaient déjà ses journées ; mais jamais le travail ne fit peur à Ozanam, et ce travail, il l'aimait. Les vingt jeunes gens qui entouraient sa chaire, étaient pour lui une nouvelle famille, et son plus grand bonheur était d'élargir pour eux les horizons de la vie intellectuelle. Il donnait aux plus rebelles le goût des choses de l'esprit et savait réchauffer par les ardeurs de sa parole les âmes les plus stériles et les plus glacées.

« Il fallait l'entendre, nous raconte l'un de ses meilleurs élèves, devenu académicien, et professeur de philosophie à la Sorbonne, M. Caro, il fallait l'entendre expliquer Virgile, il fallait le voir tenant à la main un vieil exemplaire des *Géorgiques*, lisant ce poème tout pénétré du parfum de la nature, s'animant à cette grave mélodie du vers latin, et après les essais malheureux de quelque écolier inégal à tant de perfection, reprenant la traduction faiblement ébauchée, rectifiant le sens indécis, et luttant à son tour, de grandeur avec une belle image, d'harmonie avec cette poésie qui est l'harmonie même. C'était plaisir d'assister à un enthousiasme si naïf et si vrai. Dante lui avait appris à aimer Virgile avec une sorte de piété. Toute son âme passait dans ces improvisations jetées avec une verve brûlante sur le texte latin. La traduction appelait le commentaire ; le commentaire d'un vers appelait le commentaire du poème tout entier (1). »

Aussi chaque élève subissait cet entraînement, et attirés par cette curiosité nouvelle, « ces écoliers maussades et grossiers, ces béotiens de collège, qui sont le désespoir des professeurs et la honte d'une classe, ne restaient pas toujours isolés dans leur indifférence. Quelques-uns comprenaient, d'autres croyaient comprendre, ce qui était déjà un grand progrès. »

Cette action d'Ozanam sur les intelligences les plus rebelles tenait évidemment à l'élévation morale de son enseignement, mais aussi à la grâce aimable avec laquelle il le distribuait :

« Pas l'ombre de pédantisme, l'ingénuité même, et l'esprit dans toute sa naturelle vivacité, car il en avait, et du meilleur, du plus agile à la répartie et du plus gai. A cette époque privilégiée de sa vie, où nous l'avons rencontré pour la première fois, et où sa maturité précoce retenait encore tout l'entrain et le premier élan de la jeunesse, il se livrait volontiers à cette aimable et franche gaieté d'esprit, qui est un rafraîchissement au milieu des études austères. Il s'y abandonnait avec cette sincérité d'une âme excellente et pure que les fortes douleurs n'ont pas encore touchée, et qui, pleine de la joie de sentir vivre sa pensée et son cœur, laisse de temps à autre cette joie de la vie intérieure éclater au dehors.

« Notre jeunesse surtout semblait lui rendre toute la sienne : ce savant, qui déjà avait publié des travaux considérables, et qui portait de grandes choses dans sa pensée, redevenait à certaines heures, naïf et joyeux avec nous. Il avait le rire si franc, si naturel, la plaisanterie si agréable, si vivement tournée, bien que toujours tempérée par un sentiment exquis des convenances, que c'était un charme de le surprendre en ces douces gaietés...

« Parfois il cédait à nos innocentes provocations ; quelque chose agissait alors en lui : soit le charme du beau soleil, dont

(1) *Revue contemporaine*, article sur OZANAM.

il était amoureux comme un poète ; soit l'influence d'un de ces rayons intérieurs qui, sortis du plus profond de l'âme, viennent s'épanouir à la surface ; il fallait l'entendre alors. Que de jeunesse dans cet esprit déjà vieux par la science ! Quelle candeur dans la gaieté, et, par un étrange contraste, quelle finesse dans la plaisanterie ! Candide et fin, c'était bien la manière d'être d'Ozanam, quand il s'égayait, et s'il y a une contradiction, nous la mettons à la charge de la nature, qui avait conservé à Ozanam la simplicité du cœur, au milieu des raffinements littéraires de l'esprit (1). »

Ingénu et bon, Ozanam savait encourager les efforts de ses élèves et pourvu que l'on fût courageux, il était content : « il adorait la bonne volonté. » Il faut dire aussi à la louange de ses élèves qu'ils surent reconnaître son dévouement, et lui témoignèrent en plus d'une occasion la vivacité de leur attachement. Aussi, chose difficile à croire, un bon nombre de ses élèves redoublèrent leur rhétorique pour conserver l'avantage de jouir des leçons de ce professeur si apprécié, et l'un de ses biographes fait de son enseignement ce bel éloge : « Avec une classe de vingt élèves l'érudit chrétien avait trouvé le moyen de donner à la France plus d'hommes distingués, d'une religion éprouvée, d'un talent indiscutable, que les professeurs réunis de cinquante lycées. »

Pendant ce temps le cours de Sorbonne n'était pas négligé ; c'est là que la tâche du professeur était d'un ordre plus élevé et d'une préparation plus exigeante ; mais Ozanam n'y fut pas inférieur, et grâce à son activité intellectuelle, à ses scrupuleuses recherches, à ses talents d'exposition dans les choses ardues, à son enthousiasme pour les sentiments nobles et élevés, à son éloquence en un mot, il eut le mérite toujours rare de se faire un public d'élite qui devint plus nombreux à mesure que le professeur fut plus connu. Tous ceux qui l'ont entendu ont gardé de lui un souvenir formé d'un précieux mélange de respect et d'affection.

(1) *Revue contemporaine.*

Et pendant que les cours de certains professeurs étaient troublés par des auditeurs malveillants qui en voulaient à leurs doctrines trop franchement chrétiennes, le sien où il ne cessa jamais d'afficher avec la plus grande indépendance la pureté de sa foi et de ses convictions religieuses, resta toujours à l'abri des tentatives de ce genre.

C'est que sans doute on prévoyait que sa bonté et sa douceur désarmeraient les plus entreprenants. Et, « même aux plus mauvais jours, lorsqu'une chaire voisine de la sienne et animée d'un esprit semblable tombait sous l'effort des passions, Ozanam n'eut rien à diminuer du courage de ses lèvres et de la simplicité de son cœur. Dieu bénit l'un et l'autre. Tout lui fut pardonné pendant douze années, et il mourut populaire comme il avait vécu (1). »

La popularité en effet est un des mérites d'Ozanam ; il se manifeste à toutes les périodes de sa vie. Jeune homme, nous l'avons vu entouré par les étudiants de son âge ; il était obligé de s'écrier avec effroi : on veut faire de moi un chef de la jeunesse catholique ; professeur, ses élèves l'adorent et non seulement entourent sa chaire avec empressement, mais à la sortie du cours, ils lui font cortège le long des allées du Luxembourg et le suivent jusque chez lui, avides de recueillir ses paroles les plus intimes.

Si nous recherchons les causes de cet entraînement, nous en retrouverons deux principales. Sa courageuse et sa constante affirmation des mêmes vérités, voilà la première. Nous avons vu dès sa jeunesse poindre en lui une conviction profonde du christianisme, et un désir ardent de lui consacrer tous les travaux de son esprit. Or, il n'y a, selon la remarque d'un homme justement populaire, que les convictions invincibles qui règnent sur les âmes ; encore faut-il qu'elles soient au service d'une cause qui intéresse les générations, et que le talent y rehausse la fermeté de la conduite et l'éclat du dévouement.

(1) Le P. LACORDAIRE.

Toutes ces conditions se trouvèrent remplies dans Ozanam ; nul dévouement ne surpassa le sien, peu de talents égalèrent ceux dont la Providence l'avait largement doué et sa cause intéressante au suprême degré était la cause de toute la génération catholique. Jamais pendant les douze années qu'il occupa sa chaire de Sorbonne, Ozanam n'eut à se reprocher de s'être dérobé à la tâche de défenseur presque unique de la vérité, et d'avoir caché par peur son titre et son drapeau de chrétien.

Il se trouva cependant plusieurs fois dans des circonstances délicates. On était au plus fort de la lutte pour la liberté de l'enseignement, tous ses amis étaient les plus illustres champions des revendications nouvelles. Sans oublier qu'il appartenait au corps dépositaire légal du monopole de l'enseignement, Ozanam resta dans la solidarité la plus entière avec tous ces hommes de cœur qui combattaient le bon combat. Il fut de toutes les assemblées, de toutes les réunions de cette époque et il mérita ce beau témoignage « qu'il garda tout ensemble l'affection des catholiques, l'estime du corps dont il était membre, et, au dehors des deux camps, la sympathie de cette foule mobile et vague qui est le public, et qui tôt ou tard décide de tout. »

L'explication de ce fait, nous la trouvons dans la seconde cause de la popularité d'Ozanam. Nous voulons parler de sa bonté, de sa modération et en même temps de sa justice. « Doux envers tout le monde et juste envers l'erreur, » a-t-on dit de lui ; tel est en effet le caractère de ce grand homme : à d'inébranlables convictions, il sut toujours allier une grande élévation de jugement et une immense douceur de caractère.

Sa modération prenait sa source dans un cœur calme et maître de ses passions. Il savait que le sarcasme qui a beaucoup détruit n'a jamais rien relevé, qu'il ne s'agit pas d'écraser les âmes, mais de les sauver ; aussi n'eut-il recours qu'à la bonté et à la juste mesure — c'étaient là ses seules armes. — Et Lamartine rend ce témoignage qu'il y avait autour d'Ozanam comme une atmosphère de tendresse pour les hommes.

« Dieu pour toucher le monde unit parfois la tendresse au génie, dans une même créature. Ozanam était de ces créatures privilégiées. Au jour de son baptême invisible, il avait reçu l'huile avec le vin, et ces deux sources nées en lui le même jour l'avaient fait croître en grâce devant Dieu et devant les hommes. On a beau lire les pages qu'il nous a laissées, on a beau se rappeler ses actes et ses discours, on n'y découvre ni la colère qui se venge, ni l'amertune qui s'accroît en se répandant, ni le mépris qui brave, ni l'ironie qui se moque sous prétexte d'instruire ou de corriger. Sans abaisser jamais l'Eglise devant le monde, il tient d'une main généreuse, parce que c'est la charité qui la guide, le sceptre tout-puissant de la vérité. Il plaint plus qu'il n'accuse, il pardonne plus qu'il ne condamne, et, toujours invincible sous le bouclier, il tempère dans son épée la force qu'il y sent, de peur d'achever la mort en quelque âme qui peut encore revivre (1). »

Au déclin de son existence il pourra écrire : « Une de mes plus douces consolations, au penchant de ma carrière, c'est la certitude de n'avoir jamais insulté personne, irrité personne, tout en défendant la vérité avec énergie. »

Mais si Ozanam ménage ceux qui l'entourent, il réserve pour lui-même toutes ses rigueurs : à trente-trois ans ses traits sont déjà altérés ; le travail l'a marqué de son empreinte.

Ses amis essaient en vain de modérer son ardeur et de contenir cette verve qui l'emporte ; rien n'y fait. Il avoue lui-même « qu'il brûle la chandelle par les deux bouts, » et un autre jour : « Je me suicide, je le sens, mais Dieu le veut ainsi. »

Ozanam le croit du moins ; il suffit d'en appeler à sa théorie sur le travail :

« Le travail est la loi commune des hommes, disait-il en un jour solennel au collège Stanislas ; c'est aussi celle des intelligences, car c'est également pour les labeurs de l'esprit qu'au jour de la chute fut prononcée cette parole : « Tu mangeras ton pain à la sueur de ton front. » Voyez dans l'Eglise cette longue tradition du travail, depuis Origène, l'homme aux *entrailles d'airain*, depuis saint Augustin qui commença si tard,

(1) Lacordaire, *Œuvres*, t. viii.

et qui pourtant a vu toutes choses, jusqu'à saint Thomas qui mourut à quarante-neuf ans, laissant à la science dix-sept volumes in-folio. Dans les temps plus modernes, c'est Bossuet se levant à deux heures du matin pour reprendre un ouvrage à peine interrompu ; c'est d'Aguesseau professant que le changement de travail était pour l'esprit une récréation suffisante ; ce sont tous ces magistrats du XVIIe siècle, allant dès six heures du matin s'asseoir sur les fleurs de lis, donnant tout le jour aux fonctions publiques, le soir à l'éducation de leurs enfants, partageant la nuit entre l'étude et la prière...

« Aujourd'hui, Messieurs, nous ne travaillons pas... Sept ou huit heures par jour données à la science alarment pour nos misérables santés la sollicitude de nos amis... Sachons-le pourtant, il ne faut pas se croire dispensé par la loi de la fatigue et des veilles. Le travail, châtiment de la déchéance, est devenu la loi de la régénération. C'est lui qui fait les époques glorieuses quand il y trouve l'inspiration; et, quand elle n'y est pas, c'est encore lui qui fait les hommes utiles et estimables (1). »

Dans une autre circonstance, s'adressant à l'élite de la jeunesse parisienne, il reprenait ainsi le même sujet :

« Tous les jours, nos amis, nos frères, se font tuer comme soldats ou comme missionnaires sur la terre d'Afrique ou devant le palais des mandarins. Que faisons-nous, nous autres, pendant ce temps-là ? Croyez-vous que Dieu ait donné aux uns de mourir au service de la civilisation et de l'Eglise, aux autres de vivre les mains dans leurs poches et de se coucher sur des roses ? Ah ! Messieurs, travailleurs de la science, gens de lettres chrétiens, montrons que nous ne sommes pas assez lâches pour croire à un partage qui serait une accusation contre Dieu qui l'aurait fait, et une ignominie pour nous qui l'accepterions. Préparons-nous à prouver que, nous aussi, nous avons nos champs de bataille où parfois l'on sait mourir. »

C'est sur ce champ de bataille que, joignant l'exemple au précepte, Ozanam tombera. En 1851, il dut interrompre son

(1) *Œuvres complètes*, t. VII.

cours et s'aliter, miné par la fièvre. Mais voilà qu'il apprend que son auditoire se plaint de son absence et l'accuse d'en prendre à son aise comme plusieurs de ses collègues. Aussitôt, négligeant toute prudence et s'arrachant des bras de sa femme, il se lève et court à son poste :

« Messieurs, dit-il, on reproche à notre siècle d'être un siècle d'égoïsme, et l'on dit les professeurs atteints de l'épidémie générale. Cependant c'est ici que nous altérons nos santés, c'est ici que nous usons nos forces ; je ne m'en plains pas : notre vie vous appartient, nous vous la devons jusqu'au dernier souffle, et vous l'aurez. Quant à moi, Messieurs, si je meurs, ce sera à votre service. »

L'auditoire confus salua ces paroles par de frénétiques applaudissements. Hélas ! c'étaient les derniers adieux d'Ozanam à cette chaire qu'il occupa douze ans.

L'année suivante — 1853 — il acheva de mourir : et maintenant sa dépouille mortelle sommeille dans la crypte de l'église des Carmes, à l'Institut catholique de Paris. « Il repose sous les pieds de cette jeunesse qu'il a évangélisée par sa vie, et à laquelle il parle encore du fond de sa tombe. »

MONSEIGNEUR FREPPEL

Sa Jeunesse. — Le Professeur. — L'Evêque. — Le Député.

(1827-1891)

C'était à la Sorbonne qu'Ozanam avait servi l'Eglise; ce sera également à la Sorbonne, dans la chaire d'éloquence sacrée, que se révélera le savant et énergique défenseur dont l'Eglise peut se glorifier en la personne de Mgr Freppel.

Successivement professeur, évêque, député, partout il se montrera impitoyable adversaire de l'erreur et terrible champion de la vérité. A la Sorbonne, dans la chaire sacrée, à la tribune parlementaire, sa parole sera le glaive qui fera reculer l'ennemi et assurera à l'Eglise du XIXe siècle un de ses plus intrépides jouteurs.

I

Charles-Emile Freppel naquit le 1er juin 1827, à Obernai, au cœur de cette Alsace que plus tard il aimera à décrire avec son cœur de patriote et son talent d'écrivain.

« Entre le Rhin et les Vosges s'étend une vallée que Dieu s'est plu à enrichir des dons de la nature. Nulle part ailleurs le ciel ne s'est montré plus prodigue de ses bienfaits, ni la terre plus féconde dans ses produits. Jetée là, le long de la grande artère de l'Europe civilisée, entre deux nations qu'elle rapproche ou qu'elle divise, la race à qui Dieu destinait ce sol privilégié devait se ressentir d'une situation pareille. De même que le sang germain et le sang gaulois allaient se mêler dans ses veines, ainsi unirait-elle à la vivacité de l'intelligence l'énergie persévérante de la volonté.

« Quand l'Evangile vint saisir ce peuple si fortement trempé, il ne fit qu'ajouter à ses qualités natives en les élevant. Tandis que les Amand, les Materne, les Argobaste illustraient le siège épiscopal par l'éclat de leur sainteté, des légions de vierges se pressaient sur les pas des Odile et des Attale, pour embaumer les montagnes et les vallées du parfum de leurs vertus. Pas de région où la foi catholique ait jeté de plus profondes racines : comme si Dieu avait voulu que ce peuple, exposé à toutes les vicissitudes de la patrie terrestre, se rattachât plus étroitement à la grande patrie des âmes, pour y retrouver, à chaque changement de régime, une force et une consolation. Aussi, ce qui domine dans son histoire, par-dessus les rivalités des nations qui en ont fait depuis dix siècles l'enjeu de leurs luttes, c'est la constance d'une foi restée inébranlable devant les bandes de Gustave-Adolphe, comme sous les sicaires de la Révolution.

« Et comme l'esprit militaire s'associe merveilleusement à l'esprit chrétien, pour la défense des deux plus grandes causes qu'il y ait ici-bas, l'un et l'autre devaient se rencontrer dans cette race fidèle en ses promesses, jalouse de ses libertés publiques, et ne se donnant jamais qu'à ceux qui l'aiment et savent se faire aimer d'elle. Bref, en résumant les traits qui la distinguent, on ne saurait mieux la définir qu'en l'appelant une race à la fois religieuse et guerrière, une race de missionnaires et de soldats. »

La seule lecture de cette page d'un style noble et fort révèle la nature vigoureuse de l'enfant qui s'appelait Emile. Un frère aîné, Jules, comptait trois ans de plus que Emile, mais avait grand'peine à maintenir son droit d'aînesse.

C'était chaque jour des luttes continuelles dont le refrain était pour le pauvre Jules, d'un caractère doux et timide :

« Maman, Emile m'a battu ! » On croyait à la vocation sacerdotale de l'aîné, tandis que le jeune Emile promettait de faire un soldat. Pas du tout, Jules entra à Saint-Cyr et son frère fut évêque.

Au reste le futur champion de l'Eglise n'a encore que huit ans qu'il déclare sa vocation. On lui demande s'il veut être prêtre : « Non, répond-il aussitôt, mais je veux être évêque ! »

Le fait est que chez lui le travail répond à l'ambition ; il prend déjà dans sa classe une place qu'il ne cédera jamais à personne ; et il faut de bonne heure compter avec lui. Qu'un camarade deux fois plus fort vienne l'insulter, Emile lui saute au visage et se prépare à lui faire un mauvais parti. Mais chez lui le cœur est aussi prompt que le bras, il ignore la rancune ou la jalousie ; on l'appelle Freppel à la tête de fer et au cœur d'or.

Or cette tête est un creuset prodigieux où s'entassent et s'élaborent déjà les matières les plus disparates. Passionné pour la lecture, on trouve toujours et partout le collégien avec ses livres, à la maison, dans les chemins, sur les remparts.

La classe finie c'est à qui, d'Emile ou de Jules, s'emparera du journal : la sagesse paternelle a beau le dérober, les enfants le dénichent et s'enfuient dans quelque recoin pour le dévorer jusqu'à la dernière ligne. Bien des fois Emile fut surpris dans cette lecture clandestine.

Par bonheur il en faisait de meilleures ; et bientôt la bibliothèque de la famille comme celle du collège furent parcourues jusqu'à leur dernier volume par l'avidité de l'enfant. A une intelligence médiocre, cette fièvre de lecture n'eût été que nuisible, mais chez Emile Freppel, sa prodigieuse mémoire classait tout avec ordre.

Passionné pour la lecture, Emile l'était également pour le jeu : il lui fallait du mouvement, du grand air et de longues promenades. Autour de sa ville natale il trouvait tout cela :

« A l'ouest, au premier plan, le clocher de Bernardswiller, dont l'histoire se mêle intimement à celle d'Obernai. Plus en arrière, la silhouette des Vosges forme un horizon grandiose et charmant, surtout le soir, quand le soleil jette sur les vieux châteaux qui couronnent les crêtes ses reflets d'or. La verdure des vignes, étagées jusqu'au pied des montagnes, se détache admirablement sur le bleu sombre des forêts.

« Au nord-ouest les ruines de Landsperg, et au-dessus, à mi-côte, les restes gothiques de Truttenhausen. Puis, dominant toutes les autres, couverte à perte de vue d'arbres gigantesques, chênes et pins hérissés en frange contre le ciel et remplissant l'air de senteurs vivifiantes, s'élève la montagne sacrée de l'Alsace, dont le nom est si riche en souvenirs. Tour à tour théâtre des mystères druidiques, refuge des Gaulois contre les Romains de César, forteresse de l'Empire, palais d'Ethicon, duc d'Alsace, père de sainte Odile et souche de plusieurs dynasties; asile de prière et de science au cours du moyen-âge; enfin, pèlerinage cher à tous les Alsaciens et but d'excursion apprécié par les touristes. Emile Freppel et ses camarades en parcoururent bien des fois les pentes dans tous les sens et jusqu'au sommet.

« Du haut de cette plate-forme, le regard plane émerveillé sur une immense étendue. Du côté des montagnes, le panorama des Vosges dans toute sa grandeur; du côté de la plaine, la flèche élancée de Strasbourg; au loin, la ligne blanche du vieux Rhin que borde et fait ressortir la Forêt-Noire. Entre cet horizon et l'œil ébloui se déroule une immense mosaïque, aux dessins variés, où alternent, suivant les saisons, le vert éclatant des prairies ou la blonde nuance des blés. L'ensemble de ce tableau parsemé d'innombrables villages, groupés autour de leur clocher, est si vivant et si joyeux, que le spectateur sent monter involontairement à ses lèvres ce refrain patriotique :

Mein Elsass das ich ewig lobe,
Laud das ich ewig lieben muss!

O mon Alsace, que je chanterai à jamais,
Terre que je dois aimer toujours!

« Au pied des remparts d'Obernai, tout près du cimetière et de la maison natale de Mgr Freppel, coule l'Ehn, joli ruisselet, limpide et paisible d'ordinaire, mais qui peut s'enfler et gronder au temps des pluies et de la fonte des neiges (1). »

Tel est le pittoresque paysage au milieu duquel grandit l'enfant jusqu'au jour où, quittant le collège d'Obernai, il fut conduit par son père au lycée de Strasbourg. Ce jour-là, Emile Freppel révéla une fois de plus l'ardeur de son caractère.

Depuis plusieurs mois déjà la place est demandée, le trousseau préparé, le numéro assigné, mais au dernier moment l'enfant refuse. Il pense à ses anciens camarades qui ont passé avec ensemble au Petit Séminaire, et il déclare à M. Freppel qu'il ne veut pas entrer au lycée, mais au Petit Séminaire. Devant une volonté si déterminée, le père céda; il n'eut pas à s'en repentir.

Comme au collège d'Obernai, son fils s'y montra écolier laborieux : à dix-sept ans, après de brillantes études, il en sortira bachelier ès-lettres, titre moins vulgaire qu'aujourd'hui, et s'acheminera vers le sacerdoce.

II

Le 23 novembre 1849 l'abbé Freppel était ordonné prêtre et s'apprêtait à produire les fruits de ses laborieuses études.

Dans le monde philosophique on s'occupait alors beaucoup de la lutte soulevée entre M. Bonnetty et l'abbé Maret, à propos du traditionalisme. Avec son ardeur habituelle, l'abbé Freppel se mêla au débat et se rangea hardiment du côté de l'abbé Maret.

Il n'en fallut pas davantage pour le faire connaître; le supérieur de l'Ecole des Carmes à Paris lui offrit aussitôt la chaire de philosophie. Le jeune prêtre se séparait à regret

(1) Et. Cornut, *Mgr Freppel*, p. 15.

des siens et de sa chère Alsace, mais la capitale offrait à son intelligence trop de ressources en rapport avec ses aptitudes pour qu'il laissât passer cette occasion.

Il accepta donc. Deux ans après, sur les conseils du P. Lacordaire dont il s'était fait un guide et un ami, il concourait pour une place de chapelain à Sainte-Geneviève et était admis.

Dès lors son talent de prédicateur ne tarda pas à se révéler et les différentes églises de la capitale se le disputèrent : il faut signaler surtout son discours sur les Gloires de la France et son panégyrique de sainte Geneviève qui réunirent tous les suffrages.

Aussi personne ne fut surpris quand, en 1855, il fut nommé professeur d'éloquence sacrée à la Sorbonne. Le 10 décembre, il prononçait son discours d'ouverture devant une élite accourue pour entendre le jeune professeur.

Ce début était un coup de maître, écoutons-en quelques échos :

« Jésus-Christ, l'Evangile, c'est l'éloquence sacrée s'élevant à l'idéal; c'est le fleuve de la parole sainte ramassé dans sa source. Sortant de là, elle s'échappe, elle s'épanche par des canaux divers. Comme le rayon de lumière qui, traversant le prisme, reparaît sous différentes couleurs, ainsi la parole sacrée, sans rien perdre de son unité doctrinale, reçoit néanmoins de chaque apôtre qui la transmet le cachet de son originalité, l'empreinte de son génie.

« Simple et grande dans le chef de la hiérarchie, affectueuse et tendre dans le disciple bien-aimé, véhémente, rude dans cet Hébreu de l'ancienne marque que le Christ appelait le fils du tonnerre, vive et imagée dans saint Jude, la parole évangélique coule des lèvres de saint Paul avec toute la plénitude de sa force et de sa vie. Là, dans la bouche de cet homme, le plus éloquent peut-être qui fut jamais, la parole est un glaive qui brille, qui frappe, qui renverse. C'est son âme tout entière qui passe au dehors, qui déborde dans ces pages qu'on dirait écrites avec du feu. On sent que les langues humaines lui font défaut, qu'elles le gênent, qu'elles l'entravent : c'est un instrument qu'il dompte plutôt qu'il ne s'en sert, qu'il fatigue, qu'il tourmente pour lui faire rendre des sons qu'il n'a pas ; tant la doctrine jaillit de son âme abondante et vive ; tant l'inspiration le presse, le subjugue ! Et lorsqu'ainsi à bout d'haleine vous suivez ce torrent d'idées qui vous entraîne à travers le temps et l'éternité ; lorsqu'à la suite de ce grand homme, vous contemplez le monde entier suspendu à la personne du Christ, et le Christ lui-même reliant à Dieu tout l'ensemble des choses, laissant derrière vous ces étrangetés de style, ces audaces de langage, ces sons heurtés, ces tours hébraïques, ces constructions forcées, bizarres, ces antiphrases insolites, cette syntaxe extraordinaire, vous sortez de vous-même et vous vous écriez dans le ravissement de votre âme : ou l'éloquence n'est rien, ou cela est éloquent, car cela est beau, cela est grand, cela est divin. »

Et des temps apostoliques remontant le cours des âges en ce même style grandiose, il arrivait au IVe siècle, l'âge d'or de l'éloquence primitive et en retraçait les combats et les triomphes en des pages qui ne sauraient périr :

« L'invincible Athanase ouvre cette immortelle série, Athanase, dont je ne puis pas prononcer le grand nom, sans me sentir remué jusqu'au fond de mon âme : héros de la doctrine, à qui un demi-siècle de luttes n'a pu arracher un instant de faiblesse, et dont la mâle figure, traversant les âges entre Arius et Julien, ces deux ennemis de la foi, plane encore au-dessus de nous comme une image de terreur pour quiconque persécute la vérité, et comme une vision d'espérance pour quiconque la soutient.

« Puis voici les trois grands Cappadociens qui se lèvent, frères par l'amitié, frères par le génie. A leur tête, c'est Basile, esprit grave et profond, dont le goût attique ne craint pas d'enrichir de toutes les couleurs de l'Orient, ces lettres, ces homélies, ces traités où l'onction la plus douce s'allie avec bonheur à la plus exquise délicatesse ; c'est Grégoire de Nysse, non moins judicieux avec bien moins d'abondance et d'éclat ; c'est cet orateur poète, à l'imagination si brillante et si facile, qui le premier chanta sur une lyre chrétienne ces saintes tristesses de l'âme, dont les suaves accents, ignorés des poètes profanes, ont retenti jusqu'au milieu de nous dans les méditations religieuses de notre âge, Grégoire de Nazianze qui également habile à varier tous les tons, déploie tout à coup dans ses invectives contre Julien une vivacité, une verve que rien n'égale, et dont la vie agitée, tableau fidèle des vicissitudes de son temps, se dépouille de tout éclat sur le premier siège de l'Orient, pour s'éteindre au bourg d'Arianze, obscure et solitaire.

« Au-dessus d'eux enfin s'élève un homme qui les résume, qui les surpasse : merveilleux génie, en qui revivent avec l'inspiration de saint Paul, avec la fermeté de Jean-Baptiste, l'imagination d'Homère, la magnificence de Platon, la raison sévère et passionnée de Démosthène ; Chrysostôme qui, au milieu des voluptés de l'Orient, lutte au nom du Christ contre le paganisme des mœurs : orateur sans rival, soit que du haut de sa chaire d'Antioche, il ranime par sa parole un peuple consterné ; soit que sur son siège de Constantinople, il tonne sans relâche contre les vices de la cour, sauve des fureurs de la multitude un ministre son ennemi ; soit qu'enfin, loin de son troupeau, relégué malgré son caractère et ses cheveux blancs au pied du mont Taurus, cet héroïque vieillard remue encore le monde, en jetant à travers l'Orient et l'Occident les derniers cris de sa grande âme.

« Assurément, Messieurs, voilà de la grande et haute éloquence, et les lettres chrétiennes n'auraient-elles à présenter que ces noms-là au milieu de tous ceux que j'omets, qu'il faudrait à coup sûr leur décerner la palme de l'éloquence. Mais ce n'est là qu'un siècle, moins encore, ce n'est que la moitié d'un siècle, car voici l'Occident qui, à son tour, revendique une large part dans cette moisson de gloires et de triomphes. Avec moins d'éclat peut-être, moins de couleur et de variété, l'Occident réunit plus de clarté, de méthode, une sagacité plus pénétrante et plus vive.

« Saint Jérôme est le brillant anneau qui relie entre elles ces deux littératures aux traits communs et divers, comme il convient à des sœurs. Tandis que son éducation toute romaine lui fait porter dans ses immenses travaux d'érudition, un coup d'œil plus sûr, une critique plus sévère, et dans des lettres si charmantes de naturel et d'abandon, une finesse d'observation, une précision de style qui n'est qu'à lui, on sent bien, en parcourant les écrits de ce grand homme, que le soleil de l'Orient, embrasant de ses feux le solitaire de Bethléem, colore son imagination, enflamme sous sa plume sa verve de controversiste ; il y a même dans ce caractère de Dalmate qui se raidit jusqu'à la dureté, qui s'enfle jusqu'à l'hyperbole, je ne sais quoi d'âpre et de violent qui, dépassant le monde grec et romain, touche à un monde qui n'est pas encore.

« Avant lui déjà, saint Hilaire, évêque de Poitiers, avait mérité par la vigueur de son orthodoxie, par la véhémence entraînante de sa parole, par ses aperçus neufs, lumineux sur la Trinité, d'être surnommé l'Athanase des Gaules. Puis un autre enfant des Gaules, dont le nom rappelle ce qu'il y a eu dans l'antiquité chrétienne d'une part de plus tendre, de plus ingénu, de plus délicat, et de l'autre de plus ferme et de plus imposant, saint Ambroise avait su embellir tous les points de la doctrine par les charmes d'une élocution brillante et fleurie, et qui mieux est, convertir les cœurs par la charité qui persuade et l'onction qui guérit.

« Enfin, Messieurs, pour couronner tout cet ensemble de merveilles, pour relier dans une vaste et magnifique synthèse tous les travaux de l'éloquence chrétienne semés dans l'espace de quatre siècles à travers l'Orient et l'Occident, l'Afrique et les Gaules, Dieu tira des conseils de sa providence un homme, un des plus grands qui aient paru dans le monde.

« Parti des dernières profondeurs du vice et de l'erreur, après avoir mesuré aux égarements de son propre génie la grandeur et la faiblesse de l'esprit humain, il fut donné à cet homme d'embrasser dans son ensemble l'édifice de la vérité, d'en pénétrer les fondements, d'en parcourir toutes les parties, d'en saisir les proportions, d'en contempler le faîte, afin qu'à cette hauteur recueillant sur ses lèvres les traditions du passé, il pût les renvoyer en flots de lumière à travers les âges futurs.

« Esprit universel, s'il en fut jamais, rien n'échappe à son coup d'œil, à tel point qu'à l'heure où je parle, nous qui, à quatorze siècles de lui, avons remué toutes les idées, agité tous les problèmes, nous sommes encore, croyants ou incroyants, nous sommes obligés de compter avec le génie de cet homme, et, suivant la trace de ses pas, recueillant toutes les lueurs de son esprit, de nous demander sur un point quelconque de la doctrine, ce qu'Augustin a pensé et ce qu'Augustin a cru. Je m'arrête, Messieurs, à ce grand nom qui ferme la première période de l'histoire de l'éloquence chrétienne. »

C'est au bruit des applaudissements que cette parole éloquente descendait sur les auditeurs ; attirés par cette première leçon ils revinrent toujours aussi nombreux pendant les douze ans que le professeur garda sa chaire.

Les leçons que l'abbé Freppel donna ainsi à la Sorbonne ne forment pas moins de onze volumes.

« Il y a peu de livres plus substantiels, a dit le meilleur critique de cet ouvrage ; l'auteur jette en prodigue des clartés décisives sur une foule de questions ; c'est souvent, en quelques lignes et en passant, le fond d'un traité. Tout est pour la pensée, rien pour la fantaisie... Mgr Freppel est un des rares esprits assez puissants pour coordonner les parties d'un grand tout, et les pousser progressivement et avec harmonie vers un but bien fixé d'avance.

« A ce point de vue il n'a pas de rival. Le coloris de Lacordaire, la fermeté de Mgr Gerbet, l'originalité des détails de Mgr Pie, la souplesse inépuisable de Louis Veuillot lui manquent ; mais il compense ce défaut par l'ampleur de ses exposés, l'abondance de sa doctrine et la vigueur de ses déductions. Sa langue n'est pas chaude, étincelante, mélodieuse comme celle de quelques-uns de ses devanciers et de ses contemporains ; elle est pure, noble, d'une limpidité extraordinaire, portant sans effort toutes les idées, ne quittant jamais la sérénité de la raison pour prendre l'allure impétueuse de la passion. On a dit justement qu'elle était « fille du XVIIe siècle, » non point seulement par les mots et les phrases, ce qui est relativement facile et ne prouve pas grand'chose, mais par la pensée, par l'ordre et la puissance, par la majesté tranquille de la foi. Cette langue est éminemment épiscopale, plus faite pour illuminer et enseigner que pour séduire et dompter nos auditoires modernes, où la sensibilité nerveuse exerce une si déplorable tyrannie.

« On a dit encore que les ouvrages de Mgr Freppel formaient un arsenal complet pour la défense catholique ; cet éloge s'applique surtout aux leçons de la Sorbonne, et l'auteur lui-même y cherchait des documents pour ses œuvres oratoires, épiscopales ou politiques. Tel mouvement pathétique contre la subvention votée tous les ans aux danseuses de l'Opéra, n'est que la reproduction presque textuelle d'une page sur le *Traité des Spectacles* de Tertullien (1). »

Des études aussi savantes achevèrent de consacrer la réputation du brillant professeur ; aussi, bientôt les honneurs le poursuivirent. En 1862, il fut appelé à prêcher le carême aux Tuileries où il développa devant l'Empereur et l'Impératrice les différents sujets qui ont trait à la vie chrétienne.

L'année suivante, l'abbé Freppel, déjà chanoine de Strasbourg, était nommé chanoine de Paris ; puis, en 1867, il devenait doyen des chapelains de Sainte-Geneviève. Le Concile de 1869 l'appela à Rome où l'attendaient les fonctions de consulteur dans la Commission des Réguliers : c'est au milieu de ses travaux qu'il fut appelé à l'épiscopat.

Le 27 décembre 1869, l'abbé Freppel était nommé évêque d'Angers.

III

Le Concile et la guerre allaient successivement dévoiler les ressources de la grande âme du nouveau pasteur.

Partisan résolu de l'infaillibilité pontificale, Mgr Freppel soutint cette doctrine avec toute l'énergie de sa puissante nature : le 14 juin 1870, il prononçait un discours très remarqué en faveur de l'infaillibilité et recevait les félicitations de Pie IX.

(1) Et. Cornut, *loc. cit.*, p. 115.

Avec le mois de juillet, la guerre fut déclarée et le Concile suspendu : Mgr Freppel put gagner sa ville épiscopale où il fut accueilli avec enthousiasme.

Déjà il s'y était fait précéder par sa lettre de prise de possession où apparaît ce goût des hautes doctrines qui marquera tous ses mandements :

« ... Lorsque Dieu, dit-il, s'apprête à former le cœur d'un évêque, il ne lui suffit pas d'y placer cet amour de fraternité qui fait incliner notre âme vers tous les membres de la grande famille humaine. Non ; il crée, il développe en lui ce qu'il y a de plus vif, de plus délicat, de plus profond dans les affections d'ici-bas : il emprunte au cœur du père cette bonté et cette sollicitude de l'homme qui s'est senti revivre avec bonheur dans d'autres lui-même ; il prend dans le cœur de l'époux cet attachement tendre et fort qui tient une vie enchaînée pour toujours à une autre vie ; et c'est du mélange de ces deux sentiments purifiés, agrandis, transformés par sa grâce, qu'il fait le cœur d'un évêque.

« Travail divin, nos très chers Frères, changement mystérieux qui s'accomplit dans l'âme du prêtre, en vertu de son élection et par la grâce du sacrement. Oui, si je ne me fais pas illusion sur moi-même, il me semble déjà que ces sentiments sont devenus les miens, et qu'en m'unissant à l'église d'Angers par des liens indissolubles, Dieu a dilaté mon cœur pour y renfermer toute cette famille spirituelle qui désormais devra être la mienne. D'où vient, en effet, que ma pensée est constamment au milieu de vous et que mon cœur recherche les vôtres à travers la distance qui nous sépare? Pourquoi ma main tremble-t-elle d'émotion en vous traçant ces lignes ?

« Hier encore j'étais pour vous un inconnu ; je ne vous connaissais pas davantage. Mon lieu de naissance n'est pas le vôtre, et la première partie de ma vie s'est écoulée loin de vous. Vos villes, je les ignore ; vos campagnes, je ne les ai jamais touchées du pied. Et cependant, à l'heure présente, toutes ces choses m'émeuvent et m'attendrissent. Tout ce qui vous touche m'intéresse ; et il n'est pas de détails sur vous et vos familles qui me trouvent indifférent. Chaque fois que les vents de la patrie

MONSEIGNEUR FREPPEL.

m'apportent quelque nouvelle de l'Anjou, je sens mon âme qui tressaille comme au son d'une voix bien-aimée. Quand j'entends faire autour de moi l'éloge de votre foi et de vos vertus, j'éprouve la joie d'un père devant lequel on rend justice au mérite de ses enfants. Votre passé me rend fier ; votre présent m'encourage ; votre avenir me préoccupe. Ah ! n'est-ce point là cet esprit de famille que la grâce divine communique à l'évêque, et ce sentiment de la paternité spirituelle qu'elle fait naître en lui pour élever son âme à la hauteur de ses devoirs ? »

A la fin de juillet, Mgr Freppel faisait son entrée dans sa ville épiscopale.

Les effusions furent courtes ; les nouvelles fâcheuses arrivaient de la frontière de l'Est où les revers de nos armes se multipliaient. L'Alsace était envahie et bientôt perdue sans retour. Apprenant les exigences de l'empereur d'Allemagne, et n'écoutant que son patriotisme, l'évêque d'Angers crut qu'il lui appartenait de plaider la cause de sa chère province ; il écrivit à l'empereur Guillaume :

« ... Sire, lui disait-il, croyez-en un évêque qui vous le dit devant Dieu, et la main sur la conscience : l'Alsace ne vous appartiendra jamais. Vous pourrez chercher à la réduire sous le joug ; vous ne la dompterez pas.

« Ne vous laissez pas induire en erreur par ceux qui voudraient faire naître dans votre esprit une pareille illusion : j'ai passé en Alsace vingt-cinq années de ma vie ; je suis resté depuis lors en communauté d'idées et de sentiments avec tous ses enfants ; je n'en connais pas un qui consente à cesser d'être Français. Catholiques et protestants, tous ont sucé avec le lait de leur mère l'amour de la France, et cet amour a été, comme il demeurera, une des passions de leur vie. Pasteur d'un diocèse, où certes le patriotisme est ardent, je n'y ai pas trouvé, je puis le dire à Votre Majesté, un attachement à la nationalité française plus vif, ni plus profond que dans ma province natale.

« Le même esprit vivra, soyez-en sûr, dans la génération qui s'élève, comme dans celles qui suivront : rien ne pourra y faire, les séductions pas plus que les menaces. Car, pour s'en dépouiller, il leur faudrait oublier, avec leurs devoirs et leurs intérêts, la mémoire, et jusqu'au nom de leurs pères, qui pendant deux cents ans ont vécu, combattu, triomphé et souffert à côté des fils de la France ; et ces choses-là ne s'oublient point : elles sont sacrées comme la pierre du temple et la tombe de l'ancêtre. Les épreuves de l'heure présente ne feront que resserrer des liens scellés une fois de plus par des sacrifices réciproques...

« Sire, les évènements vous ont fait une situation telle qu'un mot de votre part peut décider pour l'avenir la question de la paix ou de la guerre en Europe. Ce mot, je le demande à Votre Majesté, comme Alsacien, pour mes compatriotes qui tiennent à la patrie française par le fond de leur cœur. Je vous le demande pour la France et pour l'Allemagne, également lasses de s'entretuer, sans profit ni pour l'une ni pour l'autre. J'ose enfin vous le demander au nom de Dieu, dont la volonté ne saurait être que les nations, faites pour s'entr'aider dans l'accomplissement de leurs destinées, se poursuivent de leurs haines réciproques dans des luttes sanglantes.

« Or, laissez-moi vous le répéter en terminant, avec tout homme qui sait réfléchir : la France laissée intacte, c'est la paix assurée pour de longues années ; la France mutilée, c'est la guerre dans l'avenir, quoi que l'on dise et quoi que l'on fasse. Entre ces deux alternatives, Votre Majesté, justement préoccupée des intérêts de l'Allemagne, ne saurait hésiter un instant. »

Cette lettre, comme son auteur le prévoyait, demeura sans effet, mais il resta à Mgr Freppel la consolation d'avoir fait son devoir, et, sans se laisser aller au découragement, il reprit sa plume pour préparer le relèvement de la patrie écrasée.

Signalant les causes de nos désastres, il disait :

« ... Ce n'est pas d'aujourd'hui que des observateurs attentifs ont jeté un regard inquiet sur l'état moral de la France. Sous les dehors d'une civilisation élégante et raffinée, ils signalaient avec effroi des germes de mort et de dissolution. Sans méconnaître ce qui restait de croyances et de vertus dans la partie saine de la nation, ils suivaient de l'œil cette marée montante du vice et de l'impiété qui allaient reculant de jour en jour leurs bornes. Un abaissement général des caractères, le culte des intérêts se substituant au respect des principes, une perversion lente mais continue du sens moral, la fièvre du gain sans cesse surexcitée par l'exemple et par le succès de spéculations scandaleuses, l'habitude de ne plus demander la fortune au travail persévérant et honnête, mais à d'heureux hasards, l'absence de tout ressort dans beaucoup d'âmes énervées et amollies par l'abus des plaisirs, une légèreté d'esprit et de conduite devant laquelle disparaissait le sérieux de la vie humaine ramenée désormais à ces deux mots : amasser et jouir, voilà les symptômes de décadence que trahissait sur bien des points l'aspect du pays.

« Pour qui voulait descendre dans l'intérieur des familles, il n'était pas difficile de s'apercevoir que le respect et l'obéissance avaient fait place à des goûts prématurés d'émancipation, en même temps que d'imprudentes faiblesses jointes à de molles complaisances relâchaient les liens de la première et de la plus fondamentale des hiérarchies humaines.

« Comment s'étonner dès lors que l'esprit d'indiscipline en fût venu à gagner tous les degrés de l'échelle sociale? Personne ne voulant plus obéir, il devait arriver un moment où nul ne saurait plus commander.

« D'autres signes avant-coureurs d'une catastrophe peu éloignée n'excitaient pas moins les alarmes d'esprits prévoyants : l'abandon ou le mépris des professions les plus favorables au maintien des mœurs simples et austères ; l'émigration des campagnes affluant vers les grands centres pour y chercher trop souvent avec une existence déclassée des plaisirs faciles ; l'esprit de famille et la moralité publique profondément troublés par l'oubli de la grande loi du repos traditionnel, et, pour résumer ces faits dans le plus frappant de tous, l'accroissement de la population subissant un temps d'arrêt, comme si les sources mêmes de la vie avaient été atteintes par le désordre des mœurs ; c'étaient là, aux yeux d'hommes clairvoyants, autant d'indices révélateurs qui faisaient présager pour l'avenir des larmes et des ruines. »

L'évêque s'efforça par tous les moyens de renouveler l'esprit chrétien dans son diocèse. Mandements, sermons, discours de toutes sortes, il prodigua sa parole et ses conseils sous toutes les formes : d'un zèle infatigable, il était à la recherche de toutes les occasions qui le mettaient en contact avec son peuple.

Pour suffire à pareille tâche, il fallait la facilité de travail dont la Providence l'avait doué. « L'évêque d'Angers, dit son oraison funèbre, composait presque toujours en se promenant dans son cabinet de travail. Le repos semblait l'impatienter; la marche était plus dans sa nature vive et nerveuse. Une fois son sujet élaboré et perçu, il le fixait de tête dans le moule d'une phrase qui lui arrivait toute faite avec netteté et précision. C'est alors qu'il prenait la plume. Le papier se couvrait rapidement et passait presque sans rature aux mains de l'imprimeur. « Je ne comprends pas, disait-il, qu'on s'y prenne à deux fois pour élaborer une proposition : c'est un signe qu'on n'a pas une idée nette. »

A la parole, l'évêque d'Angers unissait l'action : que d'œuvres fécondes sorties de ce glorieux épiscopat! mais la plus célèbre, la première, n'est-ce pas la restauration de l'antique Université de sa ville épiscopale ?...

Depuis plusieurs années déjà, il guettait l'heure où, la liberté de l'enseignement supérieur étant proclamée, il pourrait réaliser la fondation qu'il méditait. Par des paroles adroites, il sondait l'opinion et affirmait les droits de la ville d'Angers à redevenir le foyer de lumières qu'elle avait été.

« D'autres cités de l'Ouest, sœurs de la nôtre, disait-il à une société d'Angevins, peuvent lui disputer la palme du commerce et de l'industrie; mais l'Université d'Angers est un fait historique qui s'impose à tout le monde et qui a traversé les siècles avec un éclat que nul ne peut contester. La ville, au sein de laquelle ont afflué, tant de siècles durant, le Maine et la Bretagne, la Normandie et l'Aquitaine, comme une image vivante des fleuves qui viennent se joindre et se mélanger sur notre sol ; la ville qui, d'Ulger à Charles V et à Charles VII, de Jean XXIII à Eugène IV, a vu les évêques, les papes et les rois travailler à faire d'elle un foyer permanent de science et de lumières ; la ville qui, au commencement du XIIIe siècle, recueillait les débris des écoles de Paris pour reconstituer les siennes ; la ville, au nom de laquelle se rattachent les souvenirs d'une Université que l'un de mes prédécesseurs pouvait appeler sans présomption la seconde du royaume, et dont le P. d'Avigny disait qu'il n'y en avait pas dont la foi fût plus pure, ni qui eût été plus constamment attachée à l'Eglise et au centre de l'unité ; notre ville, avec son doux climat, ses habitudes paisibles, sa population aussi intelligente qu'hospitalière, est marquée du doigt de Dieu pour redevenir ce qu'elle avait été, le siège d'une grande Université. »

Le mois de juillet 1875 apportait le vote de la loi tant désirée, et Mgr Freppel jetait les fondations de ces facultés qui forment aujourd'hui un magnifique palais universitaire. Après la faculté de droit, vint la faculté des lettres, puis la faculté des sciences et la faculté de théologie.

L'Université est aujourd'hui le monument le plus digne de la gloire de son évêque, mais un autre terrain attendait les efforts de son zèle.

IV

Elu député de Brest par 8,703 voix contre 4,180 à son concurrent, Mgr Freppel vit pendant onze ans se renouveler son mandat législatif et prononça à la Chambre plus de deux cents discours.

Voilà comment un critique apprécie son talent : « Maître

en éloquence sacrée, il pouvait être inférieur en éloquence parlementaire. Les deux genres diffèrent complètement, moins encore par les interruptions que par l'objet même du discours, la composition, les sentiments ou les préjugés de l'auditoire. Mais, malgré les tâtonnements du début, malgré quelques discours à allure de sermon, malgré quelques mots d'estampille

Université catholique d'Angers.

ecclésiastique, de bons juges ont démontré que l'évêque d'Angers était plus encore un orateur de tribune qu'un orateur de chaire.

« Son talent, assis sur une mémoire prodigieuse, sur une érudition colossale, est fait de clarté et d'entrain. Il manque peut-être de sensibilité et d'émotion, de cœur, mais non d'étendue et de variété ni de puissance dans le cercle sans cesse plus large où il se meut. Mgr Freppel est un dialecticien remarquable, toujours prêt à la riposte, toujours armé. Sa parole est plus prestigieuse à lire qu'à entendre. Sa diction manquait d'apprêts et de solennité. Il se tenait penché sur la marche de la tribune, la tête baissée, la bouche fendue d'un bon rire épanoui, l'index tendu, pointé, tournant en vrille. Puis tout à coup, il se redressait ; d'un geste rapide, il ramassait en quelque sorte sa soutane et l'assurait avec sa ceinture violette ; il secouait d'une pichenette les grains de tabac tombés sur sa croix pastorale, fixait son rabat, enfonçait sa calotte et, les mains croisées derrière le dos, le regard fixé sur la Chambre, il plaidait. »

Un jour c'est la question scolaire qui amène son intervention à la tribune, et il dénonce les dangers de la neutralité :

« ... Vous voulez nous rassurer en disant que dans l'école telle que vous la concevez, on se renfermera dans une stricte neutralité : que l'on ne parlera ni pour ni contre la religion, que l'on se contentera de se taire sur l'Eglise, sur le Christ, sur l'Evangile et sur Dieu lui-même : car vous allez jusque-là.

« Je vous demande seulement si pareille neutralité pourra subsister quelque part? Serait-il possible à un instituteur quelconque de rayer Dieu de son enseignement? Et le voudrait-il, quel moyen d'écarter un nom que l'enfant a sur les lèvres et dans le cœur, qu'il mêle à tout instinctivement, qu'il retrouve partout, qui lui apparaît à chaque page de ses livres de lecture? Ces livres où l'enfant apprend à lire, et où il est question sans cesse de Dieu, du Christ, de l'Evangile, allez-vous les bannir de toutes les écoles publiques de France?...

« Comprenez-vous un livre d'histoire naturelle où il ne soit pas question de nature, de Providence, de création ; où ne reviennent quantité de mots exprimant ces mêmes idées ou d'autres mots qui rendent des idées contraires ? Comprenez-vous une histoire de France où l'on se taise sur l'Eglise catholique qui apparaît à chacune de ses pages? Sera-t-il interdit à l'enfant de demander à l'instituteur ce que signifient toutes ces choses? Sera-t-il défendu à l'instituteur de donner des explications, sous peine de pénétrer dans le dogme et de sortir de la neutralité ? Devra-t-il répondre invariablement : Ceci ne me regarde pas, c'est l'affaire de M. le Curé. Et voilà le rôle étroit, mesquin, infime, machinal, mécanique, auquel vous voulez condamner l'instituteur, sous prétexte de l'élever...

« Ne pas parler de Dieu à l'enfant pendant sept ans, alors qu'on l'instruit six heures par jour, c'est lui faire accroire positivement que Dieu n'existe pas ou qu'on n'a nul besoin de s'occuper de lui...

« L'instituteur, nous dit-on, se contentera d'enseigner la morale naturelle. Oui, sans doute, il y a une morale naturelle, par cela seul que l'homme est un être raisonnable et libre ; tous les théologiens, saint Thomas à leur tête, sont unanimes sur ce point...

« Mais, naturelle ou non, la morale est-elle indépendante du dogme ? Pas le moins du monde. A mon tour, je ne veux pas me tromper de lieu ; je ne dois pas oublier que la Chambre n'est pas une Académie, autrement je lui demanderais la permission de lui rappeler que si l'idée du bien n'a pas son fondement et sa racine dans la raison et dans la volonté divines, c'est-à-dire dans le souverain bien, dans l'absolu, dans l'infini, ce n'est plus qu'un fait relatif... En dehors de l'idée de Dieu, qui est à la base et au sommet de la doctrine morale, le devoir ne repose plus que sur un absolu néant. »

Un autre jour il s'agissait du budget des Cultes et il priait la Chambre de ne pas le confondre avec le Concordat :

« Oh ! je sais bien, disait-il, et il serait inutile de le taire, car vous connaissez ces choses aussi bien que moi, je sais bien que la Convention n'est pas restée d'accord avec elle-même ; je sais bien qu'en un jour de vengeance et de colère elle a brisé son propre décret. Mais depuis quand une dette de justice cesse-t-elle d'être une dette de justice parce que le débiteur refuse de la payer ? Depuis quand un engagement cesse-t-il d'être un engagement par le seul fait qu'on s'y dérobe ? Est-ce qu'il suffirait à vos yeux d'un coup de majorité pour rayer du Grand-Livre les titres de créances de l'Etat ? Est-ce que l'on peut tirer un argument valable d'un régime de terreur, d'une ère de proscription, où l'on ne laissait au clergé catholique d'autre alternative que l'apostasie ou la déportation? Est-ce que la violence peut jamais infirmer le droit et prescrire contre la justice?...

« Pour ma part, ce qui m'émeut le plus profondément, c'est de prévoir tout ce qu'il y aurait de tristesse, de douleur, à l'ombre d'un drapeau couvert d'un crêpe noir, que je n'ai pas besoin de vous nommer. Et je sais aussi ce qu'il y aurait ailleurs de réjouissances. Le jour où la France rompra avec l'Eglise, on pourra illuminer sur les bords de la Sprée, et l'on fera bien. Je ne veux pas en dire davantage, et c'est mon dernier mot. »

Toute cette éloquence était jetée d'une voix — peu harmonieuse peut-être et qui ne rappelait pas celle d'un Berryer par exemple — mais d'une voix pleine, vibrante et convaincue. « On n'y retrouvait pas, dit le P. Cornut, de ces détours ingénieux qui captivent, de ces caresses qui désarment les adversaires, mais les effets que d'autres recherchent par des moyens variés, il les demandait presque exclusivement à la clarté de son exposition, à la vigueur de sa logique, à l'abondance de ses preuves. Il semble qu'il dédaigne l'imagination et le sentiment pour s'adresser de préférence à ce qu'il y a de plus calme dans la raison et de plus ferme dans le bon sens. C'est par les côtés élevés qu'il saisit ses auditeurs, c'est par l'évidence qu'il veut les vaincre ; la lumière est son grand moyen, son arme préférée, et c'est par là, plus encore que par la pureté de sa langue, qu'il ressemble aux maîtres des grands siècles...

« La gauche hurlait sous le feu de ses péroraisons ; mais l'orateur allait jusqu'au bout, sachant bien qu'au delà de l'enceinte du Palais-Bourbon, la France, le monde catholique et la postérité l'écoutaient et finiraient par lui donner raison ; sachant bien surtout qu'il venait de faire son devoir d'évêque et de député, et que « Dieu qui ordonne de combattre ne commande pas de vaincre. »

« Cette méthode didactique pourrait dégénérer en sécheresse et en lieux communs ; l'évêque d'Angers échappe à ces défauts par l'importance des matières qu'il traite, par la netteté de ses idées, l'harmonie de ses divisions, la solidité et la convenance de ses preuves, l'étendue de son savoir, et enfin par la beauté de sa langue. Ses plans sont presque toujours admirables ; leur féconde simplicité jetait Mgr Pie dans le ravissement ; c'est l'ordre dans la puissance, la vérité dans la lumière !

« Après avoir entendu ou lu un de ces discours, on a éprouvé peu de secousses et de surprises, on n'a peut-être senti aucun de ces tressaillements que Montalembert excelle à soulever dans l'âme généreuse, mais l'esprit de bonne foi a été pleinement envahi et conquis par l'évidence. »

A cette dialectique serrée qui constitue la manière préférée de Mgr Freppel, l'orateur savait joindre des procédés d'humour et de bonhomie qui avaient souvent un succès plus entraînant sur l'auditoire auquel il s'adressait.

Usant du droit de répartie, si utile dans nos assemblées modernes, il harcelait ses adversaires, — sans malice toutefois, — et mettait les rieurs de son côté. Certaines de ses ripostes sont restées célèbres.

Un jour, il défend le privilège des clercs par rapport à la loi militaire, et lit le portrait que Lamartine a tracé du curé de campagne. Un député trouve bon de s'écrier :

« — Le Pape a mis *Jocelyn* à l'index !

« — Mais ce que je viens de lire, répond l'évêque, n'est pas à l'index.

« — J'ai dit, reprit l'interrupteur, que *Jocelyn* est à l'index. Consultez les listes noires du Vatican !

« — Mais encore une fois, reprend l'orateur impatienté, cela n'est pas tiré de *Jocelyn*. *Jocelyn* est en vers et ce que je viens de vous lire est de la prose. »

Les rires de toute la Chambre achevèrent de confondre l'interrupteur réduit à un humiliant silence.

Une autre fois, il était question du divorce et Mgr Freppel flagellait, comme il convient, ce projet néfaste. Un de ses collègues croit l'arrêter en lui jetant à la face :

« — Vous ne connaissez pas le premier mot du mariage !...

« — Je répondrai au député qui m'interrompt, réplique Mgr Freppel, que je puis parler du mariage aussi pertinemment que les nombreux célibataires qui siègent sur ces bancs. »

Dans une autre circonstance, il critiquait — ce qui lui arrivait fréquemment — les délibérations de la Chambre précédente :

« ... Mais vous en faisiez partie, lui objecta la gauche.

« — Assurément, répondit-il ; à peu près comme Daniel faisait partie de la fosse aux lions. Il est vrai que nos lions avaient les ongles et les dents peu redoutables... »

Ces répliques, on le savait, étaient sans fiel et ne laissaient derrière elles aucune ombre de ressentiment ou d'animosité personnelle. Un jour cependant qu'un député des colonies le fatiguait par une obstruction persistante, et ne profitait pas d'une première réplique de l'évêque ; celui-ci à bout de patience fit une sanglante exécution :

« ... Monsieur Germain Casse, permettez-moi de vous dire que, à tout âge, on a toujours besoin d'apprendre quelque chose...

« — Pas de vous, riposte l'interrupteur. »

Mais l'évêque continue avec le même calme :

« ... Monsieur Germain Casse, ayant été exclu autrefois de toutes les facultés de droit de l'Université de France, vous devez avoir nécessairement des lacunes dans vos connaissances juridiques. »

Cette verte leçon provoqua une hilarité générale dans la Chambre et réduisit le fâcheux interrupteur à une allure plus pacifique.

De ces réponses mordantes il faut rapprocher le tour humouristique que l'évêque-député savait donner à ses interventions et par lequel il se conciliait une attention si difficile parfois dans ce milieu lassé.

Le 30 mars 1886, il commença ainsi un discours sur la liberté des funérailles :

« ... Encore la loi sur les funérailles ! Décidément, nous n'en sortirons jamais, à moins d'être enterrés nous-mêmes ; on dirait qu'il est de la destinée de ce projet de loi de reparaître par intervalles sous les yeux du Parlement, comme pour nous avertir de la fragilité de notre condition.

« Du Luxembourg où il met en émoi de graves sénateurs, au Palais-Bourbon où la valeur n'attend pas le nombre des années, il va et il vient, donnant à tous, et tour à tour, aux jeunes et aux vieux, de salutaires avertissements ; je veux parler de la note funèbre qui en sort, car pour le reste, pour le fond comme pour la forme, tout est à rejeter. »

On a gardé le souvenir de son interpellation sur l'expulsion des Bénédictins de Solesmes :

« ... En voyant tout à l'heure l'honorable M. Goblet à la tribune, disait-il, il me semblait voir dans sa personne Scipion l'Africain montant au Capitole et s'écriant pour toute réponse : « Joignez-vous à moi pour rendre grâce à Dieu de ce que j'ai sauvé la patrie ! »

« Eh bien ! oui, vous avez sauvé la patrie, je n'en disconviens pas. Pour vivre et pour grandir, le ministère avait besoin du baptême de la gloire. Désormais tous ses vœux sont accomplis ; vous aurez eu, vous aussi, votre grande journée, la journée de Solesmes ! Vous avez remporté sur quarante moines une victoire insigne, et, cette victoire, vous pouvez l'inscrire désormais dans vos annales avec une légitime fierté, à côté du siège de Frigolet. Ce seront les fastes de la troisième République ; personne ne songera jamais à vous les envier. »

Plus tard il revenait sur le même sujet :

« Vendredi dernier, 1er juin, une colonne expéditionnaire se formait dans le département de la Sarthe et sur les confins de l'Anjou. Elle se composait d'un commissaire de police, de quinze gendarmes et de six serruriers placés sous la conduite de M. le Secrétaire général de la préfecture du Mans et de M. le Sous-Préfet de la Flèche. Un courrier du chemin de fer suivait le défilé officiel, chargé de clés, de ferrures et d'autres ustensiles de toutes sortes, devant servir à l'apposition de cent soixante scellés en cire, doublés d'autant de scellés en fer. De plus, en prévision d'une résistance qui aurait pu faire traîner le siège en longueur, un cuisinier avait été attaché à l'expédition. Et si je mentionne ce détail, c'est uniquement pour vous montrer que rien n'avait été épargné de tout ce qui pouvait assurer le plein succès des opérations.

« C'était pour la troisième fois qu'on procédait à l'expulsion des Bénédictins de Solesmes. Cette fois, ils étaient rentrés sous la protection du fiancé de la Flèche (1), et ils pouvaient se croire autorisés à jouir en paix des bénéfices de la levée de l'excommunication qui leur valait cette lune de miel, quand, tout à coup, le vendredi 1er juin,

« — Arrive la lune rousse, interrompt M. Sigismond Lacroix.

« — Comme un coup de tonnerre dans un ciel serein, arrive la colonne expéditionnaire dont je décrivais la composition au commencement de ce discours : quinze gendarmes, six serrururiers et M. le Sous-Préfet qui venait ainsi marquer sa place parmi les récidivistes. »

Cette parole humouriste et sûre d'elle-même qui savait, quand il le fallait, trouver le chemin de la grande éloquence, avait fait de Mgr Freppel une des figures les plus remarquées du Parlement français. Voici le portrait que donnait de lui un journal d'opposition :

« Mgr Freppel est physiquement un homme de taille moyenne, au visage très coloré, aux yeux extrêmement mobiles, aux cheveux soyeux courant en mèches blanches sur les tempes. Carré des épaules, un peu voûté, bâti, suivant l'expression populaire, à chaux et à sable, il semble, en l'observant immobile, que son allure doive être lourde et difficile, mais dès qu'il parle, c'est une surprise : tout en lui devient alors jeune, expressif et bref.

(1) Ce sous-préfet, M. Gaston Joliet, devait se marier. L'excommunication qui le frappait lui avait fermé les familles chrétiennes. Dom Couturier, abbé de Solesmes, lui avait fait espérer le retrait de l'anathème, s'il favorisait le retour des religieux.

« Mgr Freppel est d'un caractère gai, expansif. Haut en couleur, la lèvre moqueuse, le regard vif et le teint allumé. C'est un profond politique, mais aussi un très loyal adversaire, qui dans ses discours comme dans ses actes présente le front aux attaques et ne combat que ceux qui lui font face. »

Cette attitude, le prélat-député la garda jusqu'à sa mort ; il tomba sur la brèche, car cinq jours avant le terme fatal il donnait au pays l'exemple de ce que peut l'amour du devoir. Terrassé par un mal terrible, ses amis voulaient l'empêcher de monter à la tribune, il leur répondit :

« — Il ne m'est pas permis de me taire sur un pareil sujet, surtout s'il est vrai, comme je le crois, que je n'ai plus que quelques jours à vivre. »

Il parut donc à la tribune, courbé comme un vieillard, et soutint le choc des interpellations les plus houleuses. Quand il eut achevé, un de ses jeunes collègues vint le féliciter de cet acte de courage héroïque, il lui dit :

« — Ce n'est pas pour eux que j'ai parlé, c'est pour le pays. Quand vous aurez un devoir à remplir à la tribune, mon cher ami, ne vous laissez jamais décourager par leur hostilité ou leur apparente indifférence : le pays vous entendra. N'oublions pas que c'est à lui, rien qu'à lui, que nous devons nous adresser, et que nous ne devons jamais nous lasser de lui parler. »

Quatre jours après, l'évêque était à Angers et, en dépit du mal, s'apprêtait à faire l'ordination de ses clercs. La prudence humaine par la voix de ses amis lui conseillait le repos :

« — Non, non, répondit-il, j'irai à la cathédrale, dussé-je m'y traîner sur les genoux ! »

Mgr Freppel fit l'ordination et le lendemain, mourant sur la brèche, le lutteur rendait son âme à son Dieu. C'était le 22 décembre 1891 : l'évêque d'Angers avait soixante-quatre ans.

Devant cette tombe prématurément ouverte, amis et ennemis furent unanimes dans leurs regrets et leur respectueuse admiration.

Si maintenant, en terminant, nous cherchons à porter un

dernier jugement sur cet illustre défenseur de l'Eglise et à apprécier son talent, nous emprunterons la parole d'un homme qui fut le paroissien de l'évêque d'Angers, et qui cependant s'abstint de partager la plupart de ses idées politiques et sociales : c'est M. de Falloux :

« J'ai connu depuis quarante ans, dit l'ancien ministre, j'ai connu dans les Chambres, à l'Académie, dans le monde, les hommes les plus éminents de notre époque, les Guizot, les Villemain, les Berryer, les Thiers, les Cousin, les Broglie, et vingt autres. Plus d'une fois je me suis amusé à imaginer une sorte de concours général où tous ces hommes, apres une courte préparation, composeraient ensemble sur des sujets donnés et dans les genres les plus divers : philosophie, théologie, rhétorique, géographie, histoire, etc... Il est pour moi hors de doute que celui de tous ces illustres qui enlèverait le plus de prix et d'accessits, qui en aurait dans toutes les parties sans exception, et qui dans plusieurs serait le premier, celui qui serait le principal lauréat de ce grand concours, ce serait Mgr Freppel. »

MONSEIGNEUR D'HULST

Sa Jeunesse. — Le Recteur de l'Institut catholique. — Le Conférencier de Notre-Dame. — Le Député.

(1841-1896)

La parole de Mgr Freppel avait pris une trop grande place dans nos assemblées parlementaires, elle y avait rendu trop de services, pour que la France catholique n'essayât pas de combler le grand vide causé par la mort de l'évêque-député.

Elle chercha donc parmi toutes les grandes figures de l'Eglise de France, et fixa son choix sur ce prélat que sa science avait porté à la tête de l'Institut catholique de Paris, que son zèle et l'éloquence de sa parole avaient donné comme successeur aux Lacordaire et aux Ravignan dans la chaire de Notre-Dame.

Pressenti pour une charge qu'il n'avait jamais rêvée, Mgr d'Hulst accepta le mandat de député que les électeurs de Brest vinrent lui offrir et ainsi il ajouta le dernier fleuron à sa triple couronne de défenseur de la foi.

I

Ce nouveau combattant que nous allons trouver au plus fort de la mêlée n'est pas sorti des rangs vulgaires de la foule : c'est un élu du grand monde.

Maurice Le Sage d'Hauteroche, comte d'Hulst, naquit à Paris, le 10 octobre 1841. Chez les siens, à la noblesse du nom et de la fortune se joignait celle de l'âme, et dans sa famille à côté des chevaliers on remarque encore plus les saints : c'est le bienheureux Urbain V, l'avant-dernier des papes d'Avignon ; puis le pieux archevêque de Paris, Mgr de Juigné ; Mgr Du Bourg, confesseur de la foi sous la Révolution, et enfin la Mère Marie de Jésus, fondatrice de la Congrégation du Sauveur et morte en odeur de sainteté.

Maurice d'Hulst n'avait donc pas besoin de jeter bien loin un regard en arrière pour trouver des modèles et des exemples fortifiants ; mais si sa naissance fut entourée des bénédictions célestes, s'il naquit, au dire de son biographe, non loin de l'autel, il grandit plus près encore et presque à l'ombre du trône.

Sa grand'mère maternelle était dame d'honneur de la duchesse d'Orléans, et la suivit aux Tuileries lorsque la révolution de 1830 donna à Louis-Philippe la succession de Charles X. Sa fille, destinée à devenir la mère de Mgr d'Hulst, vécut dans l'intimité de la famille royale, et c'est ainsi que ses deux fils, Raoul et Maurice, devinrent les camarades du comte de Paris et du duc de Chartres.

Aux jours de l'infortune royale, la famille d'Hulst quitta Paris pour se retirer dans son château de Louville, près de Chartres. Quelque temps après elle se transportait à Bruxelles à la demande de la reine des Belges, qui confiait à la comtesse d'Hulst l'éducation de sa fille.

Pendant ce temps, Maurice et son frère commençaient leur éducation sous la direction d'un ecclésiastique auquel plus tard le recteur de l'Institut catholique se déclarera redevable de sa vocation sacerdotale. Le saint abbé Berthet cultivait l'âme de ses élèves encore plus que leur intelligence, et il parlait avec tant d'éloquence des grandeurs du sacerdoce qu'à douze ans Maurice d'Hulst se promettait d'être prêtre un jour.

Placé comme externe au collège Stanislas, il y entretint soigneusement son pieux désir en même temps qu'il y révélait les richesses de ses facultés intellectuelles.

Le 5 octobre 1859, Maurice d'Hulst entrait au séminaire de Saint-Sulpice où il se jeta avec ardeur dans l'étude des sciences ecclésiastiques et alluma dans son âme la flamme du zèle qui devait l'entraîner dans les grands combats de la foi.

C'est d'abord à la paroisse Saint-Ambroise que le jeune prêtre est appelé à donner les prémices de son apostolat : là, il a pour chef l'abbé Langénieux, le futur cardinal de Reims, mais plus encore il a pour ami un jeune homme, l'abbé Courtade, qu'animent le génie des œuvres et la passion du dévouement.

De concert avec ce jeune prêtre, l'abbé d'Hulst, faisant déjà une première brèche dans son patrimoine, fonde dans une vieille maison de la rue Folie-Méricourt, un internat d'apprentis. C'est là dans ce milieu d'ouvriers que l'abbé gentilhomme dépense sa fortune et sa jeunesse en une œuvre obscure.

Mais voilà que la guerre arrive et l'appelle sur un théâtre plus large et plus retentissant. Sollicitant un poste d'aumônier, l'abbé d'Hulst est attaché au 12e corps.

Le 30 août, il est fait prisonnier ; puis rendu à la liberté par le prince de Saxe, il rejoint l'armée après le désastre de Sedan.

« Quand il arriva le soir aux remparts de la ville, les portes étaient fermées. Il entra, pour y passer la nuit, dans une maison abandonnée. La Providence l'envoyait, sans qu'il le sût, au secours de quelques soldats français qui, blessés pendant la bataille, avaient été oubliés là et mouraient faute de soins et de vivres. Ils respirèrent en apercevant cette figure française, et ce long costume noir, à croix rouge, si sympathique sur les champs de bataille ! Heureux, plus qu'eux-mêmes, de cette rencontre, l'aumônier pansa leurs plaies et partagea avec eux, en bon frère, ses maigres provisions de route.

« Dans la journée, il avait traversé le bourg de Bazeilles en flammes ; il avait assisté à ce célèbre conseil de guerre, où fut jugé et condamné à mort le curé de Balan, faussement accusé d'avoir tiré sur les troupes allemandes.

« Le lendemain, ce fut le tour d'un jeune paysan de dix-huit ans ; il fut exécuté pour avoir pris part à la défense du village. L'aumônier eut la consolation de lui donner, à ce moment suprême, les secours de la religion qui, plus juste que les hommes, ne fait pas un crime d'une vertu.

« Ce fut dans cette journée du 3 septembre, qu'entré dans Sedan, il assista au triste défilé de l'armée prisonnière : par une ironie cruelle de la fortune, elle rendait ses armes aux Allemands devant la statue de Turenne (1) ! »

Devenu inutile désormais dans nos provinces envahies, l'abbé d'Hulst rentra à Paris. Là était le péril, là aussi était son poste.

Reprenant ses fonctions d'aumônier, le prêtre gentilhomme partage les rigueurs d'un cruel investissement ; à la maison de la Folie-Méricourt, où les plus jeunes ont toujours gardé asile, la gêne se fait sentir plus que nulle part ailleurs. Arrive le mois de janvier, le pain manque, et l'on fait connaissance avec le tourment de la faim. En ces jours noirs, il y eut des heures cruelles, mais elles eurent encore un plus terrible lendemain.

A l'invasion succèdent, en effet, la guerre civile et l'infernale Commune. La paroisse Saint-Ambroise est le quartier-général de l'insurrection et bientôt les prêtres y sont traqués comme des ennemis dangereux ou de précieux otages.

L'abbé d'Hulst ne cesse d'y continuer son ministère : vêtu d'habits laïques, il essaie de porter au dehors la consolation et le pardon.

Mais voilà qu'un jour il est reconnu par un groupe de ces mégères qui formaient le bataillon avancé de la Commune. Une heureuse diversion le fait échapper à ce premier danger, mais c'est pour retomber dans un plus grand.

Pendant que l'abbé d'Hulst peut rejoindre son domicile près de l'abbé Courtade, deux vicaires de Saint-Ambroise viennent d'être arrêtés et sont l'objet des traitements les plus grossiers de la part d'une foule en délire.

« On les frappait, raconte l'abbé Bertin à qui nous empruntons cet épisode, on leur crachait au visage, on leur arrachait la barbe, une femme brandissait de loin un couteau de cuisine, par-dessus les têtes, criant qu'on lui fît place.

« Au milieu de la bagarre, un enfant de huit ans s'écria de sa petite voix douce :

« — Il y a encore deux curés tout près d'ici...

(1) Abbé Bertrin, *Les grandes Figures catholiques*.

« — Où donc ?

« — Rue de la Folie-Méricourt, n° 4 ; je sais où ils demeurent, je vais vous y conduire. »

« Et il ajouta dans la langue des faubourgs : « Ils ont de la galette, ceux-là. »

« — Ils ne la couperont pas, » dit un caporal des fédérés, et il se dirigea vers la maison où il devait trouver sa proie.

« Le petit malheureux qui l'avait indiquée, en connaissait bien en effet l'adresse et le chemin, comme il s'en était vanté : c'est là qu'il était venu, durant les longs mois du siège, chercher chaque jour du pain et des vivres pour sa mère et pour lui.

« Par bonheur, un apprenti se trouvait sur la place et avait tout entendu. Il se fraya un chemin à travers la multitude, houleuse et bruyante comme la mer dans la tempête, et, toujours courant, arriva assez tôt pour prévenir la servante de MM. d'Hulst et Courtade du péril imminent qui menaçait ses maîtres.

« Mais comment ceux-ci pouvaient-ils y échapper ? Il ne fallait pas songer à fuir ; ils seraient tombés dans la foule, avide de sang, qui cherchait des victimes. Une veuve, habitant le fond de l'arrière-cour, ouvre sa porte aux persécutés.

« A ce moment même, le caporal se présentait avec quatre hommes pour les arrêter au nom du salut de la Nation. L'énergie et le sang-froid de la bonne le déconcerta. Elle réussit à lui persuader, dans son pittoresque langage, « qu'il ne s'était pas levé assez matin, et que les deux oiseaux étaient envolés ».

« Le caporal se retira, mais sans renoncer à sa capture. Il laissa un planton à la porte, revint lui-même le soir, puis encore le lendemain ; et les deux amis étaient là, témoins de ses démarches, à deux pas de lui, sous sa main ! Il ne soupçonna pas leur refuge : la Providence lui ferma les yeux...

« Dans cette cachette hospitalière, l'abbé d'Hulst et l'abbé Courtade passèrent ce qu'on a appelé la *semaine sanglante* ; depuis le mardi 23, à midi, jusqu'au matin du dimanche. C'est là qu'ils apprirent, par les rapports de leur hôtesse affolée d'épouvante, l'assassinat de Mgr Darboy et des premiers otages, l'incendie de l'Hôtel de Ville, le transfert de la Commune à la mairie de leur arrondissement. Leur église avait été convertie en un magasin à poudre et à cartouches ; des fils conducteurs la reliaient à des batteries électriques, qui feraient sauter le monument si les troupes Versaillaises approchaient.

« Les captifs restèrent cinq longs jours dans l'attente continuelle de cette explosion, qui devait les ensevelir sous une montagne de ruines. Cependant l'armée française avançait, refoulant devant elle les bataillons de la Commune. Les balles et les obus traversaient en sifflant la maison où étaient les deux amis. Il leur fallut chercher un abri sous les voûtes de la cave.

« Ils vécurent là, trois jours et trois nuits, au milieu d'alertes incessantes, menacés à la fois par les projectiles qui passaient sur leurs têtes, par le désespoir des fédérés, décidés à tout faire sauter autour d'eux avant de se rendre, et par les inquisitions de leur haine furieuse, qui cherchait partout des otages nouveaux.

« A chaque instant, ils pensaient être découverts et fusillés. Ils s'étaient confessés l'un à l'autre, et regardaient venir la mort avec une paix profonde... Ils n'avaient pas trente ans ! Que pouvait-il y avoir de plus beau pour eux que d'offrir leur vie à Dieu en pleine jeunesse, comme un holocauste fait de prémices et de fleurs ?... »

Dieu n'exigea pas un pareil sacrifice : les Communards vaincus durent céder devant les Versaillais et l'abbé d'Hulst fut sauvé.

II

D'autres travaux attendaient le prêtre que Dieu s'était choisi et cependant, malgré ce ministère si bien inauguré au milieu des œuvres, ce n'était pas dans un tel milieu qu'il était réservé à Mgr d'Hulst de trouver sa voie.

Peu de temps après la guerre, l'archevêque l'associait aux

travaux de l'administration épiscopale. Initié à la direction du premier diocèse de France, l'abbé d'Hulst révéla en peu de jours les brillantes ressources de sa vaste intelligence et fut pour le cardinal Guibert un précieux collaborateur.

Aussi le prélat ne songea qu'à s'attacher d'une manière irrévocable cet aide que la Providence lui avait envoyé, le bien de l'Eglise allait en décider autrement.

En 1875, fut votée la loi qui abolissait le monopole universitaire dans l'enseignement supérieur ; aussitôt les catholiques s'empressèrent de profiter d'une liberté si péniblement conquise que la législation suivante pouvait confisquer.

La création d'une Université catholique à Paris fut résolue.

C'est la vieille maison des Carmes qui donna asile à la nouvelle Université ; mais il fallait créer des amphithéâtres, des bibliothèques, trouver des professeurs.

L'abbé d'Hulst suffit à cette tâche et, au jour dit, il fournit aux évêques fondateurs, une installation sommaire mais cependant suffisante.

Ce n'était pas tout ; à la tête de cette élite de savants accourus pour mettre leur talent et leur zèle au service de l'Eglise, il fallait un maître dont le prestige en même temps que l'autorité s'imposât à l'attention du monde intellectuel.

Quel serait le glorieux élu ? Quel serait en un mot le Recteur de cette Université qui venait pour la première fois prendre sa place au soleil et revendiquer l'usage de sa liberté ? D'un commun accord toutes les voix se portèrent sur celui qui en avait été déjà l'organisateur et qui à ce premier talent joignait le mérite bien supérieur d'une science de premier ordre.

Seul, Mgr Guibert eut une objection à présenter; il ne pouvait se résoudre à se séparer de son collaborateur, mais il céda devant le choix public : l'abbé d'Hulst entra enfin dans la voie qui était la sienne et où il devait tracer un sillon si profond.

Homme de science, il allait vivre et travailler pour la science ; il allait lui donner toute son âme ; il allait en devenir l'apôtre. Recteur du premier Institut catholique de France, il se donna pour mission fondamentale de démontrer que la science et le catholicisme n'ont rien d'incompatible et il invita — de toutes ses forces, par tous les moyens, par l'exemple, par la plume, par la parole — il invita les catholiques à reprendre dans la science et dans la philosophie une place qu'ils avaient perdue.

Ce prêtre ami de la science souffrait, a dit un de nos plus fins critiques, en sentant la pensée contemporaine suivre le cours de ses développements en dehors de la foi à laquelle il avait voué sa vie, hors de la pensée même de ce Dieu dont il s'était fait le prêtre, ayant renoncé pour cela à toutes les grandeurs, à tous les succès mondains ; et, à cause de cela, il était sympathique à toutes les tentatives qui permettaient d'espérer que les idées chrétiennes s'imposeraient de nouveau à la préoccupation des penseurs.

Sur cette question, Mgr d'Hulst (1) s'est expliqué longuement en des termes trop éloquents pour n'être pas cités. A la vigueur dont il défend sa cause, on voit combien cette pensée lui tient au cœur ; écoutons-le un instant :

« La foi et la science s'excluent, dites-vous, parce que la science vit d'indépendance et la foi d'assujettissement. Peut-on laisser passer un tel aphorisme ?

« La science vit d'indépendance ?... Mais qu'est-ce donc que l'indépendance ? C'est l'immunité de toute sujétion. Or, est-il vrai que la science ne soit point sujette ? Mais elle l'est tout au moins de la vérité. En droit, toute vérité domine la science. En fait, la science obéit à la vérité, comme elle reçoit d'elle sa détermination, sa forme, son être même...

« La science humaine, comme l'homme lui-même, ne peut pas vivre sans maître, mais elle choisit son maître ; le seul maître qu'elle puisse honorablement servir, c'est la vérité.

« Ce n'est donc pas la science qui vit d'indépendance, c'est le doute ; et si l'on veut maintenir l'aphorisme qu'on nous oppose, il faut aller jusqu'à dire que la science et le doute, c'est la même chose ; que savoir, c'est hésiter entre deux ignorances...

« La science ne fait jamais fi de la certitude : sans doute il y a des savants sceptiques, mais, remarquez-le, c'est toujours

(1) Nous donnerons désormais à l'abbé d'Hulst le titre de *Monsignor* que Léon XIII venait de lui conférer, comme témoignage public de son estime et de sa confiance.

dans un ordre de connaissances qui leur est peu familier. Le mathématicien doute de l'histoire ; le physicien se donne des

EGLISE DES CARMES.
—
Université catholique de Paris.

airs mutins devant la métaphysique ; le physiologiste prend en pitié le psychologue ; le chimiste donnerait pour peu de chose les conceptions du moraliste. Qu'est-ce que cela prouve ?... C'est que les savants ne savent pas tout, et qu'ils doutent de ce qu'ils ignorent...

« Mais allez donc porter vos doutes dans leur jardin, vous serez bien reçus ! Allez donc dire à M. de Laplace que la mécanique céleste est un beau rêve, à M. Tyndall que les lois de la lumière sont des à peu près, à M. Berthelot que les alchimistes avaient raison sur Lavoisier, à M. Paul Bert que les cellules n'ont pas de vie propre dans les tissus, mais seulement dans son imagination ! J'ai choisi, vous l'avouerez, des savants qui ne sont pas dévots. Mais leur réponse indignée dépassera en vigueur d'affirmation le dogmatisme des plus purs croyants...

« La science ne vit pas seulement d'indépendance. Est-il plus vrai de dire que la foi vit d'assujettissement ? La même ambiguïté pèse sur ce second membre de la formule. Comme le savant a ses chaînes, le croyant a ses libertés. Toute la différence logique entre savoir et croire, c'est qu'on sait par soi-même et qu'on croit sur la parole d'autrui.

« Et l'on a raison de croire quand la parole qui nous instruit est recevable. L'historien croit au passé sur la parole de l'homme ; le chrétien croit à l'invisible sur la parole de Dieu... Et je dis que l'état d'esprit du croyant est plus favorable que l'état contraire au développement de la science.

« ... Comparons, en cette heure de crise, la situation d'esprit de deux philosophes, l'un chrétien, l'autre incroyant. Tous deux poursuivent la vérité, tous deux sentent qu'elle leur échappe ; tous deux auraient besoin d'un élément stable pour fixer leur pensée qui s'enfuit. Où le libre-penseur cherchera-t-il ce point d'arrêt ? En lui-même ? Mais c'est de lui-même qu'il se défie. Dans l'autorité des philosophes ? Mais ce qui le frappe tout d'abord c'est la contradiction de leurs systèmes ; et d'ailleurs les philosophes n'enseignent pas, ils racontent ce qu'ils pensent ; pourquoi la pensée d'autrui aurait-elle pour moi plus de réalité que la mienne propre ? L'incroyant se sent donc abandonné dans sa détresse : il glissera sur la pente du doute, il roulera jusqu'à l'abîme du scepticisme.

« Voyons maintenant à l'œuvre le philosophe chrétien. Je ne le suppose pas à l'abri de l'épreuve. Mais, à l'heure où lui aussi cherche son point d'arrêt, il se ressouvient de sa foi. Oh ! comme elle le laissait libre tout à l'heure dans sa recherche scientifique ! La foi n'est pas, quoiqu'on en dise, un étau pour la pensée ; elle s'accommode de bien des systèmes et vit en paix avec les théories les plus diverses. Mais il y a des vérités dont elle a la garde, et qu'elle ne livre jamais : Dieu, sa perfection, sa réalité, sa personnalité ; l'homme, sa double nature, sa liberté morale, avec le corollaire du devoir et celui de la destinée. Voilà les points fixes.

« ... Cela dit, je ne vois pas ce qui peut empêcher les chrétiens de se maintenir sur les positions élevées du savoir. On voulait les en débusquer en leur disant : Vos principes vous interdisent ce séjour. Nous répondrons que nous nous y sentons fort à l'aise. Ni la science ne se confond avec la liberté, ni la foi avec l'esclavage. L'homme qui croit peut connaître toutes les hardiesses de la pensée : il n'en connaît pas toutes les défaillances. »

Cet amour de la science n'était pas chez le Recteur de l'Institut catholique un amour spéculatif ; le traduisant en actes, il donna à différentes revues des articles fort remarqués, dont le succès n'eut d'égal que la hardiesse du langage.

Mais l'œuvre pratique à laquelle il s'attacha de préférence fut de démontrer au public que si la science était compatible avec la foi, c'était dans des maisons comme celle qu'il présidait que la jeunesse catholique devait venir la chercher.

Cette thèse, il l'a présentée sous toutes ses faces : dans ses conférences, dans ses lettres, dans ses brochures, dans ses discours.

III

Tant d'élévation dans la pensée, tant de force dans le raisonnement, tant de netteté et de précision dans le style, avaient fait du Recteur de l'Institut catholique un écrivain de premier ordre ; elles firent de lui un orateur. Aussi quand, en 1891, le P. Monsabré, achevant une longue et féconde carrière, descendit de la chaire de Notre-Dame, nul ne fut surpris que sa succession fut offerte à Mgr d'Hulst.

Dès les premières années de son ministère, il avait fait

l'apprentissage de la parole : toutes les grandes chaires de Paris l'avaient entendu. Il avait même donné des stations entières à Sainte-Clotilde, à la Madeleine ; aux fêtes d'Orléans, sur l'invitation de Mgr Dupanloup, il avait prononcé le célèbre panégyrique en l'honneur de Jeanne d'Arc.

Préparé aux auditoires les plus difficiles, il pouvait donc aborder la chaire de Notre-Dame. Il le fit au carême de 1891. Le P. Monsabré venait, pendant dix-huit années consécutives, d'expliquer les magnificences et les solidités du dogme catholique ; il fallait maintenant en venir à la morale, le sujet s'imposait à son successeur.

Mgr d'Hulst n'hésita pas un instant, il se lança dans ce vaste sujet et y préluda par une introduction sur les *Fondements de la morale*. L'étude était aride ; loin de s'en effrayer l'orateur se promit de le traiter avec l'esprit métaphysique qui lui était propre, sans négliger aucune des abstractions les plus ardues.

Ce genre éminemment scientifique ne pouvait manquer de dérouter une partie de l'auditoire habitué à l'effet d'une parole apprêtée, animée par le souffle d'une éloquence chaude et colorée.

« Mgr d'Hulst, dit M. Fonsegrive, s'enfonça de gaieté de cœur dans les plaines arides de la plus difficile philosophie. Il fit à Notre-Dame, devant l'auditoire des Lacordaire et des Monsabré, des cours de Sorbonne. Voyant l'auditoire se raréfier, l'orateur ne retrancha de ses discours ni une abstraction ni un syllogisme : il parlait avec apologie de la morale chrétienne ; peu lui importait d'avoir cinq mille auditeurs ou de n'en avoir que douze cents. Il voulait que la parole prononcée dans la plus haute chaire catholique de France pût être mise en parallèle pour la solidité du fond et la portée des arguments avec n'importe quelle autre parole de n'importe quelle autre chaire. Il songeait à instruire plus qu'à plaire, à convaincre plus qu'à toucher, et, pour tout dire enfin, il songeait au lecteur futur plus qu'à l'auditeur.

« Aussi est-ce une œuvre solide que celle des *Conférences*. Elle s'appuie tout entière sur la philosophie de saint Thomas, dont Mgr d'Hulst se faisait gloire de se proclamer le disciple.

Par une vue profonde qui montre la perspicacité naturelle de son esprit, le Conférencier s'attacha avant toute chose à montrer le caractère stable des lois morales et à détruire par conséquent les doctrines évolutives qui prétendent réduire toutes les prescriptions morales à n'être qu'un provisoire perpétuel.

« Durant les cinq années que dura sa prédication, Mgr d'Hulst a constamment combattu la morale de l'évolution, il s'est acharné à lui enlever l'une après l'autre toutes ses défenses ; une fois même, reprenant un mot de Lacordaire contre le matérialisme, il appela ce système une « canaille de doctrine. » Dans cette tactique l'orateur était incontestablement bien inspiré, il montrait combien il connaissait son siècle, ses penchants avoués et ses tentations les plus secrètes.

« Après avoir traité des *Fondements de la morale* (1891), Mgr d'Hulst traita des *Devoirs envers Dieu* (1892, 1893), *De la morale de la famille* (1894), *De la morale du citoyen* (1895) et enfin (1896) des *Devoirs de l'homme envers ses égaux* ; il ne lui restait plus qu'à exposer les *Devoirs de l'homme envers lui-même* pour achever ce commentaire philosophique du Décalogue où il mit toute sa passion du vrai, toute la vigueur lucide de sa pensée. »

Dans cette œuvre incomplète mais durable, les belles pages ne manquent pas, bien qu'elles gardent toutes une vigueur et une élévation qui pourraient les empêcher de devenir populaires. Parmi cent autres, citons celle-ci que sa libre hardiesse recommanda à tous les journaux d'alors :

« ... Vous tremblez parce que le prolétaire, oublieux de ses devoirs d'époux et de père, n'est plus que le soldat d'une armée toujours mobilisée contre la paix sociale ! Mais vous, détenteurs de la richesse et de la science, qu'avez-vous fait de la famille ? Jeunes gens, où est en vous le respect de la vie ? Epoux, où est le respect du mariage ? Parents, où est le respect de l'enfance ? Et vous, poètes, romanciers, écrivains, guides de l'opinion, docteurs ou amuseurs du siècle, rentrez en vous-mêmes, interrogez votre œuvre ; et si vous ne reculez pas d'épouvante, c'est que vous êtes plus aveugles encore et plus pervertis que je ne croyais !

« Vous avez bafoué la vertu, glorifié l'adultère, divinisé la passion. Vous avez enseigné à chaque page de vos livres que l'amour des sens donne tous les droits. Chacune de vos publications était comme un nouveau coup de bélier contre cette assise fondamentale de la société qui s'appelle la famille. Et vous vous étonnez, maintenant, que l'édifice craque et se lézarde !

« Je vous entends ! Vous écriviez pour les heureux du siècle. Vous pensiez que l'homme de labeur n'entendrait pas votre voix. Pour lui, la résignation, le travail maigrement payé, les devoirs austères, sauvegarde de la sécurité générale. Aux parvenus, aux satisfaits, les grandes immunités et l'émancipation de la morale. Et vous voulez que Dieu se fasse le complice de pareils calculs et se ravale au rôle de garde-chiourme chargé de protéger la tranquillité de vos désordres? Ah ! ne l'insultez pas par cette odieuse espérance ! Hâtez-vous plutôt de réformer votre œuvre, de purifier votre vie, de restaurer chez vous le culte de la famille. Ou bien Dieu sifflera, dit le Prophète, et l'ennemi accourra du bout de l'horizon et la terre verra de grandes ruines...

« A l'œuvre donc, Messieurs ! La réforme urgente, celle qu'aucune autre ne saurait suppléer, celle qui donnera seule à toutes les autres leur efficacité, c'est la restauration des mœurs chrétiennes dans la famille.

« Naguère, un grand criminel, dont la main s'était armée pour tuer au hasard, et qui n'avait pas réussi à tuer, faisait, devant les juges qui allaient disposer de sa tête, l'apologie des doctrines anarchistes. Sa logique audacieuse les rattachait aux doctrines athées dont son siècle l'avait nourri. Il citait les noms de ses maîtres, et parmi ceux-là je relève le nom d'un savant auquel j'ai fait plus d'un emprunt dans ce discours. Certes, l'auteur de l'*Evolution du Mariage* (1) protesterait bien haut contre cette filiation d'idées. Protestation

(1) Le Dr LETOURNEAU.

Monseigneur d'HULST.

sincère, je n'en veux pas douter, mais aussi protestation stérile ! Quoi ! l'on vient dire aux hommes : N'écoutez plus la religion, elle n'a rien à vous offrir que des fables ; écoutez la science. La science vous apprend que l'homme est une brute perfectionnée, Dieu une hypothèse inutile, la morale un préjugé ; que la famille elle-même, avec ses deux supports, le mariage et la propriété, marque un stade provisoire dans l'incessante transformation des choses ; que la loi du progrès, qui a fait prévaloir pour un temps ces institutions, permet d'en prévoir et d'en annoncer la chute.

« Et lorsqu'un malheureux, à qui la vie a été sévère, s'autorise de ces enseignements pour déclarer la société mal faite ; lorsqu'il passe des paroles aux actes pour préparer dans la ruine de l'ordre présent l'avènement d'un ordre nouveau, les maîtres qui ont égaré sa pensée se laveront les mains de sa conduite ? Ah ! croyez-moi ; laissons-les se dégager comme ils peuvent des sinistres conséquences que d'autres tirent de leurs leçons. Pour nous, c'est à ces leçons mêmes que nous nous en prendrons pour les confondre (1). »

Cette page donne la mesure de puissance de l'éloquence du Conférencier de Notre-Dame ; malheureusement la hauteur et l'élévation de son sujet, le procédé scientifique avec lequel il l'aborde donnaient à ses conférences l'allure d'un cours plutôt que d'un discours ; et la foule avait peine à le suivre sur les sommets où il l'entrainait.

Mgr d'Hulst, a-t-on fait remarquer, eut donc pu attirer une foule plus nombreuse autour de sa chaire ; il n'eut suffi pour cela que de chercher plus fréquemment le mot à effet, le procédé oratoire, la phrase brillante, il ne l'a pas voulu. Il a préféré ne s'adresser qu'à une élite, parler aux hommes qui pensent et réfléchissent, et leur rendre la paix du cœur dans la foi trouvée ou reconquise.

(1) *Carême 1894*, p. 31.

IV

Il n'y avait qu'un an que le Conférencier de Notre-Dame était en possession de sa chaire quand sa parole fut appelée à se faire entendre en même temps sur un autre théâtre et à prendre la succession de Mgr Freppel à la Chambre des Députés.

Sans empressement et sans enthousiasme, il se rendit au nouvel appel de la Providence et considéra comme un devoir l'offre qui lui fut faite par les Bretons. L'un d'entre eux a raconté comment la candidature de Mgr d'Hulst fut mise en avant.

« C'était le 29 décembre 1891, dans la cathédrale d'Angers, rapporte le *Courrier du Finistère*. La cérémonie des obsèques de Mgr Freppel était terminée : au pied du catafalque défilait le long cortège des prélats et des évêques.

« Nous étions là quelques-uns du Finistère, prêtres et laïques, et le même sentiment de curiosité nous réunissait tous. Peut-être, dans ce cortège, nous allions voir celui qui serait le successeur de Mgr Freppel.

« Et les dominant tous par sa haute taille, l'allure majestueuse, le front haut et largement découvert, dans les traits quelque chose de breton, noble et fier, nous vîmes passer Mgr d'Hulst, le recteur de l'Université catholique de Paris.

« A ce moment, plusieurs d'entre nous souhaitèrent qu'il fût appelé à remplacer Mgr Freppel. »

Quelques jours plus tard, acceptant l'offre qui lui était faite, Mgr d'Hulst se présentait ainsi à ses électeurs :

« ELECTEURS DE LA TROISIÈME CIRCONSCRIPTION DE BREST,

« Un deuil douloureux, qui unit dans de communs regrets la Bretagne, l'Alsace et la France catholique tout entière, a rendu vacant ce siège de député où, par quatre fois, vos suffrages spontanés avaient fait asseoir un grand évêque, un grand citoyen.

« Vous étiez fiers de penser que celui qui tenait de vous son mandat représentait au Parlement, en même temps que vos droits et vos intérêts, ceux de la religion et de l'Eglise.

« C'était là pour vous un glorieux privilège. Vous ne semblez pas vouloir l'abdiquer...

« On vous a dit ce que j'ai fait jusqu'ici : Français, j'ai aimé ma patrie; prêtre, j'ai aimé l'Eglise. Dans le ministère des paroisses, dans l'administration ecclésiastique, à la tête d'un grand établissement d'enseignement, et jusque sur les champs de bataille comme aumônier de nos armées, j'ai travaillé pour l'Eglise et pour la France. J'ai donné vingt-sept ans de ma vie au service de ces deux mères. »

Le dimanche 6 mars 1892, à l'heure où le Conférencier de Notre-Dame rouvrait la série de ses conférences de carême, 11.069 Bretons (sur 11.970 votants) lui confiaient le devoir de les représenter.

Ce devoir Mgr d'Hulst l'a rempli, non pas peut-être avec le succès de Mgr Freppel, mais avec la dignité et la conscience qui convenaient à son caractère.

Accablé par la multiplicité de ses occupations, il dut — à l'encontre de son prédécesseur, — se cantonner dans les questions où l'honneur de l'Eglise et de l'enseignement catholique était en jeu. Mais alors il donnait de toute la vigueur de sa logique et de sa dialectique serrée : rien alors n'égalait la limpidité et la correction de sa phrase, la justesse de l'expression et la sûreté de son raisonnement.

Plus vite que Mgr Freppel il sut se faire au milieu qui l'écoutait et jamais on n'eut à lui reprocher la solennité que l'évêque d'Angers donnait au ton de ses premiers discours. D'une voix souple et naturelle, il improvisait, il causait et traitait une question avec la distinction qui lui était particulière.

Toujours maître de lui-même, malgré les interruptions les

plus violentes et même les plus déplacées, sa discussion restait courtoise, quoique mêlée parfois d'une fine ironie (1).

« Ce n'étaient pas des charbons ardents qu'il lançait à la tribune, disait Mgr Touchet en prononçant l'oraison funèbre de Mgr d'Hulst; mais son argumentation pressée laissait peu de prise à l'adversaire, et plus d'une fois ses répliques de grand seigneur spirituel et hautain firent balle et portèrent respect. »

Ce fut dès son premier discours, le 26 mars 1892, jour impatiemment attendu, que le nouveau député, assailli par tout le clan radical, trouvait assez de présence d'esprit pour fermer la bouche au comte de Douville-Maillefeu, célèbre par ses interruptions.

« — *Distinguo*, avait crié avec sa verve railleuse le fougueux tribun.

« — Oui, Monsieur, *distinguo*, lui répliqua Mgr d'Hulst d'une voix brève et fine; oui, Monsieur, *distinguo*, car lorsqu'on ne distingue pas, on confond. »

Ainsi prévenus, les interrupteurs se le tinrent pour dit et le député put en toute liberté exposer ses idées sur les questions dont il prit la défense : liberté de la chaire, rôle de l'Etat dans l'enseignement, relations de l'Eglise et de l'Etat, législation sur les Fabriques, liberté de l'enseignement supérieur, droit d'accroissement, attirèrent successivement Mgr d'Hulst à la tribune et lui fournirent l'occasion d'une causerie nette, claire, véritable éloquence d'affaires rehaussée par un langage toujours digne et distingué.

Son succès le plus considérable, il le trouva peut-être le jour où il parla sur le serment judiciaire.

C'était le 19 juin 1894. Il s'agissait de modifier le serment judiciaire et d'en bannir toute formule religieuse. A Mgr d'Hulst revenait donc l'honneur d'intervenir :

« Messieurs, dit-il, je dois vous avouer que les arguments de M. le rapporteur ne m'ont pas persuadé; ils m'ont plutôt

(1) L'Abbé CAVÉ, *Mgr d'Hulst, député.*

confirmé dans la conviction contraire. Prêter serment sans invoquer la puissance supérieure c'est dire : J'affirme que j'affirme ; je vous donne ma parole, et si cette parole ne suffit pas, j'y ajoute ma parole pour vous prouver qu'elle doit vous suffire.

« Le rapporteur, il est vrai, compte sur la solennité de l'appareil qui entoure cette parole, sans cela vulgaire et commune, pour provoquer de la part de celui qui la prononce ce qu'il appelle un effort moral, destiné à donner une certaine garantie de véracité.

« Il ne me semble pas que cette force morale doive être provoquée par l'appareil dont il s'agit ; et je ne vois pas qu'on ajoute ainsi aucune valeur nouvelle à la parole humaine. C'est une chose sacrée en elle-même que la parole humaine, mais une douloureuse expérience nous apprend tous les jours que ceux qui ont reçu cet instrument sacré, trop souvent le profanent.

« Voilà pourquoi la société, non pas dans les circonstances vulgaires, mais dans les circonstances graves où l'honneur et la vie des citoyens sont en jeu, a jugé nécessaire, dans tous les temps, dans toutes les civilisations, d'étayer cette parole chancelante et de protéger l'homme qui la prononce contre toute tentation de défaillance en le mettant en face non plus seulement de lui-même ou de ses semblables, mais d'une puissance invisible, d'un être souverain qu'il reconnaît comme son principe et sa fin, comme le témoin de ses actes et le juge de sa conscience.

« Vous ne contesterez pas, je pense, que ce soit là l'origine du serment en général et l'origine de l'introduction du serment dans les débats judiciaires.

« Il suit de là que le serment sans Dieu est un serment qui n'en est pas un. Je pourrais vous rappeler, comme l'éminent évêque que j'ai le regret de remplacer dans cette Chambre, je pourrais vous rappeler, au nom de la simple grammaire, que le mot sacrement vient de *sacramentum*, et qu'un serment qui n'a plus d'élément divin est un sacrement qui n'est plus sacré. »

Après cette déclaration, l'orateur en venait aux causes qui inspiraient le législateur en supprimant le serment religieux : il croit ainsi marquer le progrès des idées démocratiques, mais, reprenait Mgr d'Hulst :

« Est-ce vraiment un progrès que de nous détacher graduellement, par la modification de nos institutions publiques et judiciaires, de la croyance en Dieu? Avant tout, il faudrait savoir de quels progrès on veut parler? Est-ce d'un progrès scientifique? Est-ce d'un progrès moral?

« S'il s'agit de science pure, vous pouvez avoir à cet égard les opinions que vous voudrez ; mais je vous mets au défi de prouver qu'il y ait progrès scientifique quelconque attaché à l'abandon de la croyance en Dieu...

« Je prétends être aussi passionné que personne pour le progrès scientifique. Je lui ai voué ma vie : je la lui ai vouée dans les conditions particulièrement difficiles et militantes de l'enseignement supérieur libre et privé, je devrais dire privé de secours et d'encouragements.

« Je resterai fidèle à cette tâche; mais plus je persiste à rechercher le progrès scientifique et à le promouvoir autour de moi, plus il me devient impossible de concevoir même comment des esprits sérieux et éclairés peuvent lier cette cause si intéressante et si belle à celle de l'athéisme, car ce sont deux causes absolument disparates... »

Et l'orateur arrivait à cette conclusion :

« Messieurs, consultez les hommes qui, en dehors de cette enceinte, étrangers à nos passions, sont peut-être encore plus en situation de connaître les aspirations du pays ; ils vous répondront avec moi, que le moment est mal choisi pour ébranler ce qui tient encore dans notre société chancelante, pour rabaisser au niveau d'une chose profane et vulgaire cette grande fonction sociale, la justice, à qui toutes les civilisations, toutes les lois avaient, dans tous les temps, assigné un caractère sacré. »

A l'issue de ce discours, en quittant le Palais-Bourbon, un auditeur disait :

« — Décidément, Mgr d'Hulst est un homme, mais il est beaucoup trop fort pour son auditoire : la plupart ne le comprennent pas. »

C'était là en effet son principal défaut : le député de Brest avait peine à se mettre au niveau de cette Chambre uniquement préoccupée de l'intérêt électoral.

Peut-être avec le temps en fut-il venu à mieux accommoder sa parole à ce milieu d'affaires, mais la mort ne lui en laissa pas le loisir.

Epuisé par une vie tirée en trop de sens différents, consumé par un labeur sans relâche, Mgr d'Hulst succombait le 6 novembre 1896, aux atteintes d'un mal presque soudain.

Il avait dépensé au service de l'Eglise sa fortune, sa vie, ses talents, son génie et il se couchait glorieusement dans la tombe creusée prématurément par ses nobles travaux.

Monsieur de MUN

Sa Jeunesse. — Les Cercles catholiques. — Le Député.

Ici il nous faut ménager l'éloge ; ce n'est plus d'un héros tombé au champ d'honneur que nous parlons, c'est d'un soldat toujours sur la brèche, c'est d'un chevalier armé de pied en cap, qui, à l'heure actuelle, concentre en sa personne les meilleures espérances de l'Eglise catholique.

Le comte Albert de Mun, par son talent oratoire, par la noblesse de ses sentiments, par la fermeté de ses convictions religieuses, égale et dépasse par certains côtés les plus grands noms que nous avons cités jusque-là : en l'entendant, les Berryer, les Montalembert, frémissent dans leur tombe et applaudissent à l'héritier de leur génie et de leur foi.

I

Albert de Mun naquit, le 7 février 1841, à Lumigny, dans le département de Seine-et-Marne.

Du côté paternel il comptait parmi ses ancêtres le trop célèbre Helvétius qui, au siècle dernier, avait mis sa science philosophique au service de l'impiété : il est vrai que les de Mun avaient des représentants plus dignes de leur sang. Remontant à la plus noble en même temps que la plus ancienne origine, ils retrouvaient leurs noms sur tous les chemins des croisades.

Le marquis de Mun, le père d'Albert (1), avait eu l'incomparable fortune de choisir sa compagne dans une famille qui lui apportait avec un beau nom un héritage d'honneur incomparable.

Tous les lecteurs du *Récit d'une Sœur*, — et ils sont nombreux, — connaissent cette intéressante famille de la Ferronnays dont Madame Augustin Craven a écrit l'histoire en écrivant la sienne propre.

Ambassadeur et ministre des affaires étrangères sous Louis XVIII et Charles X, le comte de la Ferronnays représentait dignement ces vieilles races battues par l'orage des révolutions, et épurées au creuset des infortunes. Abandonnant la cour et sa haute situation plutôt que de se battre en duel avec le duc de Berry, il s'en allait par le monde donner le spectacle de la grandeur et de la beauté morale d'un noble caractère.

Pour le récompenser Dieu lui envoya une couronne d'enfants, comblés de tous les dons du ciel et qui, semblant appelés à tous les enchantements de la vie, n'en connurent guère que les tristesses et ne parurent que « prêtés à la terre », mourant tous dans leur jeunesse, sauf celle qui devait les faire connaître à la postérité.

Albert de la Ferronnays, Alexandrine d'Alopens, sa fiancée et bientôt sa veuve, Pauline de la Ferronnays, Olga, Fernand, Charles... Quels noms sympathiques ! Que de souvenirs ils évoquent !...

Eh bien ! c'est au milieu de cette famille et non au dernier rang, qu'il faut placer cette exquise figure d'Eugénie de la Ferronnays, la mère du comte Albert de Mun. Jamais âme de jeune fille ne s'est ouverte à la vie avec plus de naïf enthousiasme et en même temps avec plus de tendresse et d'affectueux attachement pour ceux qui l'entourent.

L'éclat du soleil, le chant des oiseaux, le parfum des fleurs, l'enivrent et la transportent au-delà de la terre, dans cette

(1) A l'heure où nous écrivons ces lignes, le marquis de Mun vient de s'éteindre, dans son château de Lumigny, à l'âge de quatre-vingts ans.

patrie qu'elle devait si promptement revoir. Et en même temps, comme inconsciente des riches dons que la Providence lui a départis, elle tombe en admiration devant sa sœur Pauline, devant son frère Albert dont, — bien à tort, — elle semble envier les talents.

Profondément humble, il n'y a que sa tendresse qu'elle avoue : « Il n'y a pas un seul être sur la terre, dit-elle naïvement, à qui non seulement elle puisse en vouloir, mais aussi pour qui elle ne puisse prier et même souffrir. »

Longtemps cette soif de dévouement entretient en elle le désir d'aller cacher sa jeunesse en un cloître pour s'y donner tout à Dieu ; la Providence lui réservait une autre mission.

Ayant subi le charme d'une âme digne de la sienne, elle épousa le marquis de Mun en 1838, et devint la mère de deux enfants auxquels elle communiqua avec son sang l'amour de ce qui est noble et pur ; puis — en 1842 — quelques mois seulement après la naissance de son dernier fils, de celui qu'elle appelait Albert en souvenir du frère tendrement aimé, elle mourait, croyant avoir épuisé son rôle, après nous avoir donné l'enfant qui devait être l'illustre comte de Mun.

Le fils allait être digne de la mère ; dans l'orateur d'aujourd'hui on retrouve cette piété exquise, cette tendresse pour tout ce qui souffre, cette parole qui sait si bien dire ce que l'âme éprouve : fils d'Eugénie, le comte de Mun est bien aussi le neveu de Pauline, de Madame Craven à qui Dieu avait donné un tact particulier pour comprendre ce qui est beau et pour l'exprimer. L'orateur a donc de qui tenir.

Jusqu'à l'âge de treize ans, Albert de Mun ne connut pas d'autre atmosphère que celle de la famille : c'est son père, ce sont ses tantes, c'est son frère aîné Robert, qui lui donnent les premières leçons et partagent ses jeux.

Puis viennent les années de collège et progressivement Albert de Mun poursuit sa voie ; en 1860 il entre à Saint-Cyr : deux ans plus tard nous retrouvons le sous-lieutenant sur la terre d'Afrique au 3e chasseurs. Aux côtés de son frère, Albert fait bravement son devoir, participant à toutes les escarmouches qui marquent cette époque de notre conquête algérienne.

Soldat dans l'âme, le sous-lieutenant ne songe qu'à ses devoirs militaires : c'est là que se portent tous ses rêves et il s'imagine bien peu qu'un jour viendra où il abandonnera l'épée pour la parole.

Mais bientôt à la guerre d'escarmouches va succéder la terrible invasion allemande : ce ne sont plus des montagnes arides ou le sable des déserts qui boivent le sang de nos soldats. Les provinces de l'Est écrasées par les légions prussiennes sont déjà le théâtre du plus sanglant carnage : le lieutenant de Mun, passé depuis deux ans aux chasseurs de France et déjà père de deux enfants, abandonne les siens pour voler à la frontière.

Partout où donna le 3ᵉ corps, il se battit avec la satisfaction de l'honneur sauvé, sinon de la victoire remportée. A la Chambre, il évoquait un jour le souvenir de ces heures terribles :

« Il y a, Messieurs, — nous avons bien le droit de rappeler le passé, — il y a, sur le plateau d'Amanvilliers, une route qui monte à Saint-Privat-la-Montagne : elle s'appelle encore le chemin funèbre de la garde royale. C'est là que l'élite de l'armée allemande est tombée dans un combat de géants ; et si je me laissais aller, combien d'autres souvenirs héroïques se presseraient devant mes yeux, depuis Wissembourg et Reischoffen jusqu'à cette charge de Sedan dont je ne puis parler, moi, qu'avec des larmes dans les yeux, parce que la moitié du régiment de chasseurs d'Afrique où j'ai fait mes premières armes y a trouvé la mort, cette charge de Sedan qui arrachait au roi de Prusse un cri pareil à celui de Guillaume d'Orange à Nerwinde : « Oh ! les braves gens ! » comme l'autre avait dit : « L'insolente nation ! » (*Double salve d'applaudissements sur tous les bancs de la Chambre.*)

Ce jour-là M. de Mun rencontra à la Chambre un de ses plus beaux triomphes : qu'y a-t-il de plus émouvant en effet que d'entendre raconter l'histoire en aussi beaux termes par celui qui l'a faite. Soldat et orateur : le comte de Mun a tout ce qu'il faut pour parler des choses militaires, et aucune parole sur ce sujet n'égalera la puissance de la sienne.

Mais n'anticipons pas : l'officier de Saint-Privat était quelques jours plus tard enfermé dans Metz et, subissant l'humiliation commune, à l'heure honteuse de la capitulation, il était envoyé prisonnier à Aix-la-Chapelle.

Bien terrible au cœur du soldat français était ce séjour sur la terre ennemie pendant que la patrie avait tant besoin de bras, mais il ne fut cependant sans aucun fruit pour le comte Albert de Mun.

II

Comme compagnon de captivité, il avait un ami qui partageait sa foi et sa vaillance : il s'appelait René de la Tour du Pin Chambly.

Pour tromper les longues heures d'inactivité, les deux officiers méditaient à loisir sur les malheurs de leur infortunée patrie et aussi, — comme leur âme était forte, — sur les moyens de travailler au relèvement du pays.

En ces conjectures un livre précieux leur tomba sous la main : il avait pour titre l'*Encyclique du 8 décembre 1864 et les principes de 1789* et pour auteur M. Keller. « Ce nous fut comme une révélation, » a dit plus tard M. de Mun. Dans ce commentaire du *Syllabus*, les deux amis crurent trouver le secret de nos défaites.

Pour assurer leurs convictions et guider leurs pas dans cette étude, ils trouvèrent un religieux de la Compagnie de Jésus, le R. P. Eck qui leur fut un guide précieux : il leur expliqua les définitions de l'Église sur les erreurs du temps présent et leur découvrit dans le *Syllabus* la condamnation de toutes les fautes commises.

De ce jour datent les liens étroits qui unissent l'âme de M. de Mun à la papauté ; de ce jour datent les influences qui orientèrent sa vie et le lancèrent dans la lutte à outrance contre la Révolution.

Le 16 mars 1871, les deux prisonniers d'Aix-la-Chapelle

rentraient en France, mais ce n'était que pour être témoin des horreurs de la Commune. « Ils eurent là, dit M. Millot, des spectacles inoubliables ; conduits par le hasard de la bataille, ils arrivèrent à Belleville le lendemain du massacre des otages. La répression était aussi impitoyable que l'émeute. Les cadavres des vaincus gardaient encore sur leur visage une expression de blasphème ; les vainqueurs étaient consternés ; de longues files de prisonniers, Français gardés par des Français, allaient subir les rigueurs nécessaires de la justice militaire ; dans la rue des enfants jouaient avec les morts, parmi lesquels étaient peut-être leurs pères, pendant que les mères, sur le pas des portes, riaient de leurs jeux. »

Cet état d'âme du comte de Mun a inspiré à M. d'Haussonville, lui ouvrant les portes de l'Académie, une page réussie qu'on ne lira pas sans plaisir :

« Avez-vous gardé le souvenir de certain après midi du mois de mai 1871 où nous nous sommes retrouvés ? demande le Directeur de l'Académie au récipiendaire... Vous reveniez de captivité.

« Lieutenant au 3e régiment de chasseurs, vous aviez pris part à la défense de Metz, et vous aviez suivi la fortune de cette solide armée à qui son héroïsme aurait avec un autre chef assuré un meilleur sort. Prisonnier dans une ville d'Allemagne, vous aviez suivi avec angoisse les phases de la résistance que le pays soulevé opposait à l'invasion. Votre cœur avait tressailli de fierté lorsque l'écho des canons qui, du haut des remparts et des forts de Paris, renvoyaient aux Allemands boulets pour boulets, était parvenu à vos oreilles. Vos yeux s'étaient mouillés de larmes en lisant jusque dans les feuilles étrangères, le récit de cette journée de Loigny où les volontaires de l'Ouest parmi lesquels vous comptiez plus d'un ami, tombaient, se passant de main en main, de père à fils, la bannière sacrée. Sans doute la capitulation de Paris et la signature d'une paix désastreuse avaient été pour vous une déception cruelle, mais votre patriotisme attristé n'en avait point ressenti d'humiliation, et vous pensiez déjà ce que pensera, je crois, l'équitable avenir, que cette résistance désespérée, poussée si l'on veut jusqu'à la folie, n'en avait pas moins sauvé aux yeux de l'Europe et de l'histoire l'honneur de la France vaincue.

« Cette France où vous rentriez avec l'ardeur et la joie d'un exilé, vous vous attendiez à la trouver toute au regret et à la réparation de ses fautes, unie et réconciliée dans le repentir et dans l'espérance. Vous la voyiez au contraire déchirée, sous l'œil railleur de l'ennemi, par une insurrection dont le crime n'a point d'égal dans notre histoire. Paris, la courageuse ville, dont le front vous apparaissait de loin entouré d'une auréole de gloire, s'était laissé asservir par une coterie de barbares qui, après avoir livré aux flammes les plus beaux monuments de son histoire, allait rougir du sang le plus pur un sol que l'ennemi n'avait point souillé. Il fallait arracher la noble cité à leurs mains ineptes et déjà sanglantes. Votre devoir de soldat ne souffrait pas d'hésitation, mais c'était avec désespoir que vous tiriez contre des Français l'épée que, pour la première fois, vous auriez voulu laisser au fourreau, et vous assistiez, l'âme navrée, aux rigueurs d'une répression dont certaines indulgences étranges non moins que certaines revendications audacieuses ont démontré depuis lors la cruelle nécessité.

« Ces drames de sang, auxquels vous aviez été mêlé de trop près, avaient produit sur vous une impression que rien ne pouvait détruire. Tout en exécutant sans défaillance votre consigne de chaque jour, vous en étiez demeuré comme accablé, et vous ne pouviez prendre votre parti de vous voir ainsi campé dans la capitale de la France, comme dans une ville prise d'assaut. Le trouble où vous étiez plongé ne vous laissait apercevoir clairement aucun remède à tant de maux réunis, et peu s'en fallait que votre douleur ne désespérât de la patrie, douleur la plus amère de toutes, car elle est de celles qui ne veulent pas être consolées. »

M. de Mun et son ami étaient sous l'émotion de ces sentiments, lorsqu'un jour ils reçurent la visite de M. Maignen, le directeur du Cercle Montparnasse. Cet homme zélé cherchait des âmes généreuses pour leur faire partager les idées de dévouement qui l'animaient. Il rêvait alors le rapprochement des classes et le considérait comme le seul moyen de relèvement pour la patrie : le peuple est bon, disait-il, si l'on va à lui il se donnera de grand cœur.

L'âme d'Albert de Mun et celle de son ami se trouvaient trop bien préparées pour ne pas comprendre un tel langage : avec enthousiasme ils promirent leur concours. L'Œuvre des Cercles était fondée.

Quelques jours après, une réunion préparatoire avait lieu au Cercle Montparnasse où se rencontraient avec M. Maignen, le comte Albert de Mun et M. de la Tour du Pin, les vétérans des luttes catholiques, hommes jeunes encore, qui s'appelaient Keller, Léonce de Guiraud, Léon Gautier, Armand Ravelet, Paul Vrignault, et aussi le frère aîné d'Albert, le comte Robert de Mun.

Entre tous ces hommes de dévouement, il y eut bientôt un complet accord pour sauver de la ruine non seulement un cercle isolé, mais pour enlacer Paris dans un réseau de fondations semblables et pour établir sur cette base un point d'appui afin d'entamer, au nom des droits de l'Eglise, la lutte contre la Révolution (1).

Sur l'heure, on arrêta les termes d'un manifeste à répandre le lendemain dans tous les quartiers de Paris ; malgré sa longueur, ce document a sa place ici, car à lui seul il fait connaître l'œuvre des Cercles catholiques :

« Appel aux hommes de bonne volonté,

« La question ouvrière à l'heure présente, n'est plus un problème à discuter. Elle se pose devant nous comme une menace, comme un péril permanent. Il faut la résoudre. Autrement la société, semblable aux pouvoirs qui agonisent et ne peuvent plus se sauver même en abdiquant, s'entendrait dire ce terrible arrêt : « Il est trop tard ! »

« La Révolution est près d'atteindre son but. Du cerveau des philosophes elle est descendue dans le cœur du peuple, et elle organise aujourd'hui, pour une lutte suprême, les ouvriers qui sont la substance de la nation.

(1) V. *Association catholique*, 15 janvier 1876.

« Laisserons-nous ces enfants (car le peuple est un enfant, sublime ou égoïste), laisserons-nous ces ouvriers, flattés dans leurs passions et leur orgueil, consommer la ruine de la patrie et du monde, ou bien, puisant des forces invincibles au Cœur de Jésus ouvrier, nous souvenant des gloires de la France et de son titre de fille aînée de l'Eglise, ferons-nous un dernier effort pour sauver le peuple et hâter le règne de Dieu dans l'atelier régénéré ?

« Telle est la question. L'heure n'est plus aux discours : il faut agir ! A ceux qui ne veulent désespérer ni de notre chère France, ni d'eux-mêmes, nous faisons un énergique appel.

« Aux doctrines subversives, aux enseignements funestes, il faut opposer les saintes leçons de l'Evangile ; au matérialisme, les notions du sacrifice ; à l'esprit cosmopolite, l'idée de patrie ; à la négation athée, l'affirmation catholique.

« Il importe, en outre, de détruire ces préjugés qui divisent, engendrent, d'une part, le mépris ou l'indifférence, et, de l'autre, la haine et l'envie.

« Les hommes des classes privilégiées ont des devoirs à remplir vis-à-vis des ouvriers leurs frères ; et si la société a eu le droit de se défendre les armes à la main, elle sait bien que les obus et les balles ne guérissent point, et qu'il faut autre chose.

« C'est sur le terrain de la vérité catholique, et non ailleurs, que les mains peuvent s'unir et les âmes se comprendre.

« Or, il existe à Paris un Cercle de jeunes ouvriers où l'on applique avec succès ces maximes de salut. Ce Cercle est la pierre d'attente de l'édifice futur, et le type vivant des associations ouvrières catholiques que nous verrons fleurir un jour. — On y combat sans cesse les dangers qui menacent les classes laborieuses, surtout à Paris. La parole divine y est prêchée, le saint sacrifice y est offert, la charité active y est pratiquée ; des livres honnêtes et de saines publications y sont mis à la disposition des sociétaires ; des amitiés durables s'y forment ; la source des bons conseils et des exemples salutaires n'y est jamais tarie. On y aime l'Eglise et la France. — Des hommes du monde, encore en petit nombre, fréquentent ce Cercle et tiennent à honneur de traiter en amis ces ouvriers chrétiens.

« Eh bien ! voilà le remède ! le moyen est trouvé. Il s'agit de le développer, de l'appliquer sur une plus vaste échelle.

« Au lieu d'un Cercle dans Paris, il en faut vingt ; il en faudrait dans chaque grande ville : l'Angleterre et l'Allemagne en comptent par centaines.

« Les hommes de ténèbres s'associent : associons-nous ! Ils se liguent pour renverser : liguons-nous pour construire ! Ils fondent des clubs révolutionnaires : fondons des Cercles catholiques !

« Cela coûtera cent mille francs, cinq cent mille francs, un million ; qu'importe ? Croyez-vous que la reprise de Paris sur la Commune n'ait pas coûté plus cher ?

« Nous nous adressons à tous les cœurs de bonne volonté : qu'ils réfléchissent et qu'ils comprennent.

« La patrie a de lourdes charges, et tous les citoyens doivent contribuer à les alléger : c'est là un impérieux devoir ; mais il y a place pour d'autres sacrifices, et, à cette heure de notre histoire où les divertissements profanes seraient une impiété nationale, nous pensons qu'en opérant, sous ce rapport, la réforme exigée par les circonstances, on réunirait aisément les ressources nécessaires pour réaliser une œuvre, qui est actuellement, on peut le dire, l'œuvre voulue de Dieu, l'œuvre des œuvres !

« Le Comité qui prend à tâche de créer, avec l'aide de la Providence, cette institution de salut social, ouvre, en conséquence, une souscription dans le but :

« 1° D'achever l'établissement du Cercle de jeunes ouvriers, déjà existant boulevard Montparnasse ;

« 2° De fonder, dans la capitale, d'autres Cercles sur les mêmes bases. »

« Dans ce document si remarquable et si substantiel, dit M. de Marolles, se rencontre toute la pensée des fondateurs : la position de la question sociale, la recherche de la solution dans le rapprochement des classes, l'établissement d'un terrain d'action dans les Cercles ouvriers...

« La presse impie accueillit par des injures l'Appel aux hommes de bonne volonté. On ne manqua pas d'y voir la main des Jésuites : ce fut l'occasion de nombreux articles écrits en ce style d'estaminet qui fait le succès des journaux de bas étage. En revanche, parmi les gens de bonne compagnie, même en dehors du monde des œuvres, l'accueil fut très favorable. L'appel trouva de l'écho dans les sphères les plus élevées de la société; l'œuvre des Cercles devint bientôt l'œuvre à la mode. »

Il faut dire que dans ce succès la parole du comte de Mun fut pour beaucoup : dès son premier discours aux ouvriers il se révéla orateur et sentit qu'il avait trouvé son milieu. Et puis c'était un spectacle nouveau d'entendre cet officier de cavalerie, plein de jeunesse et d'enthousiasme, portant un beau nom et un bel uniforme : il avait tant de confiance dans sa cause !

« N'en doutez pas, Messieurs, s'écriait-il, le jour viendra où tout le monde voudra se ranger derrière nous et à l'abri de notre drapeau, pour chercher l'unique espérance et la dernière voie de salut qui resteront encore. Il n'y a plus qu'un pas à faire, qu'un mot à dire entre les aveux et les déceptions de l'orgueil et la suprême concession qui lui reste à faire. Je souhaite que la réflexion suffise à déterminer ce dernier effort, et qu'il ne faille point, pour y décider la masse, quelque nouvel et terrible exemple.

« Dieu seul le sait ! Mais, quoiqu'il en soit, j'ai la ferme confiance qu'on viendra à nous, parce que nous sommes la seule force résistante et organisée pour le bien. Voilà pourquoi il faut continuer à lutter, et travailler sans relâche, pour être prêts le jour où Dieu nous appellera. »

Le 7 avril 1872, M. de Mun inaugurait le Cercle de Belleville : c'était d'une crânerie toute militaire que de placer ainsi la première fondation en plein centre révolutionnaire ; la parole de l'orateur y puisa une spéciale émotion :

« ... Supposez, Messieurs, dit-il, que nous soyons à ce jour de deuil où une troupe de martyrs gravissait comme un calvaire cette colline de Belleville. Entendez-vous leurs voix qui, du milieu des injures et des cris de mort, s'élèvent vers le ciel, calmes et sereines ? Ils chantent, et c'est un cantique de prières et d'action de grâces, c'est un hymme de pardon et de sacrifice. Ils bénissent Dieu, qui les a choisis pour le martyre ; ils prient pour ce peuple qui les accable d'outrages, et ils demandent que leur sang soit accepté en holocauste ! Supposez encore que vous êtes à l'heure de ce combat sans nom où les ruisseaux coulaient rougis par le sang ; reportez-vous au milieu de cette scène sans exemple, et permettez-moi d'évoquer un souvenir qui m'est personnel.

« C'est ici même que m'a conduit mon devoir de soldat, et c'est en arrivant sur la place de Belleville que nous apprîmes avec horreur le crime commis l'avant-veille. Laissez-moi vous le dire, Messieurs, ce jour-là, saisi d'un sentiment de douleur et d'humiliation profondes, j'ai pensé pour la première fois à l'entreprise de salut dont nous célébrons aujourd'hui l'un des premiers succès ; je suis entré dans l'église profanée où le désordre de toutes choses attestait le sacrilège, et j'ai prié Dieu de permettre que la croix reparût un jour sur ce sol fécondé par le sang des martyrs. Ah ! ce n'est pas ma voix trop humble et trop imparfaite que vous avez entendue, ô mon Dieu, mais celles de ces prêtres qui mouraient pour votre gloire ; c'est eux que vous exaucez aujourd'hui, c'est leur dernière prière qui reçoit sa juste récompense ; et ils sont avec nous pour nous bénir, et pour admirer ce triomphe de votre puissance, qui permet que la croix soit plantée par les mains du peuple sur cette montagne ensanglantée par son crime. »

En 1873, le deuxième cercle s'installait à Montmartre, puis ce furent les fondations de Vaugirard, du faubourg Saint-Antoine, de la Villette, de Passy. Lyon, Bordeaux, Toulouse, Marseille eurent leurs cercles. Dans la classe élevée comme dans la classe populaire, un mouvement universel de sympathie accueillait ces hommes qui allaient franchement au peuple en chrétiens et en soldats.

Enfin une première assemblée générale du 15 au 17 mai 1873, réunit 350 membres ; puis deux ans plus tard, c'est la célèbre assemblée de 1875 qui vit les représentants de 130 comités, 150 cercles, et 18,000 membres, dont 15,000 ouvriers.

En les haranguant, M. de Mun s'écriait :

« Que Dieu est grand ! Messieurs, et que ses œuvres sont belles ! Je n'ai pas d'autre parole au soir de ces grandes journées et mon âme est toute inondée de reconnaissance. Soyez béni, mon Dieu ! car vous récompensez vos serviteurs au-delà de leurs efforts, et vous leur rendez au centuple le peu qu'ils vous donnent! Soyez béni, et faites-nous dignes de servir votre cause !

« Hélas ! ils sont passés ces jours d'enthousiasme, et notre joie s'est à peine éveillée, que le regret l'a déjà mêlée d'une indéfinissable tristesse ! L'heure qui nous rassemble ici marque ce point de partage, d'où le regard aperçoit les temps écoulés, et cherche à pénétrer les ombres de l'avenir. Que de choses dans ces trop courtes années ! et si les murs de cette salle pouvaient rendre à ceux qui nous y succéderont, l'écho de nos entretiens, que d'émotions ainsi révélées dont nos cœurs ont gardé le secret ! Ah ! si Dieu nous réserve d'autres joies, elle ne seront pas, sans doute, plus pures ni plus profondes ! Mais, si nous touchons à l'épreuve que nous n'avons pas encore connue, le souvenir des temps heureux nous accompagnera dans l'adversité, et le soleil des beaux jours laissera pendant l'orage un reflet sur nos fronts. »

Cette année 1875 marque les beaux jours de l'œuvre des Cercles : depuis elle a continué de vivre, mais son extension première avait été trop rapide pour être durable.

Au reste la Providence appelait le comte de Mun sur un nouveau terrain.

III

C'est à son œuvre des Cercles que M. de Mun doit son entrée dans la politique : toute la presse religieuse avait reproduit ses discours et révélé son éloquence.

En 1875, pour garder sa liberté d'allure, il dut même séparer complètement sa cause de celle de l'armée et il donna sa démission d'officier de cavalerie (1) : complètement libre il se

(1) Du 3e Chasseurs, M. de Mun était successivement passé aux Dragons et aux Cuirassiers. Il était capitaine au 2e Cuirassiers quand il démissionna.

livra à son œuvre avec plus de zèle encore et son attitude si déterminée lui conquit une grande popularité, surtout dans les départements de l'Ouest.

Aussi personne ne fut surpris quand, en 1876, le comité royaliste du Morbihan lui offrit de représenter Pontivy à la Chambre des députés.

Il fut élu, mais invalidé. Quelques semaines plus tard, les Bretons prenaient leur revanche et le renvoyaient au Palais Bourbon.

Depuis plus de vingt ans M. de Mun appartient donc à nos assemblées politiques et depuis plus de vingt ans aussi il y tient une des premières places, sinon la première, par le talent de sa magnifique parole.

Ce fut une gloire pour la Bretagne d'avoir été la première à solliciter son concours, et bientôt on s'aperçut quel immense service le député de Pontivy allait rendre à la vraie cause.

Il s'agissait alors de l'organisation de l'enseignement qu'on voulait laïciser et pour cette œuvre néfaste les passions sectaires se déployaient avec toute leur audace. Elles rencontrèrent M. de Mun comme un adversaire résolu et terrible.

C'est au Cirque d'hiver, à Paris, qu'il donna devant plus de quatre mille personnes ce discours cité par tous et qui est peut-être son chef-d'œuvre :

« ... Qu'est-ce que l'enseignement laïque ? Le mot est sujet à confusion et plus d'un peut s'y laisser prendre. On y compte bien d'ailleurs, pour celui-là comme pour bien d'autres avec lesquels on trompe le public, qui ne sait pas toujours ce qui se cache derrière ces formules révolutionnaires.

« Une école laïque ? Cela veut-il dire une école tenue par un maître n'ayant pas fait profession de vie religieuse ? Assurément non ; s'il ne s'agissait que de cela, on ne nous verrait pas si émus...

« Mais ce n'est pas de cela qu'il s'agit. Quand on nous parle de l'enseignement laïque, ce que l'on veut dire c'est l'enseignement sans Dieu, l'enseignement sans instruction religieuse...

« Plus d'instruction religieuse, c'est-à-dire l'école sans Dieu, et je dis que le vrai mot c'est l'école contre Dieu. (*Double salve d'applaudissements.*)

« Ah ! je sais bien qu'on se récrie, qu'on proteste et qu'on

MONSIEUR DE MUN.

nous dit : « Nous ne demandons pas qu'on enseigne à ne pas croire en Dieu, nous demandons seulement qu'on n'en parle pas (Ah ! Ah !) ; nous ne l'attaquons pas, nous l'ignorons. (*Vive hilarité.*) Et d'ailleurs, si vous voulez apprendre une religion à vos enfants, vous serez libres de le faire dans la famille. »

Messieurs, pour ce qui est de cette liberté, elle ne mérite qu'un nom : c'est une mauvaise plaisanterie. Faire le catéchisme aux enfants dans la famille ? mais comment, et à quelle heure ? Les gens qui ont dit cela ont donc bien du temps disponible, et ils croient sans doute que les familles d'ouvriers sont comme eux, et que le père ou la mère peuvent prélever sur le travail ou sur les soins du ménage les loisirs nécessaires pour donner des leçons. Ou bien croient-ils, comme M. Jules Ferry, que tout le monde peut avoir le luxe d'un précepteur ? (*Applaudissements répétés.*) La liberté du catéchisme à domicile pour les ouvriers, la liberté du précepteur pour les bourgeois, voilà ce qu'on nous laisse. Encore une fois, c'est une plaisanterie, et elle est hors de mise dans des sujets aussi graves. Qu'on nous fasse la guerre, mais qu'on ne se moque pas de nous. (*Salve de bravos.*)

« Pas d'instruction religieuse à l'école, cela veut dire forcément pas d'instruction religieuse du tout, et je répète que cela veut dire l'école athée. Religion ou irréligion, il n'y a pas de milieu. La preuve, elle est dans les paroles mêmes de ceux qui, depuis plus de dix ans, préparent avec un zèle infatigable la conjuration qui éclate aujourd'hui. »

Ces pensées sont maintenant devenues familières ; tous les conférenciers les ont transportées dans le domaine public, mais il ne faut pas oublier que M. de Mun fut le premier à les exprimer en des circonstances solennelles. Poursuivant son discours, l'orateur montre que pour *élever* l'enfant, on ne peut séparer l'éducation de l'instruction :

« Il faut élever l'enfant : Messieurs, je répète ce mot qui correspond si bien à la pensée qu'il exprime : élever, c'est-à-dire grandir, détourner de ce qui est bas et vulgaire, et faire monter vers ce qui est grand, noble et généreux : voilà le rôle admirable de l'éducation. (*Vive sensation et applaudissements répétés.*)

« Il y a longtemps, dit M. Gréard dans son *Rapport sur l'enseignement primaire en 1878,* il y a longtemps qu'un des maîtres de la morale antique l'a dit : « L'esprit des enfants n'est pas un vase que nous avons à remplir, c'est un foyer qu'il faut échauffer. » (*Bravos.*) Mais, dites-moi, Messieurs, où donc ira-ton chercher la flamme, où donc ira-t-on demander le secret de ce qui est grand et de ce qui élève, si ce n'est à la religion ?

« Qui pourra parler à un enfant de dévouement, de respect, de devoir, d'abnégation et de sacrifice, sans lui parler de Dieu et sans chercher, ailleurs que sur la terre, des perspectives qui attirent son cœur et qui décident son courage ? (*Salve de bravos.*) Quelle raison lui donner, quelle puissance invoquer pour courber son âme au joug de ces grandes vérités, si on ne commence d'abord par la plier à l'autorité de la foi, et quelle croyance pourrait-on mettre dans ce jeune cœur, s'il est d'abord déshérité de toute croyance surnaturelle ?

« La religion ! la religion ! c'est la vie de l'humanité en tous lieux, sauf quelques jours de crise terrible et de décadence honteuse. La religion pour contenir ou combler l'ambition humaine, la religion pour nous soutenir ou nous apaiser dans nos douleurs, celles de notre condition ou celles de notre âme ! Plus le mouvement social sera vif et étendu, moins la politique suffira à diriger l'humanité ébranlée. Il y faut une puissance plus haute que les puissances de la terre, des perspectives plus longues que celles de la vie. Il y faut Dieu et l'éternité. » (*Vifs applaudissements.*)

« C'est M. Guizot qui a dit ces magnifiques paroles. Je le cite à dessein, parce qu'il était protestant.

« M. Cousin, qu'on ne prendra pas non plus pour un clérical, M. Cousin, après avoir étudié l'organisation de l'enseignement à l'étranger, et particulièrement en Allemagne, écrivait à M. de Montalivet, alors ministre de l'instruction publique :

« La religion est à nos yeux la base la meilleure, et peut-être même la base unique de l'instruction populaire. »

« Eh bien ! qu'est-ce qu'on nous offre à la place de cette éducation religieuse que tant de grands esprits ont proclamée nécessaire ? On a mis à la place, comme toujours, un mot sonore, retentissant, un de ces mots dont M. Thiers voulait parler quand il disait dans l'enquête parlementaire sur le 4 septembre :

« Il y a des moments dans notre pays où tout le monde dit une chose, la répète, finit par y croire, et, tous les sots se mettant de la partie, la foule suivant, il n'y a plus moyen de résister. »

« On a dit : nous donnerons une éducation nationale.

« Qu'est-ce que c'est, Messieurs, qu'une éducation nationale? Il faut aller au fond des choses et déshabiller les mots : il y a dans la langue révolutionnaire des clichés dont il ne faut pas se lasser de faire justice. L'éducation nationale est un de ceux-là. C'est un mot qui brille, qui fascine, qui étourdit... Mais qu'est-ce qu'il y a dedans? Pour le savoir, le mieux, c'est de le demander à ceux qui l'ont inventé. »

Les inventeurs sont les hommes de la Révolution et l'orateur rappelle leur système d'éducation, puis il continue :

« Voilà, Messieurs, voilà l'éducation nationale, et Danton en donne la formule un peu plus tard quand il s'écrie à la tribune : « Les enfants appartiennent à la République avant d'appartenir à leurs parents. » (*Exclamations diverses.*)

« Formule odieuse, mais précieuse en même temps, qui démasque les rhéteurs, qui résume nettement les déclamations, et qui exprime en quatre mots ce que M. Spuller met aujourd'hui cent pages à dire moins bien. (*Bravos.*) Le droit de l'Etat, le droit du gouvernement, le droit du préfet, le droit du conseil municipal, tout cela, c'est la même théorie, et les lauriers de Danton doivent empêcher M. Ferry et M. Hérold de dormir ; ils n'ont jamais rien trouvé d'aussi bien que cela : « Les enfants appartiennent à la République avant d'appartenir à leurs parents. » (*Non! Non! Applaudissements.*)

« Maintenant, pères de famille, vous savez ce que c'est que l'éducation nationale.

« Pour moi, c'est le plus odieux des despotismes; et quand j'entends appeler national un pareil système d'oppression morale, quand j'entends prostituer ainsi ce mot qui éveille toutes les nobles, toutes les généreuses pensées, qui évoque tous les grands souvenirs et qui appelle tous les dévouements, je suis saisi d'une profonde indignation. (*Salve d'applaudissements.*)

« Nationale, et à quel titre? Je croyais, moi, Messieurs, que le sentiment national était celui qui embrasse dans un même culte toutes les traditions d'un pays, qui s'enorgueillit de toutes ses grandeurs, qui, passionné pour sa gloire, ne consent pas plus à la rabaisser dans le passé qu'à la compromettre dans le présent et à en désespérer dans l'avenir (*Mouvement prolongé. — Bravos enthousiastes*), et qui enfin, survivant à toutes les transformations sociales, plus fort que toutes les discordes civiles, renoue sans cesse, entre les générations et les hommes, la chaîne ininterrompue du patriotisme. (*Bravos.*) Est-ce là ce qu'on nous offre? (*Applaudissements prolongés.*) »

Et l'orateur, excité par l'enthousiasme de la salle, fait alors le tableau de ce que nous promet la laïcisation, c'est-à-dire l'expulsion de ces maîtres si vénérés et qui marchent sous la bannière de l'admirable Jean-Baptiste de la Salle, leur fondateur et leur patron :

« Messieurs, vous n'attendez pas que je fasse ici son panégyrique : il n'y en a pas de plus éloquent que l'assemblée qui m'écoute et qui proteste en faveur de ses fils. (*Salve d'applaudissements.*) Depuis deux cents ans, il se survit à lui-même, et chaque fois que vous voyez passer un de ces hommes vêtus de ce costume qui a fait le tour du monde, avec sa grossière chaussure, son rabat, son manteau et sa robe fermée par des agrafes de fer, saluez-le ! c'est l'ignorantin qui faisait trembler Voltaire. (*Acclamations et bravos.*)

« Il est partout et partout le même, dans mille écoles de France, où il répète dans l'humilité la leçon de dévouement que la Salle donnait au XVIIe siècle ; dans l'Europe entière, et jusque dans l'extrême Orient, où il fait à la France un renom de grandeur et de popularité qui survit à toutes les défaites (*Mouvement*) ; au Canada, où il entretient pieusement le souvenir et la langue qui furent ceux de la mère patrie (*Applaudissements*) ; dans toute l'Amérique, qui l'appelle au secours de sa civilisation naissante, et dans ces îles d'Afrique où il fait aimer à la fois l'Eglise et la France !

« Vous l'avez vu, tel que Horace Vernet a peint le Frère Philippe, assis dans une humble cellule, sur une chaise de paille et près d'une table de bois, avec un seul ornement près de lui, ce Christ qui pend au mur, qui résume tout, le principe et la fin, qui explique tout et qui est toute la récompense! *(Bravos prolongés.)* Il est partout, Messieurs, à la peine pour lui-même, à l'honneur pour ses élèves, et quand vient l'heure tragique où la patrie lui demande un suprême sacrifice, il est encore là, le dernier sur le champ de bataille où l'ennemi le contemple avec admiration, ajoutant à sa gloire une palme inattendue que l'Académie lui donnera, pour saluer dans son dévouement le plus bel acte de patriotisme dont la France s'honore dans ces tristes jours! *(Vifs applaudissements.)* »

Ce magnifique discours fut accueilli par les marques d'un enthousiasme indescriptible. Après Paris, la province demanda à entendre l'orateur qui parcourut la France entière et retrouva les mêmes accents : la loi Ferry n'eut pas d'adversaire plus terrible.

D'autres causes soulevèrent les protestations de l'éloquent député : on se rappelle l'affaire de Châteauvillain où le ministère Goblet se couvrit de honte en faisant couler le sang des femmes et des enfants. M. de Mun sut faire ressortir l'odieux de cette conduite et écraser les assassins du poids de leur responsabilité :

« ... Il y avait entre vous et nous, leur jeta-t-il à la face, il y avait la croix renversée ; il y a maintenant le sang des femmes chrétiennes : cela ne s'oubliera pas, et cela finira par se payer. »

La mort de Victor Hugo et les obsèques ridicules que le gouvernement décréta au poète déchu en chassant Dieu de son temple pour l'y mettre à sa place, soulevèrent à la Chambre un chaleureux débat où M. de Mun prit une place importante :

« ... Vous blessez les consciences catholiques, disait-il au ministre, vous les blessez sans excuse, sans autre raison que la pression des violences extérieures... (*Applaudissements à droite.*) Quand tout, dans la circonstance, et le respect des vieilles traditions de la foi parisienne et le soin même de la gloire que vous prétendiez honorer, aurait dû vous détourner d'un pareil attentat; et votre offense a déjà retenti d'un bout à l'autre du pays. (*Nouveaux applaudissements à droite.*)

« Ce n'était pas assez d'avoir condamné à la pompe toute païenne que vous préparez les restes de celui qui fut le chantre inspiré de la prière pour tous et de la douleur consolée par les immortelles espérances, de celui qui est mort en écrivant pour sa dernière pensée : Je crois en Dieu... (*Vifs applaudissements à droite.*)

« Ce n'était pas assez d'avoir infligé à la France chrétienne le spectacle de ces funérailles que vous appelez nationales, et dont vous bannissez une partie de la nation : il a fallu que, pour obéir aux passions et aux menaces, vous fissiez d'un convoi funèbre l'occasion d'une profanation impie et du triomphe brutal de la libre-pensée sur la religion. (*Bravos et applaudissements répétés à droite.*)

« Vous allez chasser de l'église où elle était vénérée la sainte la plus populaire de l'histoire nationale, celle aux pieds de qui, pendant les souffrances du grand siège, la population parisienne, fidèle à ses traditions, se rendait en foule pour l'invoquer et lui demander sa délivrance. (*Nouveaux bravos et applaudissements sur les mêmes bancs.*)

« Mais ce n'est pas encore assez ! Vous allez chasser de son temple Dieu lui-même, pour installer à sa place la dépouille d'un homme ! comme si l'immortalité de la gloire pouvait être protégée par la négation de ce qui est éternel ! (*Applaudissements sur les mêmes bancs.*)

« Y avez-vous bien pensé ? Y avez-vous bien réfléchi ? Ces funérailles athées, vous ne pouvez pas, sans un intolérable outrage, les conduire devant nos autels et les abriter sous la croix. (*Mouvements.*) Il faudra donc que la profanation soit entière ! Demain, aujourd'hui peut-être, à l'heure où je vous parle, vous allez arracher de Sainte-Geneviève les autels et les tabernacles ; et de ce dôme, qui domine Paris, vous allez précipiter la croix de notre Dieu ! (*Applaudissements prolongés à droite.*)

« Eh bien ! la France entière entendra le bruit de sa chute, elle la relèvera contre vous. (*Nouveaux applaudissements à droite.*)

« Voilà le spectacle que vous allez donner à la France, et

l'armée qui n'a plus le droit d'accompagner ses vieux chefs jusqu'à l'église, quand ils meurent en chrétiens, sera réduite à escorter ce convoi païen jusqu'au seuil du temple sans Dieu. (*Bravos et applaudissements à droite.*)

« C'est Victor Hugo qui, dans un de ses écrits, appelait la translation des restes de Voltaire au Panthéon « une saturnale funèbre » ; il a jugé lui-même le sort que vous lui destiniez. (*Bravos à droite.*)

« Désormais il n'est plus question de Victor Hugo, il n'est plus question de la gloire, il n'est plus question de funérailles nationales. Ce que vous montrerez lundi à Paris et à la France, ce ne sera plus qu'une saturnale funèbre. (*Applaudissements prolongés et répétés à droite. — L'orateur est entouré et félicité par ses amis.*) »

Nombreux seraient les extraits de ce genre que nous pourrions emprunter à l'œuvre parlementaire du comte de Mun ; dans ce cadre étroit il faut savoir nous borner. Citons, pour terminer, sa réplique à M. Jules Ferry au jour où il lui mit sous les yeux le résumé de sa politique néfaste. c'est un des plus beaux morceaux de l'éloquence parlementaire au XIXe siècle :

« ... Dites-moi, Monsieur Ferry, dites-moi donc, je vous prie, sur quoi repose la paix religieuse à laquelle vous nous appelez ?... Est-ce sur votre passé politique ?

« Mais vous avez donc tout oublié ? (*Vifs applaudissements à droite.*)

« Et cet article 7, inventé par les besoins de votre radicalisme d'alors, intercalé comme une provocation inattendue dans une loi que vous appeliez par dérision une loi sur la liberté de l'enseignement supérieur (*Applaudissements à droite*), et toute cette campagne d'accusations violentes et passionnées commencée ici, à cette tribune, par vous et vos amis, et promenée ensuite dans toute la France, non pas seulement contre les Jésuites, mais contre la religion elle-même, dont vous attaquiez la hiérarchie, le culte, les ministres, sauf, comme vous le disait M. Lamy, à respecter tout le reste... (*Rires et applaudissements à droite*) ; cette campagne où, pour vous débarrasser de quelques religieux qui vous faisaient ombrage, vous fouliez aux pieds la liberté d'association, la liberté individuelle, la liberté de penser, malgré les protestations de tous les vieux libéraux de votre parti, de M. Dufaure, de M. Jules Simon ; malgré les consultations des jurisconsultes les plus éminents de ce pays, de M. Rousse, de M. Demolombe ; malgré les protestations qui vous arrivaient, couvertes de plus de 1,800,000 signatures. (*Bravos et applaudissements à droite.*)

« Vous avez oublié tout cela ! et aussi les décrets du 29 mars qui pèsent sur votre nom d'un poids trop lourd pour que vous puissiez jamais le secouer (*Vifs applaudissements à droite*), alors que, vaincu dans votre campagne légale par la révolte des consciences et la résistance des esprits libéraux, vous êtes venu ici vous faire sommer par le parti radical...

« Ah ! je la vois cette inoubliable séance, j'entends M. Madier de Montjau vous commander d'apporter ici les dépouilles opimes des Congrégations, et, aussitôt, vous avez ouvert dans le pays une guerre de sièges d'un nouveau genre, ramassant les armes rouillées du despotisme et de l'ancien régime (*Très bien ! Très bien ! à droite. Rires ironiques à gauche*), brisant par la force les portes derrière lesquelles s'enfermaient la liberté individuelle et l'inviolabilité du domicile, jetant sur le pavé des religieux inoffensifs qu'escortait la vénération publique, et obligeant les soldats de la France à assister à ces violences comme pour les couvrir de leur présence respectée ! (*Vifs applaudissements à droite.*)

« Et puis, quand ces hommes, quand ces citoyens que vous aviez expulsés de chez eux, ont demandé justice aux tribunaux de leur pays, vous la leur avez refusée, vous, les hommes de la justice légale pour tous, et, malgré la démission de 250 magistrats descendus de leur siège plutôt que de profaner leur conscience (*Bravos et applaudissements répétés à droite*), malgré les décisions de 128 tribunaux, vous êtes allé abriter l'usage que vous aviez fait de votre pouvoir derrière le tribunal des conflits, car déjà, dans ce temps-là, la juridiction exceptionnelle était votre arme favorite et votre dernier refuge. (*Vifs applaudissements sur les mêmes bancs.*)

« Mais faut-il donc refaire devant vous toute votre histoire, vous rappeler les crucifix des écoles de Paris brisés pour inaugurer la nouvelle méthode des leçons de choses, brisés par votre préfet M. Hérold, sous les yeux des élèves, et jetés pêle-mêle dans des tombereaux? et ces laïcisations brutalement opérées par toute la France, avant même que la loi ne fût votée ; les Frères et les Sœurs jetés à la porte malgré les souvenirs de la guerre, malgré les Frères de Champigny relevant les blessés dans la neige, malgré les Sœurs de Charité mourant au chevet des malades, dans les ambulances ! (*Nouveaux applaudissements à droite.*)

« Il faut bien que vous le sachiez, quelque dur que cela soit à dire, il y a dans le pays des millions de foyers chrétiens où votre nom n'est prononcé qu'avec des larmes. (*Applaudissements à droite.*)

« Il y a des milliers de familles d'ouvriers, de petits fonctionnaires surtout, où, parce qu'on n'a pas d'école libre à sa portée, ou bien parce que, plus souvent encore, le traitement du père, le pain de la famille et des enfants lui serait retiré s'il ne sacrifiait pas à l'école laïque... (*Applaudissements à droite. — Dénégations au centre*)... on est obligé d'envoyer les enfants à l'école sans Dieu : les mères en pleurent et elles savent que c'est à cause de vous. (*Applaudissements à droite.*)

« Il faut que vous sachiez qu'il y a des hommes dans ce pays, — je suis de ceux-là et c'est pourquoi j'en parle avec émotion, — des hommes qui n'ont pu faire donner à leurs enfants l'éducation qu'ils voulaient pour eux, avec les maîtres de leur choix, les doctrines, les principes qu'ils pensaient leur léguer, qu'en allant demander à l'hospitalité généreuse d'un pays voisin celle que vous leur refusiez ! (*Applaudissements à droite. — Rumeurs à gauche.*)

« Et lorsque, trois ou quatre fois par an, il faut laisser ses enfants là-bas, dans l'exil, et que, de la falaise de Douvres, on leur montre dans la brume cette terre de France, pour laquelle on leur répète tous les jours qu'ils doivent donner toutes leurs forces et jusqu'à la dernière goutte de leur sang... Que voulez-vous qu'on leur dise quand ils interrogent et qu'ils demandent pourquoi ils ne grandissent pas dans leur patrie ; que voulez-vous qu'on leur dise, si ce n'est votre nom ?... (*Bravos et applaudissements à droite.*) »

En entendant cette parole si éloquemment flétrissante, il fallait voir l'homme néfaste de l'article 7 s'agiter sur son banc, la figure blême, les mains crispées : ce jour-là la conscience honnête prenait sa revanche et dans tout le Parlement on sentait passer un souffle d'émotion inconnue.

Voilà le triomphe de l'éloquence ; car la parole de M. de Mun c'est l'éloquence même, l'éloquence « faite de magnificence, de passion, de loyauté, de véhémence, où les vérités les plus rudes sont toujours exprimées dans la forme la plus parlementaire, où le lutteur reste gentilhomme et conserve le secret d'une polémique courtoise, pleine de bienveillance pour les personnes, bien qu'impitoyable aux doctrines. »

Après cela faut-il s'étonner que l'Académie Française vienne de lui ouvrir ses portes, et de le saluer comme le premier orateur de nos temps modernes. Ce fut un beau jour que celui où naguère le défenseur de toutes les causes catholiques prit place sous la coupole de l'Institut fondé par Richelieu ; un beau jour pour lui où il voyait consacrer son talent par l'assemblée la plus compétente du pays, mais aussi un beau jour pour l'Eglise catholique qui jouissait de la couronne d'honneur posée sur le front de son glorieux champion.

« Quelle heure de joie et de fierté, s'écriait le journal l'*Univers*, celle où nous avons entendu, au milieu d'acclamations triomphales, proclamer les idées qui nous sont les plus chères ! Le public de ces solennités est plutôt froid d'habitude. Aux accents du grand orateur catholique, il était tout vibrant. »

Cette émotion s'est communiquée à tous les cœurs des catholiques français, car il n'en est pas un seul aujourd'hui que le nom du comte de Mun laisse indifférent, il n'en est pas un seul qui ne considère le député breton comme le plus puissant défenseur de nos droits et le plus ferme appui de nos espérances.

C'est qu'en lui il y a non seulement le député, non seulement l'orateur, mais il y a — et personne ne l'ignore, — il y a l'apôtre et le chevalier du Christ.

Si quelqu'un en doutait il n'aurait qu'à lire les lignes suivantes extraites d'un des derniers discours qu'il ait prononcés et par lesquelles nous clôturerons notre travail.

C'était à Reims, le 14 mai 1896, au banquet de clôture du Congrès de la jeunesse catholique ; l'orateur avait pour l'exciter un auditoire des plus sympathiques et un de ces beaux sujets qu'il aime : le quatorzième anniversaire du baptême de Clovis, glorieux passé dont il fallait tirer une leçon pour le temps présent où les énergies ont tant besoin d'être réveillées :

« ... Messieurs, dit-il, je vous remercie d'avoir voulu m'associer à cette fête, quatorze fois séculaire, où la patrie française va, pendant huit mois, appeler au berceau de sa foi tout ce qui concourt à sa grandeur, pour le dérouler en un magnifique défilé dont, par un privilège naturel, vous formez les premiers anneaux, pareils aux jeunes gens qu'on voyait, symbole de force et de vie, marcher, dans les cortèges antiques, au-devant du triomphateur.

« Le triomphateur, ici, c'est la France chrétienne (*Applaudissements*), et ce n'est pas un effet de ce lyrisme si amèrement raillé, qu'on nous a parfois si durement reproché, de lui décerner ce titre glorieux à l'heure même où tant d'ennemis, victorieux pour un jour, sont conjurés contre son nom, où tant de ses fils, oublieux ou pervertis, répudient, pour elle, la filiation catholique sortie du baptistère de Reims.

« Non, quoiqu'on en dise et quelles que soient les apparences, jamais le persistant optimisme qui survit en moi à toutes les défaites n'a trouvé plus grand sujet de se fortifier. (*Vifs applaudissements.*)

« Cent ans ont passé depuis que la Révolution française a rompu violemment le pacte conclu dans la basilique de la Gaule-Belgique, entre la plus ancienne des nations chrétiennes et l'Eglise qui la nommait sa fille aînée : lorsque, pour la première fois, après ce divorce éclatant, la France rencontra l'anniversaire de son baptême, alors que tout enivrée du parfum nouveau des lauriers de Lodi et d'Arcole, elle oubliait sa misère intérieure, pour se livrer aux premiers baisers de la gloire, dites-moi qui songeait à Clovis, à Clotilde et à saint Remi ?

« Cent ans ont passé, et pour la seconde fois, s'est levé sur nous le centenaire auguste ; et voici que, d'un bout à l'autre du pays, à la voix du successeur de Remi, toutes les âmes catholiques sont attentives et recueillies ; et, dans cette nation glorieuse de sa civilisation puissante, il n'y a pas une ville, pas une contrée, où des hommes de tous les rangs et de tous les âges ne s'émeuvent à l'évocation soudaine d'un barbare baptisé. (*Vifs applaudissements.*) »

L'orateur poursuivait par des considérations magnifiques où son éloquence se jouait à l'aise, puis il en arrivait à des conseils pratiques où se révélait toute son âme d'apôtre et c'est sur ce point que maintenant nous attirons l'attention de nos jeunes lecteurs :

« ... Où allons-nous ? dit-on. Nous allons où Dieu nous mène, et la question n'est pas de savoir où il nous conduit, ni par quels chemins, mais si, l'heure venue, il trouvera parmi nous des hommes préparés et des cœurs trempés, capables de correspondre aux desseins qu'il prépare. (*Vifs applaudissements.*) C'est la part de notre liberté.

« Ce qui fit, il y a quatorze siècles et plus d'une fois à d'autres tournants de notre histoire, à Poitiers comme à Patay, comme aux jours de la Ligue, comme au temps du Concordat, la grandeur de notre race, c'est que, au jour donné, Dieu put rencontrer en elle, pour ses vues mystérieuses, une force prête à les servir.

« Voilà la grande leçon que nous donne, à travers les âges, le passé de notre France.

« Le jour se lève, chacun en pressent l'aurore, où la société n'aura, pour se défendre, d'autre ressource que les chrétiens. N'est-ce pas le temps que Dieu a marqué pour faire encore une fois de la petite armée des Francs baptisés le missionnaire de son œuvre et la fondatrice de l'ordre nouveau ? C'est notre invincible espérance ; mais si c'est aussi sa volonté, il y faut ajouter une condition qui dépend de nous-mêmes...

« C'est que, l'occasion s'offrant à nos bonnes volontés, les cœurs disposés par l'épreuve et par la lutte soient prêts à répondre à l'appel décisif, et que le cri de Tolbiac en sorte spontanément comme l'acte de foi libérateur. (*Applaudissements répétés.*)

« J'en conviens, l'attente est longue, et rude est l'œuvre de cette lente réparation ; notre génération s'y est usée ; la vôtre s'y épuisera peut-être. Mais ne me dites pas que c'est un labeur ingrat, qui recule trop loin l'heure du succès humain.

« LE SUCCÈS N'EST RIEN, LE DEVOIR EST TOUT, et le devoir des catholiques c'est, quoiqu'il en coûte, de seconder l'action de l'Eglise avec une persévérante sincérité. (*Vifs applaudissements.*)

« Après tout, ce n'est pas peu de chose que d'être choisis pour un si grand travail ! et s'il est vrai que notre perspective se borne à former de nos corps jetés sur ce fossé le pont par où doit passer l'avenir de la patrie, l'honneur est assez grand ! (*Applaudissements.*) L'histoire redit les noms de ceux qui n'ont point connu d'autre gloire ! Et la souffrance d'un travail obscur est le juste prix de cette immortalité.

« Les générations ne sont qu'un moment dans l'histoire d'un peuple, chacune marque son passage en creusant son sillon. Sachons creuser le nôtre patiemment, jusqu'à ce que Dieu, selon l'image magnifique de Victor Hugo, dise :

> ... à la vallée où s'imprima notre âme
> D'effacer notre trace et d'oublier nos noms.

(*Vifs applaudissements.*)

« Pardonnez-moi, Messieurs, mes austères paroles ;... si grave que soit mon langage, je n'en trouve pas cependant qui convienne mieux à la jeunesse.

« Ce que je crains pour elle, ce n'est ni la fougue, ni l'imprudence, ni l'emportement des idées généreuses, ni l'illusion trop tôt renversée par la réalité !

« C'est — laissez-moi vous le dire — le dégoût de la lutte par la crainte ou l'habitude de l'insuccès ; c'est, par ce temps ingrat, la tristesse attirante dont parle Rousseau, qui s'empare de tant de jeunes hommes, travaillés par la mélancolie dans l'obscurité d'une époque déshabituée des choses héroïques, et qui s'y laissent aller, écoutant battre leur cœur et passer leur vie, en se répétant les vers que leur a dédiés le pauvre Verlaine :

C'est bien la pire peine
De ne savoir pourquoi,
Sans amour et sans haine,
Mon cœur a tant d'émoi !

« Voilà le grand péril d'une jeunesse trop souvent réduite à l'inaction, et c'est un péril qui devient mortel, quand une littérature qui se glorifie d'être païenne répand dans ces âmes, lassées avant l'heure, cette molle philosophie qui les conduit à l'impuissance d'aimer, de vouloir et d'agir, pareille à l'arbre empoisonné dont l'ombrage verse la mort dans l'ivresse du sommeil.

« Contre cet état d'âme, je voudrais jusqu'au bout vous défendre de toutes mes forces. Car la vie c'est la lutte, et non pas la victoire. (*Applaudissements répétés.*)

« Je me souviens qu'au jour de Gravelotte, et sous la pluie des obus, un de mes chefs, se tournant vers moi, me dit, le visage souriant : Ah ! quelle belle fête ! (*Applaudissements*).

« Ce n'était pas la vaine fanfaronnade d'un calme affecté, mais, dans le noble orgueil du métier, la joie sincère du devoir accompli.

« Depuis, j'ai souvent pensé, sur d'autres champs de bataille, à cette parole de soldat, et j'ai connu que le sacrifice était une fête, même quand il fait couler le sang par les blessures du cœur. (*Double salve d'applaudissements.*)

« Ce sont, Messieurs, les joies que je vous souhaite comme le cortège de votre vie ! »

Nous ne pouvons mieux terminer cette courte notice que par ces admirables paroles.

Elles sont tout à la fois la plus éloquente des conclusions et le résumé le plus exact de la vie du grand orateur chrétien.

Puisse-t-il vivre encore de longs jours pour la gloire de Dieu, la défense de l'Eglise et l'honneur de son pays !

TABLE DES MATIÈRES

Abbeville. — Imprimerie C. PAILLART.